W

Johannes Reichert

Der Weg
Die Herausforderungen
Die Erlebnisse

3.369 Kilometer alleine als Radpilger
von Schweinfurt am Main
nach Santiago de Compostela

Eine Reise durch Deutschland,
die Schweiz, Frankreich und Spanien

Jakobsweg, Küstenweg

Wiesenburg Verlag

Bibliographische Information der
Deutschen Nationalbibliothek:

Die Deutsche Nationalbibliothek verzeichnet diese
Publikation in der Deutschen Nationalbibliographie;
detaillierte bibliographische Daten sind im Internet
über http://dnb.d-nb.de abrufbar.

3. Auflage 2012
Wiesenburg Verlag
Postfach 4410 · 97412 Schweinfurt
www.wiesenburgverlag.de

Alle Rechte beim Verlag

Bilder:
Vorderseite: Radweg von Annecy nach Albertville, Frankreich
Rückseite: Dorfbrunnen in Agel, Languedoc, Frankreich

Layout & Design:
Media-Print-Service MPS · 97456 Dittelbrunn

ISBN 978-3-942063-61-6

Ich widme dieses Buch

meinem im Januar 2009 in Châteaudun
verstorbenen Schwiegervater
Daniel Jumeau

und

meinem im Juli 2009 in Schweinfurt
verstorbenen Onkel
Manfred Stahl

Juni 2007 - 1. Etappe
Schweinfurt - Kreuzberg/Rhön - Basel (Schweiz)
727 Kilometer in 11 Tagen

Juni 2008 - 2. Etappe
Basel - Arles (Südfrankreich)
902 Kilometer in 12 Tagen

Anreise   ab Seite 57

Weil am Rhein - Leuzigen
Leuzigen - Estavayer-le-Lac
Estavayer-le-Lac - Thonon-les-Bains
Thonon-les-Bains - Col du Mont Sion
Col du Mont Sion - Albertville
Albertville - Fontanil/St. Egreve
Couvent de la Grande Chartreuse
Fontanil/St. Egreve - Romans-sur-Isère
Romans-sur-Isère - Valence
Valence - Montélimar
Montélimar - Châteauneuf-du-Pape
Châteauneuf-du-Pape - Arles

Rückreise

Mai/Juni 2009 - 3. Etappe
Arles - Hendaye/Irun (Spanien)
917 Kilometer in 13 Tagen

Anreise ab Seite 110

Arles - Montpellier
Montpellier - St-Guilhem-le Désert.
St-Guilhem-le Désert - Roujan
Roujan - Olonzac
Olonzac - Carcassonne
Carcassonne - Villefranche-de-Lauragais
Villefranche-de-Lauragais - L'Isle-Jourdain
L'Isle-Jourdain - Auch
Auch - Marciac
Marciac - Pau/Lescar
Pau/Lescar - Bayonne
Bayonne - Ciboure
Ciboure - Irun – Ciboure
Ciboure - Hendaye

Rückreise

Mai 2010 - 4. Etappe
Hendaye - Santiago de Compostela
823 Kilometer in 12 Tagen

Reisevorbereitungen

Anreise

Hendaye - Mutriku
Mutriku - Bilbao
Bilbao - Laredo
Laredo - Santillana del Mar
Santillana del Mar - Llanes
Llanes - Gijon
Gijon - Soto del Barco
Soto del Barco - Otur/Luarca
Otur/Luarca - Vilanova de Lourenzá
Vilanova de Lourenzá - Baamonde
Baamonde - Arzúa
Arzúa - Santiago de Compostela
Santiago de Compostela

Rückreise

Abschlussgedanken

1. Etappe 2007 - 727 Kilometer

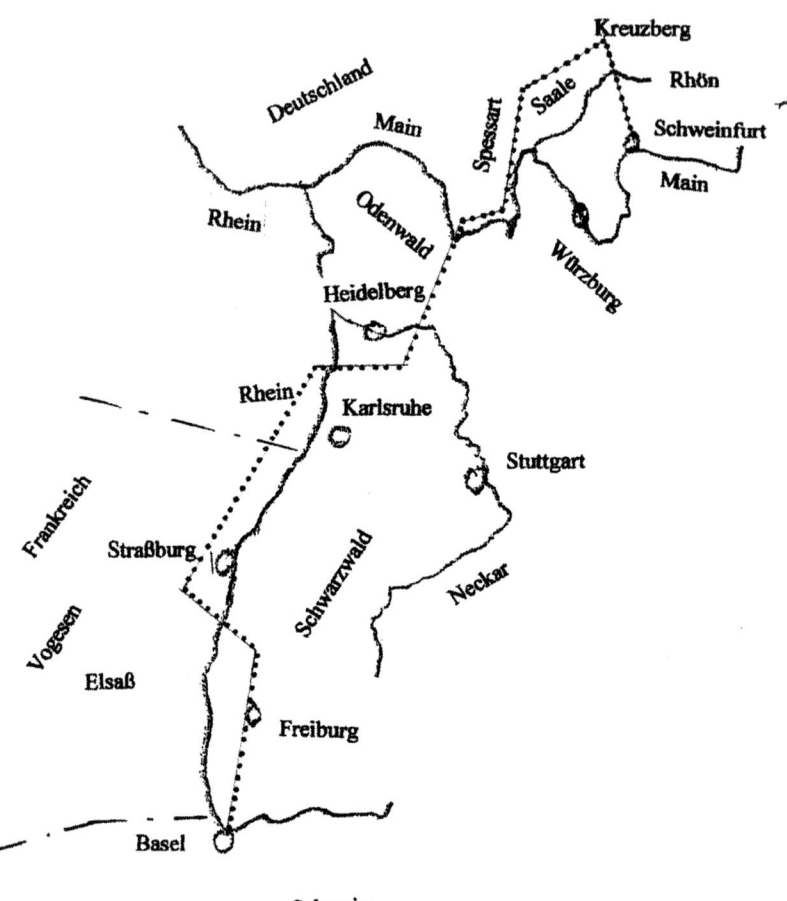

Juni 2007 - 1. Etappe
Schweinfurt - Kreuzberg/Rhön - Basel (Schweiz)
Donnerstag 21. Juni 2007 bis Sonntag 01. Juli 2007
727 Kilometer in 11 Tagen (ohne Rückreise mit dem Zug)

Donnerstag, 21. Juni 2007
Schweinfurt - Kreuzberg/Rhön

Heute beginnt meine Pilgerreise nach Santiago de Compostela. Ich las einige Bücher über den Jakobsweg, wurde neugierig und entschloss mich eine solche Reise auch einmal zu machen, mit dem Fahrrad, von meiner Heimatstadt Schweinfurt aus.

Mein Tourenrad, das mir schon so oft in den Alpen ein treuer Weggefährte war, ist startklar. Zwei Packtaschen, eine Satteltasche und ein Rucksack, so breche ich auf. Geplant für dieses Jahr sind zwei Wochen, Ziel der ersten Etappe ist Basel. Tagesziel für heute ist der Kreuzberg in der Rhön. Das bedeutet zwar erst einmal einen Umweg nach Norden, der wird aber in Kauf genommen. Meine Pilgerreise soll ganz bewusst auf dem Kreuzberg beginnen.

Das Wetter heute Morgen ist bewölkt, aber trocken. Die Sonne ziert sich noch. Zwei Wochen Freiheit liegen vor mir. Die ersten Kilometer führen nach Poppenlauer. Hier wird Proviant gekauft und weiter geht die Fahrt bis zur ersten Pause am Rastplatz Althausen kurz vor Münnerstadt. Bis jetzt ist es trocken geblieben und die Sonne zeigte sich sogar für kurze Augenblicke. Eigentlich keine schlechten Aussichten. Aber das soll sich leider schon bald ändern. Ich spüre die ersten Regentropfen und fahre schleunigst weiter.

Zwischen Münnerstadt und Bad Neustadt ist der Kreuzberg schon deutlich zu sehen. Kurz vor Bischofsheim an der Rhön öffnet der Himmel dann doch noch seine Schleusen. In einer Apotheke lässt sich etwas gegen Kopfschmerzen kaufen, dann beginnt der Anstieg zum Kreuzberg.

Der Regen wird heftiger und nach wenigen Minuten ist alles um mich herum grau und nass. Es gießt wie aus Kübeln. Ich trete in die Pedale, fahre, laufe, kämpfe mich durch die nass-kalte Witterung nach oben. Auf 700 Höhenmetern ist der Sattel erreicht, weitere 150 Meter trennen mich noch vom heutigen Ziel. Die Kleidung ist völlig durchnässt. An diesem Nachmittag endet hier oben ein lokales Radrennen. Das war mir nicht bekannt. Wird sich bei dem Andrang überhaupt noch ein Zimmer finden lassen? Am Kloster angekommen, stelle ich das Rad ab, frage an der Pforte nach einer Übernachtungsmöglichkeit, bekomme ein Zimmer und den ersten Tagesstempel in meinen Pilgerausweis (Fränkische St. Jakobus-Gesellschaft).

Schnell ist das Gepäck im Zimmer verstaut, das Rad draußen im Hof angeschlossen und trockene Kleider angezogen. Zum Glück sind Packtaschen und Rucksack wasserfest.

Ich schnappe mir die Kamera und gehe nach draußen. Der Gipfel des Kreuzbergs ist in dichten Nebel gehüllt, die Landschaft verbirgt sich hinter einem Schleier aus Dunst. Das ist neu für mich. Bei meinen bisherigen Aufenthalten hier oben (Schweinfurt Kreuzberg und zurück ist eine meiner Trainingsstrecken) war das Wetter fast immer sonnig und trocken. Heute ist das zum ersten Mal ganz anders. Ich steige zu den drei Kreuzen hinauf, dem Wahrzeichen dieses Berges. Fast mystisch sind sie im Nebel nur schemenhaft zu erkennen. Auch am Gipfelstein beschränkt sich die Sicht auf wenige Meter, so dick ist der Nebel. Um mich herum ist es still, grau und nass. Bei diesem Wetter wandert kein Mensch hier oben herum. Lautlos ziehen die Nebelschwaden an mir vorbei.

Heute Abend esse ich einen Salat, trinke dazu eine halbe Maß des süffigen dunklen Klosterbiers und gehe früh ins Bett, denn diese erste Tagesetappe war doch sehr anstrengend. Um 22 Uhr wird die Pforte geschlossen. Wer dann nicht im Gebäude ist, der kommt vielleicht auch nicht mehr hinein. In dieser Nacht fühle ich mich sicher und geborgen auf 850 Meter Höhe, in dichten Nebel gehüllt, bei völliger Stille.

Gedanken des Tages:
Kleine Schritte führen ans Ziel, große außer Atem
Auch im dichten Nebel sind klare Gedanken möglich

Tagesleistung: 66 Kilometer
Kloster Kreuzberg/Rhön, Franziskusbau, 15 Euro

Freitag, 22. Juni 2007
Kreuzberg/Rhön - Lohr/Mariabuchen

Heute Morgen fällt das Frühstück aus. Ich spare Geld, kann schneller aufbrechen und werde mich später in einer Bäckerei mit dem Nötigsten versorgen. Der Regen hat aufgehört und bei der Abfahrt zeigen sich sogar einige zaghafte Sonnenstrahlen über dem Kreuzberg, dem heiligen Berg der Franken. Und als Franke will ich genau von hier aus meine Pilgerreise nach Santiago de Compostela antreten. Jetzt hat er wirklich begonnen, mein langer Weg nach Nordwestspanien.

Es bleibt trocken und einige blaue Flecken am Himmel lassen auf besseres Wetter hoffen. Über Wildflecken führt der Weg weiter nach Bad Brückenau. Die Landschaft ist herrlich. Um mich herum die Berge der Rhön und ich frei wie ein Vogel auf dem Weg in ein neues Abenteuer. In jedem Menschen steckt irgendwie ein Reisender, ein Abenteurer, ein Vagabund. In einem Dorf kurz vor der hessischen Grenze halte ich an einer

Bäckerei an und kaufe mir etwas Salziges und etwas Süßes, ein kleines Frühstücksmenü sozusagen.

Und weiter geht die Reise durch einen kleinen Zipfel Hessen bei Jossa, dann wieder nach Bayern und das Sinntal hinunter nach Rieneck. Hier sieht der Himmel leider gar nicht mehr gut aus. Im Westen ziehen dunkle Wolken auf, höchste Zeit sich nach einem Unterstand umzuschauen. In Rieneck warte ich vergeblich unter einem Torbogen auf das Nass von oben, beginne mit dem Anstieg hinüber ins Maintal, traue dem Wetter nicht wirklich, habe aber keine Zeit zu verschenken. Ziel für heute ist das Kloster Mariabuchen bei Lohr am Main. Auf der Fahrt hinunter ins Maintal zeigen sich im Westen noch mehr dunkle Wolken und es beginnt zu nieseln. Zum Glück bin ich bereits in Langenprozelten, finde eine Bushaltestelle als Unterstand, stelle mein Rad ab, setze mich hin und warte.

Meine Geduld wird nun zum ersten Mal auf eine harte Probe gestellt. Es regnet sich ein und will einfach nicht mehr aufhören. Nach einer halben Stunde ist immer noch kein blauer Lichtblick am Horizont zu erkennen. Weiterfahren würde bedeuten, wieder sehr nass zu werden. Weitere 30 lange Minuten vergehen, dann platzt mir der Kragen! Seit einer ganzen Stunde ist nichts passiert. Ich schlage hier keine Wurzeln, entscheide mich weiterzufahren, werde wieder nass, aber das ist mir egal. Die Wassertaufe fand ja bereits gestern beim Anstieg zum Kreuzberg statt, schlimmer kann es jetzt auch nicht mehr werden. Ich fahre (schwimme fast) am Main entlang nach Lohr. Der Regen ebbt ab, leichtes Nieselwetter bleibt. In Lohr wird der Main in Richtung Osten überquert, dort liegt laut Karte Mariabuchen. Die Straße steigt an, das war zu erwarten. Klöster liegen nun mal fast immer auf einem Berg. Das Nass von oben, nimmt leider auch wieder zu, und erreicht schon bald die Stärke von gestern. Egal, davon stirbt man nicht.

Endlich taucht Mariabuchen auf, eine Wallfahrtskirche, ein Kloster, ein Gasthaus und noch einige Gebäude mitten im Wald. Schön ist es hier und sehr ruhig. Völlig durchnässt läute ich an der Pforte. Eine Schwester öffnet und bittet mich zu warten. Ein Pater kommt, stempelt meinen Pilgerausweis und bietet mir ein Feldbett in der Kegelbahn an. So übernachten hier die Wallfahrer, klärt er mich auf. Nur Duschen wäre ein Problem. Meine Kleidung ist aber völlig durchnässt, mir ist kalt und ich brauche dringend ein heißes Bad oder eine heiße Dusche. Der Pater weiß Rat. Er bietet mir an, mit dem Gasthaus gegenüber einen Pilgerrabatt auszuhandeln, greift zum Telefon und wenig später hat er für mich drüben im Gasthaus ein Zimmer mit herrlichem Blick auf die umliegenden Wälder organisiert. Toller Service. Dusche und WC sind auf der Etage gleich gegenüber dem Zimmer und da außer mir keiner da zu sein scheint, ist das kein Problem.

Nach einer heißen Dusche kehrt die Freude am Leben zurück. Draußen erwarten mich jetzt herrlicher Sonnenschein und ein strahlend blauer Himmel, man könnte meinen, wir hätten April. Am Abend in der Gaststätte serviert man mir eine große Portion Spaghetti mit einer herrlichen Käsesoße und einem frischen Salat für ein paar Euro. Sicher auch Pilgerrabatt, denke ich mir und genieße. Nach so einer nassen Tagesetappe hat man sich das auch redlich verdient. Dazu passt ein würziges dunkles Bier und der Himmel auf Erden rückt immer näher. Vor meinem Fenster ziehen an diesem Abend von Norden her Wolken auf, die sich leise über die dunklen Wälder des Spessarts legen. Ein schöner, beruhigender Anblick. Die Stille der umliegenden Landschaft, die kleine Wallfahrtskirche und die grauen Nebelschwaden bieten ein Bild der Harmonie und des Friedens.

Gedanken des Tages:
Geduld zu haben, fällt manchmal sehr schwer
Was man nicht ändern kann, sollte man akzeptieren

Tagesleistung: 82 Kilometer
Gasthof Waldrast, Mariabuchen, 15 Euro

Samstag, 23. Juni 2007
Lohr/Mariabuchen - Amorbach

Um 8 Uhr läuten die Glocken der Wallfahrtskirche. Ich gehe
frühstücken und breche danach auf. Noch ist es trocken.
Schnell rollt mein Rad die Straße nach Lohr hinunter. Ich
bleibe auf dem Maintal-Radweg, fahre in Richtung Marktheidenfeld, komme aber nicht weit. Ungefähr 10 Minuten hinter
Lohr setzt wieder heftiger Regen ein. Gibt es irgendwo einen
Unterstand? Doch wenn man sucht, dann findet man meistens
nichts. Oft stehen überall Unterstellmöglichkeiten herum, natürlich wenn die Sonne scheint und diese nicht gebraucht werden. Aber jetzt, da ein schützendes Dach notwendig wäre,
findet sich natürlich weit und breit nichts.

Ich fahre langsam weiter, komme an einen Sportplatz und sehe
unter Bäumen eine Holzhütte. Diese entpuppt sich als Sport-
geräteschuppen, ist aber leider verschlossen. Das Dach steht
etwas über und so kann sich ein Mensch, eng an die Holzwand
gepresst, unterstellen. Zumindest wird man hier weniger nass
als draußen im nunmehr strömenden Regen. Das Rad passt gerade mal so unter den Dachvorsprung der Seitenwand, wird
aber trotzdem nass. Ich stehe am vorderen Ende des Schup-
pens auf einer Holzbank unter dem Dachvorsprung und warte
auf bessere Zeiten. Meine Geduld wird wieder einmal auf eine
harte Probe gestellt. Das Wetter will einfach nicht besser werden. Der Himmel ist grau, es gießt in Strömen und ich stehe
schon ziemlich durchnässt unter diesem verdammten Dachvorsprung. Eine halbe Stunde vergeht, eine ganze Stunde vergeht, über eine ganze Stunde vergeht und es schüttet noch
immer. Nirgends, aber auch nirgends am Horizont zeigen sich
Anzeichen für eine Besserung. Es ist hoffnungslos.

Nach über einer Stunde reicht's. Kein Herumstehen mehr, wie furchtbar das Wetter auch ist, jetzt wird weitergefahren. Der Regen hat sich zwar abgeschwächt, doch er fällt noch immer. Ich wage die Weiterreise. Es ist furchtbar, alles um mich herum ist Grau in Grau und feucht, einfach nur ekelhaft kalt und nass.

Die Landschaft im Maintal ist bei gutem Wetter wunderschön und auch heute hat sie ihren Reiz. Der Radweg führt an der Klosterkirche Neustadt südlich von Lohr vorbei. Jetzt zeigen sich tatsächlich einige blaue Flecken am Himmel. Marktheidenfeld ist erreicht und vor mir hängen noch immer dunkle Wolken. Vielleicht ist es intelligenter über den Bergrücken nach Wertheim zu fahren. Diese Idee erweist sich als richtig. Über dem Maintal ist das Wetter zumindest trocken und ich bin froh, nicht mehr dort unten zu sein. Auf der Straße hinunter nach Wertheim holt mich die Nässe dann aber doch wieder ein, wäre auch zu schön gewesen.

Der Main wird überquert und gleich nach der Brücke führt der Weg am Fluss entlang weiter in Richtung Miltenberg. Nach einer Weile zeigt sich sogar die Sonne. Da sieht die Welt doch gleich ganz anders aus. Wäre schön, wenn das so bliebe. Aber ich traue dem Ganzen nicht wirklich – und soll Recht behalten. Eine Zeit lang geht alles gut, ich gleite zufrieden in der Sonne vor mich hin und lasse die Gedanken fliegen. Nichts und niemand lenkt mich ab, ich kann vor mich hindenken, die Landschaft genießen und anhalten, wo und wann mir das passt.

Ungefähr zwanzig Kilometer vor Miltenberg braut sich im Westen etwas zusammen. Aber genau das ist meine Richtung, ausweichen unmöglich. Nach einer Kurve ist plötzlich alles dunkelgrau und lässt nichts Gutes erahnen. Ich finde keinen Unterstand, trete in die Pedale und fahre weiter, in der Hoffnung, vielleicht doch noch rechtzeitig den nächsten Ort zu erreichen. Das gelingt aber nicht. Plötzlich bricht das Unwetter los und zwar so heftig, dass ich gerade noch anhalten, absitzen, und mich ins Unterholz retten kann. Rad und Gepäck finden hier einigermaßen Schutz vor der Nässe, ich selbst presse mich dicht an den Stamm eines Baumes, dort ist es noch relativ trocken. Mit der Zeit dringt die Nässe aber auch bis hier durch.

Nun beginnt die Zeit des Wartens von neuem. Eine halbe Stunde, eine Stunde und mehr. Ich stehe am Mainufer und schaue hinaus aufs Wasser, auf das Millionen Regentropfen aufschlagen. Und wieder ist nirgends am Himmel ein heller Fleck zu sehen, der auf ein Ende hätte hoffen lassen. Plötzlich rollt ein Donner. Während eines Gewitters sollte man sich nicht unter Bäume stellen, aber sich hinaus in den strömenden Regen zu wagen ist jetzt auch keine gute Idee. Ein Pilger müsste eigentlich unter einem besonderen Schutz stehen. Aber die Prüfung fällt heute besonders hart aus. Wenn das so weiter geht, muss ich jetzt wohl für einen ganzen Sack voll Sünden büßen. Wasser von oben und kein Ende in Sicht, es ist zum Verzweifeln. Zum Glück ist meine neue Jacke absolut wasserdicht. Sie war nicht billig, ist jetzt aber jeden Euro wert. Geiz ist eben nicht immer geil! Auch meine Packtaschen erweisen sich als absolut wasserdicht.

Nach über einer Stunde geht's endlich weiter. Richtig trocken ist es zwar immer noch nicht, der Hauptguss scheint aber vorbei zu sein. Miltenberg ist erreicht. In Richtung Amorbach hängen noch immer dunkle Wolken und dünne Regenfäden verraten nichts Gutes. Schnell wird der Plan geändert und das Kloster Engelberg nördlich von Miltenberg angefahren. Das Wetter wird besser und schon bald lässt sich die Sonne tatsächlich wieder blicken. Klöster liegen meistens hoch oben auf Bergen, hier ist das nicht anders. Der Anstieg fordert mich noch einmal heraus. Als Belohnung bietet sich mir dann aber ein herrlicher Blick über das Maintal auf den Odenwald im Süden. Dort drüben hängen immer noch dunkle Wolken, während über dem Fluss vor mir bereits die Sonne scheint. Eine Übernachtung auf dem Engelberg wäre jetzt genau das Richtige. Mir ist kalt, die Kleider sind nass, ich bin müde und möchte nur unter die Dusche und dann ins Bett. Aber das ist leichter gesagt als getan.

An der Pforte ist nur eine Küchenhilfe anwesend. „Gibt es bei Ihnen die Möglichkeit zu übernachten?" will ich wissen. Die Antwort fällt leider negativ aus. Doch so schnell wird nicht aufgegeben, denn Jakobspilger sollten in Klöstern am Wegesrand unterkommen können. „Sind Sie ein Pfarrer?" will man wissen. Meine dunkle Radler-Montur mag zwar wie das Gewand eines Priesters aussehen, ist aber keines. „Wäre trotzdem eine Übernachtung möglich? Wo sind denn die Mönche?" „Gerade alle in der Kirche", erklärt man mir, und bittet mich zu warten. Also gut, Geduld ist ja fast schon ein Hobby von mir.

Das Wetter im Süden wird besser, die Regenwolken haben sich bereits teilweise verzogen. Nach 15 Minuten sieht mich die Pforte wieder. Jetzt sitzt dort ein Mönch, der hat aber Stress mit irgendwelchen Papieren. Meine Bitte nach einer Übernachtungsmöglichkeit scheint ihn zu nerven. Nur der Klostervorsteher könne solche Entscheidungen treffen, meint er, dieser sei aber gerade nicht zu erreichen. „Wann wäre er denn wieder da?" Das wisse er nicht, erwidert der Mönch, und wird ungeduldiger. Ich auch! Ich bin müde, mir ist kalt, ich könnte krank werden und möchte nur eine warme Dusche und ein Bett. Doch da ist nichts zu machen. Mein Gesprächspartner kann diese Entscheidung nicht treffen und der Vorsteher ist nicht da. Der Mann reagiert jetzt aber versöhnlicher, verspricht sich auf die Suche zu machen, und bittet um etwas Geduld.

Weitere Minuten vergehen, dann taucht er wieder auf, konnte den Gesuchten aber nicht finden. Er bietet mir jetzt ein Essen in der Wirtsstube an. Ich aber habe weder Hunger noch Durst, sondern möchte nur ein Zimmer, um diesen nasskalten Tag in Frieden beenden zu können. Aber genau das geht nicht. Der

Mann beginnt sich tatsächlich für mein Fahrrad zu interessieren. „Das ist also der fahrbare Untersatz auf dem langen Weg nach Spanien!" „Ja, das ist er, und er ist nass, genau wie ich, und was machen wir jetzt?" Ratlosigkeit! Wo ist nur die Person, die Licht ins Dunkel bringen könnte?

Das Wetter hat mittlerweile eine positive Wandlung hingelegt. Der Himmel erstrahlt an mehreren Stellen in blau und Richtung Amorbach versperrt keine Schlechtwetterbarriere mehr den Weg. Zeit für mich zu gehen.

Ich lasse mein Rad den Berg wieder hinunterrollen, überquere den Main in Richtung Amorbach und fahre dem Odenwald entgegen. Die Sonne scheint jetzt und wärmt. Was für ein Unterschied. Warum nicht gleich so, warum erst heute Abend? Höhere Mächte haben eben ihren eigenen Rhythmus! Ich habe mir besseres Wetter gewünscht und bekommen, nur der Zeitpunkt war ein anderer.

In Amorbach soll es eine Abtei geben. Dort könnte man vielleicht als Pilger übernachten. Am Gotteshaus lässt sich aber nirgends eine offene Tür finden und so verabschiede ich mich nun endgültig von dem Gedanken, heute wieder an einem geistlichen Ort übernachten zu können und mache mich auf die Suche nach einem weltlichen Zimmer. In einer Privatpension wird mir dann ein Zimmer angeboten. Es ist sauber, ruhig und die Menschen sind freundlich. Sie treffen sofort die Entscheidung, dass ich das Zimmer haben könne. Klasse. Mir gefällt es hier auf Anhieb. Noch schnell zum Supermarkt und einkaufen, dann kann auch dieser Tag zu Ende gehen. So schlimm er auch war, so gut hört er doch auf.

Gedanken des Tages:
Geduld lernt man am besten, wenn man sie haben muss
Manche Entscheidungen werden schnell getroffen, manche nie

Tagesleistung: 90 Kilometer
Pension Ballmann, Amorbach, 30 Euro

Sonntag, 24. Juni 2007
Amorbach - Rotenberg

Der Tag beginnt mit selbstgebackenem Steinofenbrot, Wurst, Käse, einem Ei, Marmelade, Kirschkuchen, einfach all den leckeren Sachen, die ein gutes Frühstück so haben sollte. Ich habe wunderbar geschlafen und fühle mich fit. Das ist nicht immer so, wenn man jeden Tag in einem anderen Zimmer übernachten muss. Dies ist ein schöner Ort, da kommt man gerne wieder.

Heute wird mich der Odenwald fordern, mitten durch soll die Reise gehen. Das Wetter ist Klasse, was für ein Unterschied zu gestern. Die Sonne scheint, der Himmel ist blau, der Wald saftig grün, alles ist perfekt – danke, Sonne, du machst den ganzen Unterschied.

Ich komme gut voran, genieße die Landschaft, denke vor mich hin und trete in die Pedale. Die Straße steigt leicht an, das ist aber nicht unangenehm. Dann wird es steiler, das Zentrum des Odenwalds rückt näher. Immer wenn der Weg zu beschwerlich wird, heißt die Devise absteigen und schieben. Das tut gut und entspannt. Der Scheitelpunkt ist erreicht. Hier also verlief einmal der römische Limes, der Schutzwall der damaligen zivilisierten Welt. Endlose Wälder erstrecken sich nach Norden. Vor 2000 Jahren war das hier sicher militärisches Sperrgebiet. Ich betrete jetzt das alte römische Weltreich, komme sozusagen in die Zivilisation. Ja, das spürt man.

Ab jetzt geht es abwärts. Am südlichen Ende des Odenwalds erreiche ich den Neckar bei Eberbach, halte mich aber nicht lange auf, denn im Osten ziehen schon wieder dunkle Wolken auf, überquere den Fluss und fahre weiter in Richtung Süden. Laut Karte soll es in Lobenfeld vor Meckesheim ein Kloster geben. Dort könnte man vielleicht übernachten, das ist mein heutiges Etappenziel.

Kurz nach Eberbach steigt die Straße wieder an. Die Berge und Wälder sind südlich des Neckars nicht anders als im Odenwald. Hunger stellt sich ein. An einem Holzabladeplatz halte ich an, setze mich auf den obersten Stamm eines Stapels Baumstämme, blicke hinunter auf die Straße, sehe die Autos vorbeirasen und für einen kurzen Augenblick in die Gesichter der Menschen hinter den Lenkrädern. Sie sehen gehetzt aus, ich dagegen genieße meine innere Ruhe, esse etwas und betrachte die herrliche Waldlandschaft um mich herum. Wie wenig braucht es eigentlich um satt zu werden und eine schöne Landschaft genießen zu können!

Am frühen Nachmittag erreiche ich Lobenfeld und muss zu meiner Enttäuschung feststellen, dass das Kloster nicht mehr existiert. So ein Pech, was nun? Die Sonne scheint, das Wetter ist gut und weiter geht's in Richtung Meckesheim. An jeder Kirche halte ich an und suche ein Pfarramt, um einen Tagesstempel zu bekommen. Aber das ist gar nicht so einfach. Entweder ist kein Pfarramt zu finden oder die Kirchen sind verschlossen. Auch in Meckesheim ist nirgends ein Pfarramt auszumachen. Ich fahre weiter, komme an einen modernen Kirchenbau, gehe einmal um das Gebäude herum, kann aber auch hier kein Pfarramt entdecken. Wieder vor dem Haupteingang, öffnen sich plötzlich die Türen und Ministranten treten heraus. In dieser Kirche hat gerade eine Taufe stattgefunden, also muss auch ein Pfarrer in der Nähe sein. Ich lasse Rad und Gepäck vor der Türe stehen und mache mich auf die Suche. Der Priester ist sehr nett und interessiert sich für meinen Jakobsweg. Der Gemeindestempel, so erklärt er mir, sei im Büro, das aber liege im Nachbarort. Ein paar Minuten später und der Pfarrer wäre wieder weg und auch diese Kirche verschlossen gewesen.

Aber er ist ja noch da und so denken wir über eine Lösung nach. Ein Gemeindemitglied, erklärt er mir, war schon mehrere Male in Spanien zu Fuß auf dem Jakobsweg unterwegs. „Den müssen Sie unbedingt kennen lernen! Das Pfarrbüro liegt sowieso an dessen Wohnort und da könnten Sie doch gleich mitkommen", erklärt der Pfarrer. Gesagt, getan. Rad und Gepäck bleiben in der Sakristei, wir steigen ins Pfarrauto und fahren nach Mauer. Unterwegs werden mir sogar noch die lokalen Sehenswürdigkeiten erklärt. Wir kommen in ein Wohngebiet, halten vor einem Bungalow und werden freundlich begrüßt. Kurze Zeit später sitze ich mit Menschen, die ich noch nie gesehen habe, auf der Terrasse eines Hauses, in dem ich noch nie gewesen bin, und habe das Gefühl, als wäre es nie anders gewesen. Mir wird sogar ein Mittagessen aufgetragen. Die Frau des Jakobspilgers bringt einen großen Teller mit Gemüse, Kartoffeln, Fleisch und zum Nachtisch sogar noch einen Apfelstrudel. Was für eine Gastfreundschaft! Wir reden über den Jakobsweg, der Mann erzählt von seiner Reise zu Fuß nach Santiago und gibt mir einige Tipps. Voller Stolz zeigt er mir dann seine Tagesstempel aus Spanien, mein Pilgerausweis ist dagegen noch ziemlich leer. Aber jeder steht irgendwann einmal vor einem Anfang.

Nach über einer Stunde verabschieden wir uns und ich bedanke mich für alles. Mittlerweile ist auch mein Pilgerausweis abgestempelt. Dies ist der vierte Eintrag und etwas ganz Besonderes. Er wird mich immer an diese Gastfreundschaft erinnern. Zum Schluss frage ich den Jakobspilger noch, ob es stimme, dass sich auf dem Weg nach Santiago manchmal Dinge ereignen, die man nicht erklären könne, und ob er so etwas auf seinen Pilgerreisen schon erlebt habe. Er lächelt und meint: „Darüber spricht man nicht." Da hat er Recht. Das geht niemanden etwas an. Religion hat auch etwas mit ganz persönlichem Empfinden zu tun, und darüber sollte man nicht zu viel schwätzen.

„Das war aber wirklich ein Glücksfall, gerade zum richtigen Zeitpunkt an dieser Kirche gewesen zu sein, sonst wären wir uns nie begegnet." Der Pilger schmunzelt und meint: „War es Zufall? Weiß man das?" Das sind also die Feinheiten, die es zu erkennen gilt. Bin wirklich gespannt, was sich auf dem langen Weg nach Spanien noch so alles ereignen wird. Dies ist erst der Beginn meiner Reise, aber einiges ist schon jetzt sehr interessant. Um die Tagesstempel zu erhalten, muss ich mit Menschen Kontakt aufnehmen. Daraus kann, muss aber nicht, ein solches Treffen entstehen.

Weiter geht die Fahrt in Richtung Südwest. Der Himmel ist blau, die Landschaft wunderschön und die Sonne wärmt. Was für ein Nachmittag! Endlich Sommer! Irgendwie ging mein Wunsch nach besserem Wetter doch noch in Erfüllung, zwar nicht gestern, aber heute.

Gegen Abend erreiche ich den kleinen Ort Rotenberg und schaue mich nach einem Zimmer um. Ein Schild wirbt für eine Privatpension. Das Haus ist modern und sauber. Ich frage nach einer Übernachtungsmöglichkeit und stehe kurze Zeit später in einer wunderschönen Einliegerwohnung im Keller. Meine Gastgeber sind sehr nett, alles ist sauber und ruhig, genau was ein müder Radler jetzt braucht. Ich dusche, ziehe mir frische Freizeitkleidung an, gehe spazieren und erlebe einen wunderschönen Sonnenuntergang.

Gedanken des Tages:
Manche Zufälle sind vielleicht gar keine
Wünsche gehen in Erfüllung, nur wann, das weiß man nicht

Tagesleistung: 77 Kilometer
Pension Anita, Rotenberg, 35 Euro

Montag, 25. Juni 2007
Rotenberg - Rülzheim

Nach einer erholsamen Nacht geht die Reise weiter. Leider hat sich das Wetter wieder verschlechtert, der Himmel ist bewölkt und es sieht verdammt nach Regen aus. Diese Einschätzung ist leider richtig. Schon in Rauenberg wird es nass. Diesmal findet sich aber rechtzeitig ein Unterstand mit einer über-dachten Holzbank. Nur Minuten später öffnen sich die Schleu-sen. Statt unter Bäumen zu stehen, ist Sitzen und Lesen im Trockenen wesentlich angenehmer.

Es regnet heute Morgen zum Glück nicht allzu lange. Sich besseres Wetter zu wünschen macht im Augenblick wenig Sinn, denn erstens sieht es nicht danach aus und zweitens erfüllen sich Wünsche sowieso erst später. Damit liege ich diesmal aber voll daneben. Schon bald zeigt sich die Sonne und ein strahlend blauer Himmel begleitet mich durch die Rheinebene. Die Brücke über den Rhein vor Speyer hat genau mein Alter, Baujahr 1956 steht auf dem Schild. Was für ein guter Jahrgang, die kann ohne Bedenken überquert werden.

Vor mir liegt der Dom zu Speyer. Herrlicher Sonnenschein macht diesen Anblick noch viel eindrucksvoller. Ein Tages-stempel vom Dom wäre jetzt nicht schlecht. Doch daraus wird leider nichts. Das Dombüro ist geschlossen, da hilft auch mehrmaliges Läuten nichts, niemand öffnet.

An der Pforte des Klosters St. Magdalena ist das anders, hier öffnet eine Nonne die Tür. Ich stelle mich als Jakobspilger vor und bitte um einen Tagesstempel. „Der ist im Büro und nicht an der Pforte", lautet die Antwort. Ob sie ihn für mich holen könne? Das gehe leider nicht, denn die Pforte müsse besetzt bleiben. „Dann könnte ich ihn doch holen, wo ist denn das Büro?" „Um Gottes Willen!", entfährt es ihr, „das hier ist ein Frauenkloster, und Sie sind ein Mann!" So ein Pech aber auch!

Was machen wir denn jetzt? Sie öffnet zumindest die innere Tür und lässt mich als Mann tatsächlich einen Schritt weiter ins Reich der Frauen. Nicht schlecht! Ich bitte um ein Glas Wasser, sie führt mich in ein Wartezimmer und nimmt meinen Pilgerausweis an sich. Dann ist sie weg und hat also tatsächlich ihren Posten an der Pforte verlassen. Hier ist es angenehm ruhig. Kurze Zeit später kommt sie wieder, lächelt und wirkt schon viel gelöster. Mein Pilgerausweis zählt einen neuen Stempel. Die Nonne wird auf einmal richtig redselig und möchte den Grund meiner Pilgerreise wissen. In ein paar Sätzen ist das erklärt. Zum Abschied gibt sie mir dann an der Pforte noch ihren Lieblingsengel mit auf den Weg. Leider ist mir der Name entfallen, denn was Engel betrifft, bin ich nicht so bewandert. Der Name klang sehr exotisch. Aber das macht nichts. Auf einer langen Reise ist jede Hilfe und jeder Schutz sicher gut zu gebrauchen, denke ich und nehme ihn einfach mit.

In einem kleinen Laden, gleich neben dem Denkmal eines Jakobspilgers in der Nähe des Doms, erhält mein Pilgerausweis dann auch noch den Stempel des Pfälzer Jakobswegs. Den Domstempel gibt es leider nicht, die Tür des Dombüros bleibt verschlossen.

Ich verlasse Speyer und fahre linksrheinisch in Richtung Süden, nehme Kurs auf Frankreich. Im Rheintal scheint die Sonne und es ist trocken. Wäre nicht schlecht, wenn das auch so bliebe. Das Wetter hält und ich werde sogar richtig übermütig und glaube, mein Pilgerweg sei heute besonders vor Regen geschützt. Doch vor mir braut sich leider wieder etwas zusammen. Dunkle Wolken ziehen auf. In Germersheim muss schnell ein trockener Unterstand her. Doch etwas Passendes ist nicht zu finden und der Himmel wird leider bereits undicht. Ich erreiche die Universität, fahre unter einen Torbogen, stelle mein Rad ab, setze mich auf eine Steinstufe, da bricht das Unwetter auch schon los. Als hätte jemand den Stöpsel gezogen, prasseln die Wassermassen vor meinem schützenden Torbogen auf den Asphalt. Ich esse und trinke etwas und fühle mich sicher. Ein schönes Gefühl, es gerade noch geschafft zu haben und nun im Trockenen zu sitzen. Nach einer Viertelstunde hört der Regen auf und die Sonne zeigt sich wieder.

Ich fahre weiter und nehme mir an diesem Abend ein Zimmer in einem Landhotel in Rülzheim. Im nächsten Supermarkt wird etwas zum Abendessen gekauft und eine Flasche Bier, darauf habe ich jetzt so richtig Lust.

Ich liege wach und denke nach. Fünf Tage bin ich nun unterwegs, bin ruhiger und gelassener geworden und die Hektik des Alltags ist gewichen. Es dauert immer eine gewisse Zeit, bis man das merkt und die innere Ruhe genießen kann. Meine Gedanken kehren in den Nebel auf den Kreuzberg zurück. Folgt man dem Jakobsweg, begibt man sich auf die Suche. Wer bin ich, wo komme ich her und wohin werde ich einmal gehen? Wie erkennt man Gott? Im Nebel ist die Sicht stark eingeschränkt. Wie wird die Reise weitergehen? Wie werden meine Erkenntnisse am Ende der ersten Etappe aussehen? Und wie erst in ein paar Jahren am Ende der gesamten Pilgerreise nach Santiago, sollte ich dieses Ziel jemals erreichen. Ich denke an das Kloster Engelberg. Der Mönch wollte mir dort sicher helfen, konnte aber nicht selbst entscheiden und fand die richtige Person nicht. Es war eben der berühmte falsche Zeitpunkt.

Gedanken des Tages:
Mancher passt perfekt dorthin,
wo andere überhaupt nicht hinpassen
Zeit ist jetzt, und schon wieder vorbei

Tagesleistung: 67 Kilometer
Hotel Südpfalz, Rülzheim, 42 Euro

Dienstag, 26. Juni 2007
Rülzheim - Marienthal

Auf nach Frankreich. Ein strahlend schöner Sommertag sieht anders aus, aber noch fällt kein Regen. In Wörth verfahre ich mich und lande auf einem Radweg am Rheinufer. Dieser trifft zum Glück nach einer kurzen Strecke wieder auf die Landstraße nach Lauterbourg. Auf ihr kommt man direkter und schneller voran. Radwege sind zwar schön, von der Distanz her aber meistens länger. Um ein Ziel schnell und direkt zu erreichen, sollte man sie links liegen lassen. Der Himmel ist bewölkt und es beginnt zu nieseln. An der deutsch-französischen Grenze bei Lauterbourg erinnert außer ein paar verlassenen Zollhäuschen nichts mehr an einen Grenzübergang. Keiner kontrolliert hier mehr die Reisenden. Was für ein Unterschied zu früher. Ich stelle mein Rad genau auf die Grenzlinie, das Vorderrad ist bereits in Frankreich, das Hinterrad immer noch in Deutschland. Jenseits der Grenze verändert sich die Landschaft nicht, nur die Sprache ist eine andere.

Eine kleine Landstraße führt am Rhein entlang nach Süden. Bei Munchhausen braut sich direkt vor mir erneut etwas Dunkles zusammen. Am Bahnhof steht ein Wartehäuschen, genau passend für mein Rad und mich. Es dauert keine fünf Minuten, dann öffnen sich wieder einmal die himmlischen Schleusen. Gute Entscheidung, nicht weiterzufahren, sondern rechtzeitig nach einem Unterschlupf Ausschau zu halten. Ein Ehepaar aus den USA, das per Rad den Rhein hinunterfährt, stellt sich hier ebenfalls unter. Wir unterhalten uns, tauschen Informationen aus, dann trennen sich unsere Wege auch schon wieder.

Drüben in Deutschland hängen dunkle Wolken über dem Schwarzwald und ganz deutlich sind dort dünne Regenfäden zu erkennen. Aber der Wind kommt aus Westen und weht sie weg von mir. Die sind nicht zu fürchten. Tagesziel für heute ist das Kloster Marienthal in der Nähe von Haguenau. Bei

Soufflenheim sollte ich links abbiegen, um direkt nach Marienthal zu kommen, muss aber die Abzweigung verpasst haben. Um mich herum pulsiert der Verkehr der vielbefahrenen Nationalstraße nach Haguenau. Als ich den Fehler bemerke, ist es schon zu spät und umdrehen macht jetzt keinen Sinn mehr.

Die Nationalstraße zieht sich über viele Kilometer hin immer nur geradeaus. Ein Gefühl, überhaupt nicht vom Fleck zu kommen, macht sich breit. Rechts von mir ziehen jetzt auch noch dunkle Regenwolken auf und der Wind treibt sie diesmal genau in meine Richtung. Ich erreiche Haguenau, bin trocken geblieben und durchquere die Stadt. Vor mir liegen die letzten Kilometer nach Marienthal.

Endlich ist das heutige Ziel erreicht, nun gilt es nur noch eine Übernachtungsmöglichkeit zu finden. Ein Gebäudekomplex sieht wie ein Kloster aus und ist auch tatsächlich eins. An der Pforte gibt mir eine Nonne freundlich, aber unmissverständlich zu verstehen, dass ich hier nicht übernachten könne. Die Benediktinerinnen nebenan haben Fremdenzimmer für Pilger und Wallfahrer, dort wird sich sicher etwas finden lassen. Marienthal hat also zwei Klöster. An dieser Pforte werde ich eingelassen und bekomme ein Zimmer. Die Nonnen sind ganz in weiß gekleidet und gar nicht schüchtern. Eine ist sogar ziemlich lustig und spricht Französisch und Deutsch.

Mein Zimmer ist schön, ruhig und liegt im Dachgeschoss. Genau über dem Bett ist ein großes Fenster, von hier aus kann man direkt in den Himmel sehen. Dusche und WC sind auf der Etage. Das Zimmer gefällt mir auf Anhieb. Vor dem Abendessen treffen sich die Nonnen in der Kirche zum Abendgesang. Jeder sei willkommen, müsse aber nicht teilnehmen. Also, kein Druck, und das ist auch gut so. Mal sehen, ob das zeitlich zu schaffen ist, denn zuerst heißt es duschen und saubere Sachen anziehen.

Ich will mich auf dieser Reise nicht verschließen, sondern ganz bewusst neue Erfahrungen und Eindrücke sammeln. Aber naiv in alles Religiöse hineinstolpern, das muss auch nicht sein. Ich schaffe es zeitlich, gehe hin und bereue nichts. Die Nonnen haben wunderbare Stimmen und werden auf einer Orgel begleitet. Ich lausche der Musik, lasse die Atmosphäre auf mich wirken, bin zufrieden und fühle mich sicher.

Zeit für das Abendessen. Ein pensionierter Pfarrer aus Breisach ist heute Abend auch hier und damit wir beide uns nicht alleine fühlen, haben die Nonnen ein Ehepaar aus dem Ort eingeladen, das elsässisch spricht. Sehr aufmerksam. Wir essen Tomatensuppe, eine mit Käse gefüllte Blätterteigrolle, Gemüse, dazu französisches Weißbrot und Rotwein und zum Nachtisch Obstsalat und Kuchen. Gesprochen wird Deutsch und Französisch, wir mischen beides und lachen viel. Ich bin auf meinen Radtouren gerne allein, verschmähe aber solche Abende im Kreise netter Menschen keinesfalls.

Nach dem Essen melde ich mich freiwillig zum Abtrocknen in der Küche. Das ist ein Fehler, denn dieses Angebot wird prompt angenommen. Die beiden Nonnen in der Küche arbeiten schweigend, also versuche ich ein Gespräch zu beginnen. Das kommt aber gar nicht gut an. Vielleicht müssen sie schweigen, denn so richtig reden wollen sie nicht. Also trocknen wir eben schweigend ab. Immerhin ist das hier ein Kloster und keine Wirtschaft.

Danach möchte ich mir draußen noch etwas die Beine vertreten. Das Reich der Nonnen zu verlassen ist kein Problem, doch auf dem Rückweg gibt es eins. Der Eingang ist verschlossen. Hier kann man nicht wie in einem Hotel mit dem Zimmerschlüssel auch die Eingangstür öffnen. Mir ist das peinlich, aber das bedeutet wieder läuten und mir wird wieder geöffnet. Ich ziehe mich jetzt auf mein Zimmer zurück, schreibe meine Tagesnotizen und lese etwas. Es ist ruhig hier. Als ich dann im

Bett liege und durch das große Dachfenster genau über meinem Kopf hinauf in den sternenklaren Nachthimmel blicke, kehrt eine tiefe innere Ruhe ein. Meine zweite Nacht in einem Kloster. Um 22 Uhr werden die Pforten geschlossen, doch ich fühle mich hier keineswegs eingesperrt.

Gedanken des Tages:
Eine Unachtsamkeit kann ganz schön in die Beine gehen
Grenzen trennen Sprachen, nicht Menschen

Wo sich Menschen verstehen, herrscht Friede. Um sich aber verstehen zu können, müssen sie eine gemeinsame Sprache sprechen. Sprache bedeutet Selbständigkeit. Unselbständigkeit nährt Hass und der führt zu Krieg. Krieg ist die Unfähigkeit der Menschen in einer gemeinsamen Sprache zu kommunizieren. Mit dem Überschreiten einer Grenze verliert man die Sicherheit der eigenen Sprache und mit ihr einen Teil der Selbständigkeit. Wie hilflos sind doch Menschen, die nicht miteinander reden können. Ihr Interesse nimmt ab. Grenzen verlieren ihre Bedeutung durch eine gemeinsame Sprache. Noch klappt die Kommunikation, doch wie wird das erst in Spanien?

Tagesleistung: 77 Kilometer
Kloster Notre Dame de Marienthal, 15 Euro

Mittwoch, 27. Juni 2007
Marienthal – Bischoffsheim/Bischenberg

Während der Morgenandacht singen die Nonnen wie am Abend zuvor. Die frühe Stunde, das Dämmerlicht, das alte Kirchengewölbe, der sanfte Gesang machen diesen Augenblick zu einem ganz besonderen Erlebnis.

Zum Frühstück erscheint auch der pensionierte Pfarrer aus Breisach. Draußen setzt wieder Nieselregen ein und zu Beginn dieser neuen Tagesetappe ist der Himmel bedeckt und die Wolken mehr schwarz als weiß. Ich möchte noch schnell ein Bild von der Klosteranlage machen, die hohe Außenmauer stört jedoch gewaltig. Am Gartentor stehen Müllcontainer. Ich schiebe einen davon bis dicht an das Tor heran und steige hinauf. Das ist zwar eine ziemlich wackelige Angelegenheit, erfüllt aber den Zweck. Hoffentlich sieht mich jetzt keiner, denn man könnte meinen, da versucht gerade jemand in ein Kloster einzubrechen.

Auf Landstraßen führt der Weg in Richtung Molsheim. Mein heutiges Tagesziel ist der Berg Sainte-Odile am Rande der Vogesen. Von dort oben muss der Blick über das Rheintal herrlich sein. Aber bis dahin heißt es noch ganz schön in die Pedale treten. Die Straße schlängelt sich durch Felder, Wiesen und Auwälder. Das Land ist sanft gewellt und in der Ferne zeichnen sich bereits die Berge der Vogesen ab. Es herrscht wenig Verkehr. Am Ausgang eines Dorfes liegt ein Schlüsselbund auf der Straße. Ich halte an, hebe ihn auf, kehre ins Dorf zurück und gebe die Schlüssel in der Bäckerei ab, mit der Bitte, sie ins Fundbüro der Gemeinde zu bringen. Die müssen wohl einem anderen Radfahrer aus der Tasche gefallen sein. Die Bäckerin ist sehr freundlich, bedankt sich und fragt: „Waren Sie gestern Nachmittag in Haguenau?" „Ja, das stimmt." Sie sagt, sie hätte mich dort gesehen. Was für ein Zufall. Irgendetwas an mir muss ihr wohl aufgefallen sein, sonst hätte sie mich in diesem kleinen Dorf nicht wiedererkannt.

Mein Weg führt durch schöne Dörfer. Mal zeigt sich die Sonne, mal ist der Himmel bewölkt, im Großen und Ganzen bleibt es aber trocken. Nur der Wind weht ziemlich heftig und mir ist relativ kalt. Die Berge der Vogesen kommen im Südwesten immer näher. Bald ist auch der Odilienberg zu erkennen. Wird sicher ein ganzes Stück Arbeit, um dort mit dem Rad hinaufzukommen. In Molsheim sieht das

Wetter nicht gut aus. Um bis hinauf auf den Berg zu fahren reicht meine Kraft nicht mehr. Im Tal zu übernachten und erst morgen mit dem Anstieg zu beginnen ist die bessere Idee.

Ich biege ab und fahre nach Bischoffsheim. In Bischofsheim vor der Rhön hat meine Reise begonnen, ein Tagesstempel aus Bischoffsheim im Elsass würde gut dazu passen. Doch das ist einfacher gedacht als getan. Vor der Kirche haben sich viele Menschen zu einer Beerdigung eingefunden. Der Pfarrer hat jetzt überhaupt keine Zeit für mich und meinen Pilgerausweis. Warten ist sinnlos, denn das Ganze dauert sicher noch sehr lange. Auf meiner Karte ist auf dem Bischenberg gleich oberhalb des Dorfes ein Kloster eingezeichnet. Da will ich mein Glück versuchen, vielleicht lässt sich dort eine Übernachtungsmöglichkeit finden.

Die Wolken sehen wieder bedrohlich dunkel aus. Ich schiebe Rad und Gepäck den Berg hinauf, erreiche den Gebäudekomplex bei leichtem Nieselregen, drehe mich zum ersten Mal um und schaue hinaus auf die Rheinebene. Was für ein Ausblick! In der Ferne ist Strasbourg und sogar das Münster ganz winzig am Horizont zu erkennen. Ein paar Sonnenstrahlen brechen durch das traurige Grau des Himmels und bilden einen hellen Kreis um die ferne Großstadt.

Ich läute an der Pforte, niemand macht auf, nichts rührt sich. Also, das Ganze noch einmal. Jetzt öffnet eine ältere Frau die Tür und sieht mich erstaunt an. Schnell ist mein Anliegen erklärt. Der Klostervorsteher sei nicht da und sie wisse nicht, ob man hier übernachten könne. Hatten wir das nicht schon einmal? Der Pilgerausweis macht Eindruck, sie lässt mich eintreten. Ich stelle mein Rad samt Gepäck vor der Pforte ab, werde durch einen langen dunklen Gang in ein Gästezimmer geführt und bekomme heißen Tee und Plätzchen. Die Frau kann den Vorsteher über Handy erreichen und der entscheidet zu meinen Gunsten. Ich habe zwar nichts erbeten, trotzdem wurde mir schnell geholfen.

Plötzlich überkommt mich ein Gefühl des Unwohlseins. Die Nässe, der Wind und die Kälte verlangen nun doch ihren Zoll. Hatte ich zu viel Vertrauen in meine Gesundheit und Kondition? Ist das nun die Quittung dafür? Theoretisch plant man eine Radtour nach den Erfahrungen der letzten Jahre und weiß, was der Körper leisten kann. 70 bis 80 Kilometer pro Tag sind fast immer drin gewesen, manchmal etwas mehr, manchmal etwas weniger. Ich habe die Alpen schon mehrmals überquert und Irland umrundet. Das war aber in jüngeren Jahren und jetzt, so kurz nach dem Herzinfarkt, ist das doch etwas anders. Meine Tagesleistungen sind immer noch gut, nur das Wetter ist in diesem Jahr eine echte Katastrophe.

Das Zimmer liegt dem Innenhof zugewandt. Ein Bett mit Eisengestell, ein Holztisch, ein Stuhl, ein Waschbecken und eine Duschecke. Das WC ist über den Gang zu erreichen, liegt aber gleich neben dem Zimmer. Meine Sachen sind schnell ausgepackt, danach geht's nach draußen, frische Luft schnappen. Am frühen Abend wird man sich dann in der Kirche zur Abendandacht treffen. Mir ist nicht gut und ich habe den Eindruck, mich gleich übergeben zu müssen. Das kann ja heiter werden. Eine Bank lädt draußen zum Verweilen ein, bei schönem Wetter muss der weite Blick von hier oben wunderbar sein. Aber heute ist kein schönes Wetter und mir ist einfach nur schlecht. Hoffentlich passiert nichts. Zeit, in die Kirche zu gehen! Wir sind nicht viele, nur ein paar Leute aus dem Dorf und einige Mönche stehen im Kreis um den Altar. Die Messe wird auf Französisch gehalten, viel verstehe ich nicht. Das ist mir im Augenblick aber egal, denn mir geht es wirklich nicht gut.

Ich kehre in das Gästezimmer zurück, bekomme eine heiße Suppe, einen Teller mit Käse und Brot und einen Kräutertee.

Das Getränk und die Suppe tun gut. Der Käse sieht sehr lecker aus. Mir ist aber wirklich schlecht und so bleibt der Käse liegen – schade! Der Klostervorsteher kommt, um mich zu sehen. Er ist ein kleiner, älterer Mann und überhaupt nicht wie ein Mönch gekleidet, sondern ganz in Zivil. Er ist nicht unfreundlich, aber auch nicht besonders herzlich, er ist korrekt und erzählt mir, dass dies ein offenes Kloster sei, eine Art Altersheim für Missionare aus Afrika. Daher also die alten Menschen auf den Gängen. Er wundert sich über den nicht gegessenen Käse und erfährt den Grund.

Er nimmt sich etwas Zeit für mich, geht dann und lässt mich allein. Als die Frau wiederkommt, äußere ich eine Bitte: „Wäre es möglich, mit den anderen zusammen zu Abend zu essen?" Ich hatte wirklich gehofft, an diesem Ort am Gemeinschaftsleben teilnehmen zu können. Die anderen Bewohner sind von hier aus zu hören, sie essen in einem Raum, nur wenige Meter von mir entfernt. Das gehe leider nicht, erklärt sie mir und nennt auch den Grund. Die Menschen hier oben sind alt und gebrechlich und einige wollen nicht, dass Fremde sie so sehen. Und wenn nur einer aus der Gemeinschaft dies ablehnt, ist das von den anderen zu akzeptieren. Das ist zwar schade, leuchtet aber ein und ist zu respektieren, auch wenn es schwer fällt. Die Frau redet jetzt wie ein Wasserfall. Verständlich, denn mit den alten Menschen hier oben kann sie sicher nicht viel sprechen. Sie lässt mich sogar vom Büro aus kurz zu Hause anrufen, denn eine Telefonzelle gibt es hier nicht und mein hoffnungslos veraltetes Handy (Originalton meiner Töchter) funktioniert nur in Deutschland.

Der Klostervorsteher kommt noch einmal und stempelt meinen Pilgerausweis. Wir wechseln ein paar Worte, dann wünscht er mir eine gute Nacht. Ich bin wieder allein, fühle mich auch so, gehe in mein Zimmer, setze mich an den Tisch und schreibe meine Tagesnotizen. Das lenkt ab. Später im Bett wird mir sofort klar, in dieser Nacht nicht zur Ruhe zu kommen. Ich fühle mich krank und allein und habe zum ersten Mal Angst vor Komplikationen so kurz nach meiner letzten Kontrolluntersuchung am Herzen. Ach, wäre diese Nacht nur schon vorbei!

Am 6. März dieses Jahres hatte ich einen Hinterwandinfarkt und der kam völlig überraschend. Wenig Risikofaktoren, gesund gelebt und körperlich fit. Zweimal fanden seitdem Kontrolluntersuchungen im Krankenhaus statt, das letzte Mal erst vor zwei Wochen. Meine Angst ist daher rein psychologisch. Sollte jetzt wider Erwarten doch etwas passieren, bekäme ich natürlich riesige Probleme mit den Ärzten. Wenn die wüssten, dass ich eine solche Tour, alleine, so kurz nach der Kontrolluntersuchung mache, die würden mich sicher in der Luft zerreißen und hätten gar nicht mal so Unrecht. Und genau das sind die Gedanken, die mich jetzt nicht entspannen lassen.

An Schlaf ist nicht zu denken. Diese Nacht wird die schlimmste der ersten Etappe. Ich liege wach, obwohl mein Körper todmüde ist, und zähle die Viertelstunden, die draußen die Turmuhr schlägt. Es ist dunkel und völlig still im Haus. Ich muss zur Toilette und schleiche über den Flur. Schwaches Licht, vorne an der Tür steht mein Rad, Stille. Die Menschen, die hier leben, nicht zu kennen, macht das Ganze noch unheimlicher. Wo sind die eigentlich? Mir ist kalt. Und weiter zähle ich die Viertelstunden, die halben Stunden, die ganzen Stunden. Ich bin so müde, kann aber einfach nicht abschalten. Ein erneuter Herzinfarkt hier oben auf dem Bischenberg wäre sicher mein letzter. Erstens wäre im Haus niemand erreichbar, zweitens wüssten die alten Menschen gar nicht, was sie in einer solchen Situation tun müssten, und drittens wäre ich bestimmt schon mehrmals gestorben, bis ein Krankenwagen hier herauf auf den Berg käme. Bei solchen Gedanken ist an Ruhe und Entspannung nun gar nicht mehr zu denken. Waren da nicht Beruhigungsübungen, die wir während der Anschlussheilbehandlung gelernt haben? Tief über den Bauch einatmen und positiv denken. Das ist zwar leichter gesagt als getan, doch es hilft. Die negativen Gedanken müssen aus dem Kopf. Ich schlafe tatsächlich ein, denn als die Turmuhr das nächste Mal schlägt, haben wir bereits nach 2 Uhr morgens. Doch bis die Sonne aufgehen wird, sind es noch ein paar Stunden hin.

In dieser Nacht muss ich noch einige Male über den dunklen Flur zur Toilette und klettere dann zähneklappernd vor Kälte wieder ins Bett. Langsam, aber sicher wirken die Übungen und im Morgengrauen döse ich ein. Dieses Morgengrauen-Phänomen trat auf früheren Touren schon öfter auf. Wird es an einem fremden Ort dunkel, ist der Körper zwar müde, aber der Geist hellwach. Alles ist auf Gefahr aus der Dunkelheit ausgerichtet und man kann einfach nicht abschalten. Im Morgengrauen lässt dieser Alarmzustand nach, die Gefahr der Dunkelheit weicht. Ich bin dann schon oft eingeschlafen und konnte noch ein paar Stunden tief und erholsam ruhen. Hier ist das nun auch wieder so.

Gedanken des Tages:
Man sollte die eigenen Kräfte nie überschätzen
Es gibt immer eine Möglichkeit sich zu beruhigen

Tagesleistung: 51 Kilometer
Couvent du Bischenberg, Bischoffsheim, 12 Euro

Donnerstag, 28. Juni 2007
Bischoffsheim/Bischenberg - Kenzingen

Irgendwann ist diese schreckliche Nacht dann tatsächlich vorbei. Kurz nach 7 Uhr ist der Rucksack gepackt und das Bett gemacht. Als die ersten Schritte auf dem Flur zu hören sind, verlasse ich das Zimmer. „Möchten Sie frühstücken?" Ich verneine die gut gemeinte Frage und man holt den Vorsteher. „Mir ist nicht gut", erkläre ich ihm auf Deutsch. Gestern Abend unterhielten wir uns auf Französisch, heute Morgen ist mir die Sprache egal. Und siehe da, der Elsässer kann auch Deutsch, wenn er will. Ich werde heute über den Rhein nach Deutschland zurückzukehren. Sollte ich doch einen Arzt brauchen, bin ich dort besser aufgehoben als im Ausland. Für die Übernachtung möchte er 12 Euro, ich gebe ihm 20 Euro. Er hat kein Wechselgeld, aber das macht nichts, denn das Telefonat gestern Abend vom Büro aus nach Deutschland kostet ja schließlich auch etwas.

Dann ist es überstanden. Nach einer solchen Nacht wieder reagieren zu können, ist ein gutes Gefühl. Kein Warten mehr, man kann wieder handeln und seinen Weg selbst bestimmen, muss nicht länger im Bett liegen und die Schläge der Turmuhr zählen.

Die Fahrt auf den Odilienberg muss leider ausfallen. Ich fühle mich nicht im Vollbesitz meiner Kräfte und zu viel falscher Ehrgeiz könnte die ganze Tour gefährden. Am Ortsende von Obernai liegt rechts von mir, zum Greifen nahe, der Odilienberg mit seiner Klosteranlage hoch oben auf dem Bergrücken. Wie gerne wäre ich dort hinaufgefahren. Aber dunkle Regenwolken hängen genau über dem Tal, durch das die Straße nach oben führt. Ich würde sicher nass werden, würde mich zu sehr anstrengen und wäre dort oben in der Nacht wieder isoliert. Nicht hinauffahren und nach Deutschland zurückkehren ist die bessere Lösung. Im Falle eines Falles würde mir dort medizinisch leichter geholfen werden können. Dieser Gedanke hat mich in der Nacht beruhigt – das ist eine vernünftige Entscheidung.

Ein letzter Blick hinauf zum Odilienberg, dann trete ich in die Pedale und fahre hinaus in die Rheinebene. Das Wetter wird besser. Links und rechts von mir, über dem Schwarzwald und den Vogesen, hängen zwar immer noch dunkle Wolken, aber in der Rheinebene kommt jetzt sogar die Sonne durch. Die kleine Landstraße führt durch Wiesen und Auwälder, ich komme durch hübsche Dörfer mit typisch elsässischem Fachwerk und halte nach Nestern von Störchen Ausschau. Die soll es ja hier im Elsass geben.

Bei Rhinau ist der Rhein wieder erreicht. Die Autofähre wird gerade repariert und die Auffahrt ist gesperrt. Wer nicht warten will oder kann, für den gibt es 20 Kilometer südlich oder 10 Kilometer nördlich eine Brücke. Soll das ein Witz sein? Ich habe ein Fahrrad und kein Motorrad. Mal schnell wegen einer Brücke 10 bis 20 Kilometer zu fahren ist mit einem Fahrrad nicht ganz so einfach.

Ich setze mich auf die Steinmauer neben der Straße, warte und habe Glück. Bereits nach 10 Minuten öffnet sich die Absperrung und Autos fahren auf die Fähre. Wir setzen über und ich betrete wieder deutschen Boden. Jetzt, da mir meine Krankenversicherungskarte ohne Probleme einen Arztbesuch ermöglichen würde, geht es mir schon wieder viel besser, Einbildung hin oder her.

In Ettenheim stehen im Ort eine große Kirche und gleich daneben das Pfarrhaus. Der Pfarrer öffnet und stempelt meinen Pilgerausweis, ein Gespräch über das Warum und Woher entsteht jedoch nicht. Dafür scheint jetzt die Sonne und ich kaufe mir etwas Obst, setze mich auf eine Bank und bin rundum zufrieden. Und was thront direkt vor mir auf dem Dach eines Fachwerkhauses? Ein Storchennest.

Von Ettenheim aus führt mein Weg am Rande des Schwarzwaldes in Richtung Süden. Die Straße steigt an und öffnet den Blick über das Rheintal auf die Vogesen im Westen und den Kaiserstuhl im Süden. Es bleibt trocken, wird teilweise sogar sonnig. Die Gegend ist herrlich. Links die bewaldeten Ausläufer des Schwarzwaldes, rechts Weinberge und hübsche kleine Dörfer. Mein Blick schweift nach Nordwesten zurück.

Irgendwo da hinten müssen der Bischenberg und der Odilienberg sein. Dort drüben begann mein Tag und jetzt bin ich aus eigener Kraft so weit gefahren und stolz auf meine Leistung.

In Kenzingen bieten sich mehrere Hotels und Gasthäuser an, aber so richtig gefallen tut mir keines. Ich folge den Hinweisen für Privatzimmer und komme in ein schönes, ruhiges Wohnviertel. Vor einem Haus halte ich an und frage den Mann, der gerade im Garten arbeitet, nach einer Übernachtungsmöglichkeit. Er ist freundlich, lässt mich das Rad in der Garage unterstellen und kurze Zeit später stehe ich in einem wunderschönen Zimmer. Alles ist sehr sauber und die kleinen Details wie frische Blumen und Bilder sind liebevoll ausgesucht. Meine Gastgeber sind nett und ich fühle mich sofort wohl, setze mich in den Aufenthaltsraum und esse den Rest an Brot und Käse aus Frankreich. Im Gegensatz zu gestern macht sich jetzt wieder ein Mordshunger bemerkbar.

Dann überkommt mich die Müdigkeit. Kein Wunder, denn letzte Nacht habe ich fast kein Auge zugedrückt und bin heute wieder 63 Kilometer gefahren. Ich ziehe mich auf mein Zimmer zurück, sehe mir noch kurz die 19 Uhr Nachrichten an, gehe ins Bett und schlafe in dieser Nacht tief und fest. Was ein Gefühl der Sicherheit doch ausmacht! Diese Stadt hat ein Krankenhaus und die Menschen hier im Haus sind freundlich und könnten mir im Ernstfall helfen. Das alles hilft psychologisch ungemein und lässt keine Angst aufkommen. Ich schlafe in dieser Nacht wie Gott in Frankreich, obwohl ich dort gar nicht mehr bin.

Gedanken des Tages:
Angst und Sicherheit liegen manchmal sehr nahe beieinander
Manche Entscheidung fällt schwer, ist aber richtig

Tagesleistung: 63 Kilometer
Gästehaus Walzer, Kenzingen, 28,50 Euro

Freitag, 29. Juni 2007
Kenzingen - Pfaffenweiler

Zwölf Stunden Ruhe waren heute Nacht absolut notwendig. Draußen scheint die Sonne und der Tag beginnt mit einem guten Frühstück.

Sonne, strahlend blauer Himmel, Sommerwetter. Mir geht es heute Morgen wieder richtig gut. Was ein erholsamer Schlaf doch so alles ausmacht! Auf der Fahrt in Richtung Kaiserstuhl fällt mein Tacho aus. Das ist ärgerlich. Ich versuche den Fehler zu finden, aber der Tacho bleibt stumm. In einem Fahrradgeschäft in Teningen wird mir geholfen. Natürlich ist es nur eine Kleinigkeit und ich sehe ziemlich alt aus, aber das stört mich nicht.

Wunderbare Landschaft und schönes Wetter. Links die Berge des Schwarzwaldes und rechts der Kaiserstuhl. Um mich herum Wiesen und Auwälder, ein kleiner Fluss und über allem die Sonne. Ein herrlicher Tag, endlich, nach all dem Regen und Wind der letzten Zeit. Mir geht es körperlich und moralisch wieder viel besser. Ich mache trotzdem langsam und plane nicht mehr so viele Tageskilometer.

Freiburg im Breisgau wird erreicht. Das Wetter ist schlechter geworden, der Himmel hat sich eingetrübt und die Sonne kommt nur noch dann und wann mal durch. Auf dem Weg in die Innenstadt streife ich das Mutterhaus des Ordens der Barmherzigen Schwestern vom heiligen Vinzenz von Paul und entscheide spontan, mir dort einen Tagesstempel zu holen. Doch das ist gar nicht so einfach. Es ist Mittag und Essenszeit. „Haben Sie Zeit?", fragt die Nonne am Empfang. Natürlich habe ich die, setze mich auf eine Bank im Garten und warte, was mir auch gar nicht mehr schwer fällt. Leider fehlt jetzt die Sonne, ohne sie ist Warten etwas kälter.

Eine knappe Stunde vergeht, ich denke vor mich hin und kehre dann an den Empfang zurück. Mein Anliegen scheint hier nicht alltäglich zu sein, denn so richtig versteht mich die Schwester am Empfang immer noch nicht. Sie fragt eine Kollegin und diese verschwindet dann mit meinem Pilgerausweis irgendwo in den heiligen Hallen. Folgen zwecklos, denn dies ist wieder ein Frauenkloster und da dürfen Männer (wie schon in Speyer) sicher auch nirgends hin. Also sage ich nichts, lasse sie mit meinem Ausweis ziehen und hoffe, dass sie und er bald wieder auftauchen werden. Es dauert auch wirklich nicht lange, da kommt sie wieder und mein Pilgerausweis zählt einen Stempel mehr. Das Warten hat sich also gelohnt.

Das Freiburger Münster wird leider gerade renoviert und der Turm ist von einem hässlichen Gerüst umgeben. Heute ist Markttag und ich schiebe mein Rad an den Verkaufsständen vorbei. Als Radfahrer fährt man einfach in eine fremde Stadt und kommt überall hin, sogar durch Einbahnstraßen in verkehrter Richtung. Man steigt ab und schiebt. Hat man sich verfahren oder verlaufen, ändert man einfach die Richtung und fragt sich durch. So einfach ist das auch hier.

Natürlich wäre jetzt der Stempel des Freiburger Münsters im Pilgerausweis ein schönes Souvenir. Doch wie schon in Speyer wird das Dombüro auch hier über Mittag geschlossen sein. In einem Geschäft hinter dem Münster frage ich nach dem Dombüro. Das liegt gar nicht weit entfernt. Ein freundlicher Verkäufer gibt mir die Adresse, aber auch den Hinweis, dass man dort um 12 Uhr mittags schließe. Das war zu befürchten und wir haben jetzt leider schon nach 12 Uhr. Fast will ich aufgeben, gehe dann aber doch, zumal das Dombüro gleich um die Ecke liegt. Eine Frauenstimme meldet sich über die Sprechanlage und nachdem mein Anliegen erklärt ist, öffnet sich die Tür. Ich trete ein und treffe auf eine sehr nette Sekretärin, die zwar schon Mittagspause hat, den Jakobsweg aber kennt und sich extra für mich auf die Suche nach dem

Domstempel macht. Kurze Zeit später schmückt tatsächlich der wunderschöne Stempel des Münsters zu Freiburg meinen Pilgerausweis. Wir unterhalten uns kurz und sie erzählt mir von ihrer Freundin, die kürzlich erst zu Fuß auf dem Jakobsweg in Spanien unterwegs war. Dann wünscht sie mir „Buen Camino!", was soviel heißt wie „Gute Reise auf dem Pilgerweg."

Ich schlendere durch die Altstadt, lasse sie und ihre Menschen auf mich wirken und fahre dann langsam weiter in Richtung Süden. Der Weg führt an Weinbergen vorbei nach Pfaffenweiler. Der Rucksack beginnt zu drücken und mein Rücken zu schmerzen. Die schweren Sachen sind in den Packtaschen auf dem Gepäckträger verstaut. Das alleine reicht aber nicht, den Rest muss mein Rücken tragen. Am Morgen ist das Gewicht noch gut zu stemmen, aber nachmittags habe ich jetzt immer öfter Probleme damit und muss kleine Pausen einlegen, um das Gepäckstück kurz abzusetzen. Jetzt ist es wieder einmal soweit. Am Ortsrand von Pfaffenweiler halte ich an, setze mich unter einen Baum, nehme den Rucksack ab, genieße das Gefühl nachlassender Schmerzen und studiere die Landkarte. Und wie ich so dasitze und den Himmel betrachte, der sich eintrübt, die Sonne nicht mehr durchlässt und sogar auf Regen schließen lässt, weicht die Lust weiterzufahren und eventuell heute doch noch nass zu werden.

In diesem Ort wird übernachtet, die Entscheidung fällt sofort und einstimmig. Wir haben zwar erst früh am Nachmittag, aber das stört mich nicht. Ein Zimmer ist schnell gefunden, das Gasthaus sieht sauber und ordentlich aus. Mittlerweile gelingt es mir immer besser abzuschätzen, ob eine Unterkunft gut ist oder nicht. „Irgendwelche Wünsche für das Abendessen?" „Spaghetti wären nicht schlecht." „Mal sehen", sagt der Wirt, irgendetwas mit Nudeln werde er für mich schon machen können. Ich habe auf einmal großen Appetit auf Nudeln.

Am Abend in der Gaststube stehen leider keine Spaghetti auf der Speisekarte. Beim Bestellen eines anderen Gerichtes verrät mir die Wirtin, dass ihr Mann eigens für mich Spaghetti gekocht hat. Toll, das Essen ist einfach Klasse. Eine große Portion Nudeln, eine feine Soße, dazu ein badischer Wein. Da muss man einfach rundum zufrieden sein, mir geht es wirklich gut.

Nach dem Essen laufe ich hinauf in die Weinberge, die gleich hinter dem Ort beginnen. Von dort oben bietet sich dem Betrachter ein großartiger Blick auf die umliegende Landschaft. Im Osten erstrecken sich die ersten Ausläufer des Schwarzwaldes, im Süden die Rheinebene mit den Vogesen am Horizont. Je höher der Weg in die Weinberge führt, desto weiter wird die Sicht. Leider fehlt die Sonne, doch der westliche Horizont verspricht Änderung. Ich hoffe und warte darauf, dass die Sonne doch noch kurz durch die Wolken bricht. Doch sie zeigt sich an diesem Abend nicht mehr. Ich hätte wetten können, sie noch einmal zu sehen, hätte diese Wette heute aber verloren.

Aussicht ohne Sonne, aber der Blick hinüber auf die Vogesen ist trotzdem wunderschön. Die Bergketten in der Ferne liegen gestaffelt vor mir. Dunkel die ersten, etwas heller die nächsten und ganz hell, fast kaum mehr richtig zu erkennen, die am weitesten entfernten. Ich könnte noch stundenlang hier oben stehen und hinaus auf das Rheintal schauen, auf all die kleinen Details, die einem erst dann auffallen, wenn man Zeit hat. Hier raucht ein Schlot in der Ferne, dort steht ein Kraftwerk, hier verläuft eine Straße, dort eine Autobahn, hier schimmert der mächtige Rhein durch, dort steigt eine Rauchwolke in den Himmel, hier blitzt etwas kurz auf, dort bewegt sich auch etwas, hier fährt ein Zug, dort ein Schiff und, und, und.

Langsam kehre ich in den Ort zurück und mache doch noch ein Bild durch die Weinreben auf den malerisch gelegenen Weinort - ohne Sonne. Ich versuche schon lange nicht mehr nur Erinnerungsbilder zu machen, sondern wähle Licht, Vorder- und Hintergrund meiner Bilder immer sorgfältig aus. Dazu braucht es Zeit. Dank eines ruhigen Zimmers und einer guten Matratze wird dies wieder eine erholsame Nacht.

Gedanken des Tages:
Interessante Aussichten müssen nicht immer sonnig sein
So schnell und so weit wie früher geht es nicht mehr

Ich bin älter geworden und durch den Herzinfarkt auch verletzlicher. Da kann man nicht mehr so unbeschwert Alpenpässe überqueren wie in jüngeren Jahren. Aber noch immer alleine auf Tour gehen zu können, ist ein großes Geschenk. Ich bedauere nicht das, was ich verloren habe, ich schätze das, was noch geblieben ist.

Tagesleistung: 47 Kilometer
Hotel Engel, Pfaffenweiler, 40 Euro

Samstag, 30. Juni 2007
Pfaffenweiler - Bad Bellingen

Gestern Abend fiel mir im Hotel ein Bild von St. Trudpert im Münstertal auf. Heute Morgen bei meiner Tourenplanung stelle ich fest, dass Pfaffenweiler gar nicht weit von diesem Tal entfernt ist. Die Klosteranlage und die umliegende Landschaft des Schwarzwaldes sahen sehr schön aus und so entschließe ich mich heute Morgen in diese Richtung zu fahren.

Kein Regen fällt und die Sonne versucht bereits erfolgreich die Wolkendecke zu durchdringen. Gut gelaunt radle ich vor mich hin, erreiche Staufen am Eingang des Münstertals, durchquere die Altstadt und fahre dann in den Schwarzwald hinein. Da Klöster ja bekanntlich immer irgendwo hoch oben auf einem Bergrücken liegen, sollte die Straße jetzt ansteigen.

Aber sie verläuft bisher erfreulicherweise relativ eben. Zu meiner Überraschung geht das auch so weiter, bis fast in den Ort Münstertal. Dann steigt die Fahrbahn doch an, aber das ist zu schaffen. Im Kloster St. Trudpert bitte ich eine Schwester meinen Pilgerausweis abzustempeln. Sie führt mich in ein Büro und fragt: „Ist das Ihr Hobby, Stempel sammeln?" Sicher kommt hier nicht jeden Tag ein Jakobspilger vorbei. Ein Gespräch entwickelt sich nicht, sie fragt auch nichts mehr und so ziehe ich weiter.

Zeit an einem schönen Ort zu essen. Wer suchet, der findet. Gleich hinter dem Kloster führt ein Weg durch Wiesen einen Hang hinauf zum Waldrand. Ich schiebe Rad und Gepäck, komme höher und höher und bin schließlich auf einem Wanderweg hoch über dem Tal mit Blick auf St. Trudpert und die umliegenden Wälder. Mir bietet sich der gleiche Anblick wie auf dem Prospekt von gestern. Das Bild muss wohl auch von hier oben aufgenommen worden sein. Ich finde eine schattige Bank, setze mich hin, esse eine Zimtschnecke und genieße einfach nur den Ausblick.

Gestärkt geht's wieder ins Rheintal zurück und dort weiter in Richtung Süden nach Bad Bellingen. Die Sonne scheint und es ist endlich Sommer. Ich bin schnell wieder zurück in Staufen und biege dann nach links in Richtung Müllheim ab. Die Landstraße windet sich etwas oberhalb des Rheintals am Rande der Weinberge entlang. Schön ist es hier. Die Sonne, die Weinstöcke, die kleinen Winzerdörfer, der Blick über das Rheintal auf die Vogesen. Von hier aus müsste sich doch eine Möglichkeit ergeben, ein besonders schönes Bild zu machen - durch Weinreben oder Wiesenblumen, aus einem Straßengraben heraus, gegen die Sonne oder mit ihr. Zeit ist reichlich vorhanden, nichts Wichtiges wird verpasst.

Gegen Mittag kommt eine schattige Bank wie gerufen. Zeit für eine Siesta. Schnell ist der Rucksack wie ein Kopfkissen auf die Bank gelegt. Das Gepäckstück ist gut gepolstert und weich wie ein Kissen. Unter den Zweigen eines Baumes lässt es sich gut träumen. Es ist warm, ruhig, nur ein paar Insekten summen und brummen um mich herum, wunderbar. So muss sich eine Siesta in der Mittagshitze des Südens unter einem Olivenbaum anfühlen. Sollte ich einmal wiedergeboren werden, dann bitte als Spanier, Italiener oder Grieche, denke ich und döse vor mich hin.

Nach dieser Pause trete ich wieder in die Pedale und erreiche Müllheim. Hier halte ich mich aber nicht länger auf, fahre weiter in Richtung Bad Bellingen und erreiche diesen Ort am späten Nachmittag. Ein Hotel reiht sich an das andere, Grund genug in Ruhe zu suchen. Einige sehen schon von außen sehr teuer aus, andere gefallen mir nicht oder liegen zu nahe an der Straße. Eine Übersichtstafel kommt jetzt wie gerufen.

Meine Suche konzentriert sich zuerst auf Privatzimmer, da die Erfahrungen in Kenzingen so gut waren. Dort ließ sich relativ schnell bei netten Leuten ein Superzimmer zu einem vernünftigen Preis finden. Mal sehen, ob das in Bad Bellingen auch klappt. Doch hier klappt das nicht. Beim ersten Versuch ist der Vermieter nicht da, beim zweiten hängt zwar das Schild „Zimmer frei" am Haus, aber ziemlich schroff erklärt man mir dort, dass kein Zimmer mehr frei sei. „Aber das Schild?" „Egal, kein Zimmer ist frei!" „Dann ändern Sie doch den Hinweis!", ärgere ich mich und fahre weiter. Das trübt die Stimmung, ein weiteres Mal wird mir das heute nicht passieren. Erinnerungen an Südtirol werden wach. In St. Leonhard ist mir so etwas sogar mehrmals am gleichen Abend passiert und bis heute habe ich den Menschen dort nicht verziehen. Da bin ich Elefant und sehr nachtragend.

Im Ortskern, fast neben der Kirche, steht ein Gasthaus. Das passt gut, denn an diesem letzten Abend vor Basel, meinem ersten Etappenziel, macht sich in mir zum ersten Mal der

Wunsch bemerkbar, einen Gottesdienst zu besuchen. Gedacht, geplant und fast schon realisiert. Ich bekomme ein sehr schönes Zimmer, ziehe mich um und gehe in die Samstagabendmesse, um mich für das unfallfreie Gelingen dieser Reise zu bedanken, vor allem aber auch für den guten Ausgang der schrecklichen Nacht auf dem Bischenberg.

Nach der Messe erbitte ich in der Sakristei einen Stempel als Erinnerung an diesen letzten Abend. Der Pfarrer ist sehr nett, war auch schon einmal in Santiago, gibt aber zu, dorthin weder zu Fuß noch mit dem Rad unterwegs gewesen zu sein, sondern mit dem Bus. Er bewundert meinen Entschluss, diese lange Reise mit dem Fahrrad zurückzulegen und würde gerne meinen Pilgerausweis abstempeln, wenn nur nicht das Pfarramt im Nachbarort läge. „Kein Problem! Sie können den Ausweis heute Abend behalten. Morgen um 10:30 Uhr vor der Messe geben Sie ihn mir dann wieder." Gesagt, getan. So machen wir das, meint auch der Pfarrer.

Anschließend gehe ich noch etwas spazieren und folge einer Straße, die sich einen Hang hinauf schlängelt. Je höher oben, desto weiter der Blick über das Rheintal. Ich möchte heute Abend ein besonders schönes Bild von dieser Landschaft bei Sonnenuntergang machen und suche den besten Platz dafür. Noch ist Zeit, noch steht die Sonne ziemlich hoch am Himmel. Wenn sie aber als rotglühender Ball hinter den Vogesen versinkt, möchte ich zum richtigen Zeitpunkt am richtigen Ort sein. Es gibt zwei optimale Kamerapositionen. Zufrieden setze ich mich auf eine Bank, warte und genieße die friedliche Abendstimmung.

Gedanken des Tages:
Die Freude, fast am Ziel zu sein, entschädigt für alle Strapazen
Ein Sonnenuntergang im Sommer ist Balsam für die Seele

Meine Pilgerreise begann im dichten Nebel auf dem Kreuzberg in der Rhön. Der Abend vor dem ersten Etappenziel in

Basel endet mit einem herrlich klaren Sonnenuntergang. Wer sich auf den Jakobsweg begibt, der wird mit Sicherheit einiges erkennen. Für mich ist der Jakobsweg jeder Weg vom eigenen Wohnort nach Santiago de Compostela.

Tagesleistung: 53 Kilometer
Landgasthof Schwanen, Bad Bellingen, 52 Euro

Sonntag, 01. Juli 2007
Bad Bellingen - Basel - Weil am Rhein

Die Nacht ist relativ laut, da das Gasthaus an der viel befahrenen Bahnstrecke Frankfurt-Basel liegt. Nach einem ausgiebigen Frühstück breche ich gestärkt zu meiner letzten Tagesetappe nach Basel auf. Zuerst einmal ist aber der Pilgerausweis wieder abzuholen.

Die Sonne scheint und voller Tatendrang mache ich mich auf den Weg. 10 Minuten vor dem verabredeten Zeitpunkt setze ich mich im Garten neben der Kirche auf eine Bank und warte. Blauer Himmel, die Sonne wärmt bereits und die Farben sind sehr intensiv. Eine ältere Frau setzt sich neben mich. Wir unterhalten uns, bis der Pfarrer kommt und mir das Schriftstück zurückgibt. Er wünscht mir eine gute Weiterreise und ein erfolgreiches Ankommen in Spanien.

Bei der Verabschiedung schaut mich die Frau an und fragt: „Sie sind aber nicht von hier?" „Nein, das bin ich nicht." „Das habe ich mir schon gedacht, Sie sind viel zu nett." Wie meint sie das? „Ich bin hier zur Kur", sagt sie „und finde die Menschen nicht besonders freundlich." Ich denke an die schroffe Absage von gestern Nachmittag während der Suche nach einem Privatzimmer und könnte ihr fast recht geben. „Aber hier leben doch sicher auch nette Menschen", versuche ich zu vermitteln. Sie sieht mich an und sagt nichts. Was sie jetzt wohl denkt?

Ich verlasse Bad Bellingen und fahre bei herrlichem Sonnenschein in Richtung Süden, Basel entgegen. Erstaunlich, wie nahe die Ausläufer des Schwarzwaldes hier an den Rhein heranreichen. Bisher war die Rheinebene ziemlich breit, aber zumindest auf deutscher Seite ist jetzt von einer Ebene nicht mehr viel zu sehen. Gleich neben dem Radweg steigen Weinberge die Hänge empor.

Gegen Mittag hat sich die Sonne leider schon wieder verzogen und Wolken ziehen auf. Kurz vor Weil am Rhein ertönt Musik. Hier muss irgendwo ein Fest sein. Eine neue Fußgängerbrücke wird heute offiziell zwischen dem deutschen Weil am Rhein und dem französischen Huningue eingeweiht. Gefeiert wird sowohl auf deutscher als auch auf französischer Seite. Ich steige ab und schiebe mein Rad über die Brücke nach Frankreich. Viele Menschen sind unterwegs. In Huningue meldet sich der Hunger zurück und ich kaufe mir in Frankreich bei einem Türken ein Fladenbrot, Käse und Oliven, kehre über die Brücke nach Deutschland zurück und raste vor der Weiterfahrt in die Schweiz am deutschen Flussufer. Die drei Länder liegen hier so nahe beieinander, da geht so etwas. Man spricht Französisch, Deutsch, Schwyzerdütsch, alles bunt gemischt. Sprachen trennen hier niemanden, man versteht sich.

Keine Kontrolle an der Schweizer Grenze. Sonst beobachtet immer mindestens ein Schweizer Zöllner den Grenzverkehr. Vielleicht sind die ja alle auf der Brücke und feiern, denke ich mir und reise ein.

Es ist früh am Nachmittag und mein erstes Etappenziel erreicht. Jetzt noch der letzte Tagesstempel, dann kann mit der Organisation der Rückreise begonnen werden. Hoch über dem Rhein thront das Baseler Münster. Doch heute ist Sonntag und das Dombüro geschlossen. An einem Infostand im Münster wird mein Pilgerausweis aber trotzdem ein letztes Mal in diesem Jahr abgestempelt. 2008 soll genau hier meine zweite Etappe mit dem Originalstempel des Baseler Münsters beginnen.

Ursprünglich sollte mich der Nachtzug von Basel nach Frankfurt/Main zurückbringen. So ließen sich die Kosten einer Übernachtung sparen, ich wäre morgen früh bereits in Frankfurt und könnte gegen Nachmittag schon wieder daheim in Schweinfurt sein. So jedenfalls sah die Theorie aus. Die Züge nach Deutschland fahren in Basel vom Badischen Bahnhof ab. In der Innenstadt stehen große öffentliche Stadtpläne, an denen kann man sich gut orientieren. Ich finde den Bahnhof und erkundige mich nach Reisemöglichkeiten. Erstes Problem: Fahrräder dürfen in ICE Zügen nicht mehr mitgenommen werden. Es gibt zwar eine ICE Nachtverbindung von Basel nach Frankfurt/Main, aber ich kann mein Rad ja nicht einfach in Basel stehen lassen. So geht das also nicht. Mit einem „Schönes Wochenend Ticket" für 30 Euro könnte man noch heute mit einem Regionalzug fahren. Zweites Problem: Der Regionalzug verlässt bereits in einer halben Stunde Basel, wäre um Mitternacht in Frankfurt mit Anschlussmöglichkeit bis Aschaffenburg. Dort wäre dann aber um 2 Uhr morgens erst einmal Schluss. Ein Anschlusszug ginge erst ab 6 Uhr morgens. Das ist auch keine gute Lösung. Ich muss nachdenken.

Langsam rollt mein Rad durch die Straßen. In Gedanken versunken achte ich nicht auf die Straßenbahnschienen, rutsche mit dem Vorderrad in eine der Vertiefungen und steige unfreiwillig ab. Doch ich habe Glück im Unglück. Meine beiden Satteltaschen federn das Gewicht ab. Sie wirken wie ein Airbag, sodass am Fahrrad überhaupt nichts beschädigt wird und nur mein rechtes Knie ein Loch in der Radlerhose und sicher auch ein aufgeschürftes Knie darunter aufweist. Straßenbahnschienen können für Radfahrer sehr gefährlich werden. Man sollte in einer solchen Straße nie in Gedanken versunken vor sich hinfahren – das habe ich gerade gelernt.

Gibt es preisgünstige Übernachtungsmöglichkeiten in Basel? Freundliche Passanten nennen mir ein Hotel und beschreiben den Weg dorthin. Ich finde das Haus, erkundige mich nach den Preisen und bin dann schnell wieder weg. Wenn das günstig sein soll, was kosten denn dann Übernachtungen in anderen Hotels? Basel ist viel zu teuer. So geht es also auch nicht. Das Beste wäre, nach Weil am Rhein zurückzukehren, sich ein günstiges Zimmer zu suchen und morgen mit dem Zug von dort aus nach Hause zu fahren. Diese Lösung macht Sinn.

Und wieder beginnt es leicht zu nieseln. So sonnig dieser Tag auch begann, so unangenehm endet er nun doch wieder, wie so oft auf der Tour. In diesem Jahr stellte mich das Wetter auf eine ziemlich harte Probe. Bin gespannt, was die nächsten Jahresetappen noch so alles an Prüfungen und Herausforderungen für mich auf Lager haben werden. Für dieses Jahr ist jetzt aber erst einmal Schluss. Das Ziel ist erreicht und meine Leistung war gut. Abgesehen von dem Sturz heute, der zum Glück glimpflich ausging, gab es keine besonderen Vorkommnisse. Ich glaube zwar nicht wirklich an Engel, aber vielleicht hat der, den mir die Nonne in Speyer mit auf den Weg gab, heute in Basel ganz besonders aufgepasst und mich nicht zu hart aufschlagen lassen. Wer weiß das schon?

Der Regen lässt nach, ich passiere erneut die Grenze, diesmal unter den wachsamen Augen eines deutschen Grenzschutzbeamten und kehre nach Weil am Rhein zurück. Hier findet sich ein Gasthaus, das einen guten Eindruck macht und dessen Preise mir, verglichen mit denen in Basel, viel vernünftiger erscheinen.

An diesem Abend setze ich mich an das geöffnete Fenster meines Zimmers und esse das restliche türkische Fladenbrot aus Frankreich, die letzten Oliven und ein Stück Käse. Danach wäre ein Abendspaziergang nicht schlecht. Gleich hinter dem Ort führt ein steiniger Pfad hinauf in die Weinberge. Von dort oben bietet sich dem Wanderer ein überwältigender Ausblick. Links von mir liegt Basel. Man kann von hier aus die ganze Stadt bis hinüber zu den Ausläufern des Schweizer Jura überblicken. Rechts von mir zeichnen sich in der Ferne die Silhouetten der Vogesen ab und vor mir liegt die Rheinebene. Flugzeuge starten und landen in kurzen Abständen auf dem Flughafen Basel/Mulhouse. Dunkle Wolken bedrängen die Berge des Jura, über den Vogesen ist der Himmel dagegen noch hell. Wie lange wird das trockene Wetter noch anhalten? Ich sollte lieber in mein Zimmer zurückkehren, bevor mich an diesem letzten Abend der Himmel doch noch einmal duscht.

Nächstes Jahr will ich die erste Nacht der zweiten Etappe erneut in Weil am Rhein verbringen, um diese Aussicht bei hoffentlich schönerem Wetter genießen zu können. Wie gerne würde ich hier noch etwas sitzen blieben, doch es ist Zeit zu gehen, denn die ersten Tropfen fallen und mir fehlt ein Schirm.

Gedanken des Tages:
Brücken verbinden
In Gedanken versunken kann man leicht stürzen

Auf dieser ersten Etappe meiner Pilgerreise hat sich mir niemand aufgedrängt. Die Pfarrer, Mönche und Nonnen waren alle in Ordnung. Sie haben mich akzeptiert und nicht versucht, mich religiös zu beeinflussen. Das hätte mir auch nicht gefallen. In manchen Klöstern und Kirchen wäre sicher mehr zu erfahren gewesen, aber das wollte ich nicht, noch nicht. Vielleicht ändert sich das ja eines Tages, in den nächsten Jahren auf meinem Jakobsweg.

Tagesleistung: 54 Kilometer
Gasthaus zur Krone, Weil am Rhein, 55 Euro

Montag, 02. Juli 2007
Rückreise mit dem Zug von Weil am Rhein nach Schweinfurt

Die Tour ist für dieses Jahr vorbei. Am Ende einer langen Reise ist sicher jeder stolz und glücklich angekommen zu sein, aber auch traurig darüber, dass nun alles vorbei ist. Das große Ziel, das man tagelang vor Augen hatte, auf das man all seine Kräfte konzentriert und eingeteilt hat, ist erreicht. Nun folgt eine Leere, die es auszufüllen gilt.

Ausgerechnet heute sollen die ersten Bahnstreiks beginnen. Hoffentlich geht trotzdem alles gut. Mein Regionalzug soll kurz vor 10 Uhr in Weil am Rhein abfahren. Ich packe, frühstücke und mache mich dann auf den Weg zum Bahnhof. Und, wie so typisch für diese Tour, der Himmel weint und die Kleidung wird wieder nass. Meine Reise begann in diesem Jahr nasskalt am Kreuzberg und hört am Rhein nicht besser auf. Der Zug aus Basel ist pünktlich und bringt mich über Freiburg nach Karlsruhe. Von hier aus soll eine Straßenbahn nach Heilbronn fahren. Ob das wohl stimmt? Eine Straßenbahn? Auf dem Bahnhofsvorplatz? Da sollte man sicherheitshalber mal nachfragen. Sie fährt tatsächlich nach Heilbronn, zuerst durch die Innenstadt von Karlsruhe, dann hinaus aufs Land. Die Waggons sind geräumig und bieten genügend Platz für mein Fahrrad. Von Heilbronn geht ein Regionalzug nach Würzburg. Noch einmal umsteigen und kurz nach 18 Uhr erreichen wir Schweinfurt. Ich bin wieder daheim.

Ende der 1. Etappe
Etappenziel Basel nach 727 Kilometern und 11 Tagen erreicht
4 Kilo abgenommen

21. Juni 2007, Kreuzberg/Rhön, Kreuze im Nebel

25. Juni 2007, Speyer, Dom und Bronzefigur eines Jakobspilgers

30. Juni 2007, Kloster St. Trudpert, Münstertal, Schwarzwald

01. Juli 2007, Basel, Ziel der ersten Etappe

2. Etappe 2008 - 902 Kilometer

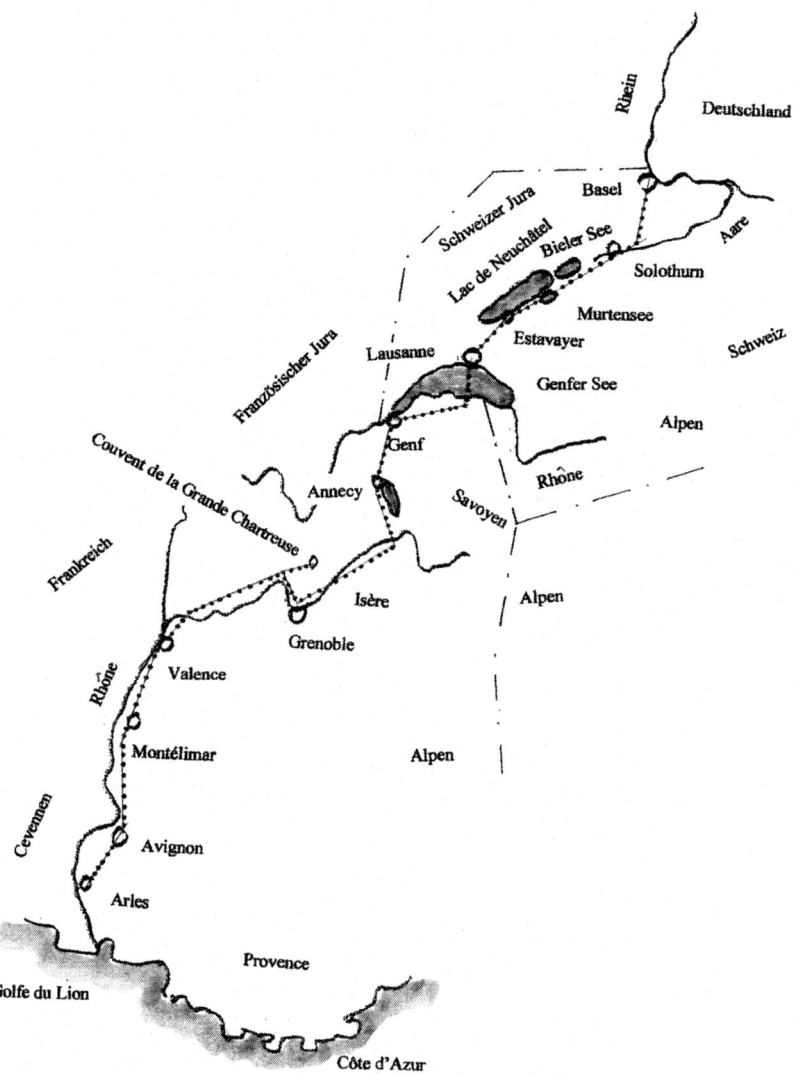

Juni 2008 - 2. Etappe

Basel – Arles (Südfrankreich)
Sonntag 15. Juni 2008 bis Samstag 28. Juni 2008
902 Kilometer in 12 Tagen
(ohne An- und Rückreise mit dem Zug)

Sonntag, 15. Juni 2008

Anreise mit dem Zug nach Weil am Rhein

Ich brenne förmlich darauf, meine Reise auf dem Jakobsweg dort fortzusetzen, wo sie letztes Jahr zu Ende ging. In Basel, genau genommen in Weil am Rhein. Im gleichen Gasthaus wie 2007 soll ein Zimmer statt 55 nun 85 Euro kosten. Grund ist die Fußball-EM mit Basel als einem Austragungsort. Das ist mir viel zu teuer. Am Flughafen Basel/Muhlhouse bietet ein Formule-1-Hôtel Zimmer zu günstigeren Preisen an, dort könnte übernachtet werden. Mein Rad ist beladen und der Rucksack gepackt. Ich habe dazugelernt und diesmal noch weniger an Bord. Eine Tube Handwaschmittel für die verschwitzten Kleidungsstücke reicht, um weniger T-Shirts, Unterwäsche, Strümpfe, Hosen und Trikots mitnehmen zu müssen.

Heute Morgen scheint die Sonne, beste Voraussetzungen also für einen guten Start. Ich tausche die Alltagskleidung gegen Trikot und Radlerhose ein, verabschiede mich, steige auf mein Rad (den einzigen Weggefährten für die nächsten zwei Wochen) und bin wieder unterwegs. Diesmal führt der Weg aber nur ein kurzes Stück durch meine Heimatstadt, nämlich nur bis zum Bahnhof. Das Wetter ist immer noch schön, als der Zug Schweinfurt verlässt.

Die Reise geht über Würzburg, Karlsruhe, Offenburg nach Weil am Rhein. Bis kurz vor dem Ziel bleibt es trocken und sonnig, dann aber ziehen im Süden dunkle Wolken auf. Kaum zu glauben, kurz vor Weil am Rhein klatschen dicke Regentropfen an die Fenster des Zuges. Das darf doch nicht wahr sein! Nicht schon wieder Nässe und Kälte wie im letzten Jahr. Diesmal fing doch alles so gut an, und auch während der letzten Tage und Wochen hielt sich das schöne Wetter. Aber da ist nichts zu machen. Sich jetzt besseres Wetter zu wünschen ist sinnlos, denn blickt man aus dem Fenster, kann auch keine höhere Macht der Welt hier etwas ändern. Tatsachen sind zu akzeptieren, ob man das nun will oder nicht. Geduld kann man nur lernen, wenn man sie haben muss. Also gut, auf ein Neues.

Der Zug hält in Weil am Rhein und ich stehe im Nieselregen, genau wie letztes Jahr auf demselben Bahnsteig. Vielleicht ziehe ich den Regen magisch an, wer weiß. Los geht's. Es ist grau, kalt und nass und die Idee, hinüber ins Elsass zu fahren, wird sofort verworfen. Zu weit bei diesem Sauwetter, zu groß das Risiko, gleich am ersten Abend völlig durchnässt zu werden. Das gilt auch für mein Gepäck, das noch nicht optimal in den Satteltaschen verteilt ist. Die ganze Reise würde einfach nur schlecht beginnen und das sollte nicht sein. Also lenke ich mein Rad in Richtung des bekannten Gasthauses vom letzten Jahr.

Dort sind noch zwei Zimmer frei. Und was kosten die? Das eine 75 und das andere 70 Euro. Na also, geht doch. Auf jeden Fall ist das günstiger als 85 Euro. Interessant, wie sich Preise ändern, wenn am Abend vor Ort keine Gäste mehr erwartet werden. Das trübe Wetter hat heute also doch etwas Positives, es verhilft mir zu einem besseren Preis.

Das Zimmer ist sehr schön und ruhig. Ich ziehe mir etwas Trockenes an und warte, bis der Regen nachlässt. Diesen Gefallen tut er mir aber nicht. Irgendwann schnappe ich mir dann einen Hotelschirm, gehe nach draußen und möchte wieder hinauf in die Weinberge mit dem herrlichen Ausblick auf Basel, den Jura und die Vogesen. Der Weg lässt sich leicht wiederfinden und eine halbe Stunde später stehe ich erneut dort oben. Leider ist die Aussicht sogar noch schlechter als im letzten Jahr. Damals war das Wetter wenigstens trocken und nur über dem Schweizer Jura hingen dunkle Regenwolken. Heute ist es nass und der Blick in alle Richtungen schlecht. Nur Weil am Rhein direkt vor mir und Basel weiter hinten sind relativ gut zu erkennen. Zum Verweilen ist es viel zu feucht und zu kalt. Ich laufe ein Stück und werde ruhiger, mein Jakobsweg hat wieder begonnen. Alles hat einen Sinn, auch das schlechte Wetter, und wenn es nur die Tatsache ist, dass man sich später über schönes Wetter freuen kann.

Gerne wäre ich heute Abend hinüber nach Basel gefahren und hätte mir am Rheinufer beim Public Viewing das Fußballspiel der Schweiz gegen Portugal angesehen, das letzte Spiel der Schweizer, die sicher alles geben werden. Die Stimmung wird gut sein und so ein Spiel einmal hautnah erleben zu können wäre bestimmt ein besonderes Erlebnis. Aber oft kommen Dinge eben anders als man denkt, und so bleibt mir heute Abend nur der Fernseher, um das Spiel zu sehen. Auch nicht schlecht, auf jeden Fall trockener. Draußen wird der Regen wieder stärker.

Gedanken des Tages:
Ich glaube, der Regen verfolgt mich

Gasthaus zur Krone, Weil am Rhein, 70 Euro

Montag, 16. Juni 2008
Weil am Rhein - Leuzigen

Der Blick aus dem Fenster heute Morgen ist vernichtend. Regen ohne Ende. Ein böses Wort schießt mir durch den Kopf, ein Wort, das eines Pilgers nicht würdig ist. Ich denke es aber trotzdem und gehe frühstücken. Noch ist niemand außer mir im Frühstücksraum, die anderen Gäste schlafen noch. Ich esse mich am Buffet satt, schlüpfe danach wieder in meine Sportklamotten und hole das Rad aus dem Schuppen, in dem es die Nacht verbringen durfte.

Die Tour kann beginnen. Von genau hier aus fuhr ich im letzten Jahr zum Bahnhof und beendete die erste Etappe. Heute herrscht das gleiche schlechte Wetter mit grauen Wolken, leichtem Nieselregen und viel zu kalten Temperaturen für einen Tag im Juni. Nur diesmal wird an der Torausfahrt nicht nach rechts, sondern nach links zur Schweizer Grenze abgebogen. Für einen Moment halte ich inne. Viele Kilometer liegen vor mir. Schwierige Momente werden dabei sein, aber auch unvergesslich schöne Erlebnisse. All das liegt jetzt vor mir, packen wir's an. Ich schwinge mich aufs Rad, fahre zum Tor hinaus und biege nach links ab. Es ist grau, nass und frisch, aber trotzdem herrlich. Die zweite Etappe meiner Reise nach Santiago hat gerade begonnen.

An der Schweizer Grenze, wenige Meter hinter dem Gasthaus, kontrolliert niemand, der Weg ist frei. Hier trennen Grenzen noch keine Sprachen. Auch in der schönen Schweiz ist das Wetter nicht besser. Über Riehen führt die Hauptstraße weiter in Richtung Basel. Am Münster erhält mein Pilgerausweis im Dombüro den ersten Stempel dieses Jahres.

In Basel selbst halte ich mich diesmal nicht lange auf, denn der Passwang, ein Straßenpass im Jura, wartet heute noch darauf, bezwungen zu werden. Passanten erklären mir die Richtung und ab geht die Post. Ich verlasse Basel, fahre durch schöne Wohnviertel am Stadtrand und bin schon bald draußen auf dem Lande. Die Berge des Schweizer Jura rücken immer näher, das Tal wird enger und schon bald ist von der großen Stadt nichts mehr zu spüren.

Neben der Straße ragen jetzt Felswände steil nach oben. Die Natur ist üppig und grün, kein Wunder bei dem vielen Regen!

Ein Straßentunnel taucht auf, den Radfahrer natürlich nicht durchfahren dürfen. Er lässt sich aber auf einer kleinen Nebenstraße umgehen. Nach einigen Kilometern zweigt die Passwangstraße nach links ab und führt leicht bergauf. Der Regen hat mittlerweile nachgelassen. Der Himmel ist zwar immer noch grau und bewölkt, aber es bleibt trocken und dafür bin ich im Moment sehr dankbar. Wie man sich doch über Kleinigkeiten freuen kann, auch wenn es einfach nur besseres Wetter ist. Nach einigen Dörfern umgeben mich nur noch Wald, Wiesen, Berge und vereinzelte Bauernhöfe.

Das Tal wird enger, der Gebirgsbach neben der Straße reißender, dann kommt der Anstieg. Rad und Gepäck müssen geschoben werden. Irgendwann ist die Höhe erreicht und der Blick schweift zurück ins Tal. Von ganz dort unten bis hier herauf, aus eigener Kraft, das macht stolz und tut einfach nur gut. Unter mir winden sich die Serpentinen nach oben, wo aber ist die Passhöhe? Die Straße verläuft noch ein Stück weiter durch den Wald, dann erhebt sich eine riesige Felswand, durch die ein Tunnel führt. Da müssen jetzt auch die Radfahrer durch, ein anderer Weg ist nicht auszumachen. Es herrscht kaum Verkehr und so lenke ich mein Rad in den Tunnel. Nach ein paar Metern beginnt alles zu hallen. Ein Auto fährt hinter mir ein, der Motor klingt eigenartig laut, irgendwie unwirklich. Gleich hinter dem Tunnel steht die Passmarkierung - Passwang 946 Meter - die höchste Stelle auf meiner bisherigen Reise. Kurzes Siegerfoto, dann schnell wieder abwärts, wärmeren Gefilden entgegen.

Sollten sich die Schlechtwetterfronten am westlichen Rand des Jura abregnen, müsste es östlich davon eigentlich trocken sein. Wahr oder Einbildung, das Wetter scheint besser zu werden. In Balsthal wird in einem Supermarkt erst einmal Brot, Milch, Wurst und Obst eingekauft. Dann verlasse ich den Jura durch ein Seitental, fahre hinaus ins Schweizer Mittelland, finde einen Radweg und folge ihm in Richtung Solothurn. Rechts von mir hängen die Wolken an den Bergen des Jura und links von mir liegt leicht gewellt das Mittelland.

Solothurn ist erreicht, leichter Regen setzt wieder ein. Über der Altstadt thront eine herrliche Basilika, der ideale Ort, um sich den Pilgerausweis abstempeln zu lassen. Doch weder ein Pfarramt noch ein Ansprechpartner in der Kirche lässt sich finden. Passanten verweisen mich an das Stadtamt. Dort ist erst einmal auch niemand anzutreffen. Ich laufe von einem leeren Büro ins nächste, stehe verloren herum und höre endlich eine Stimme. In einem der Zimmer wird telefoniert. Ich warte vor der Tür, will nicht stören und warte daher ziemlich lange. Endlich findet jemand Zeit für mich und mein Pilgerausweis erhält das Stadtwappen von Solothurn. Das wäre geschafft, nun gilt es eine Übernachtungsmöglichkeit zu finden. Die Altstadt sieht gemütlich aus, aber die Hotels im Ort sind viel zu teuer für mein Budget. Da heißt es weiterfahren, hinaus aufs Land. Dort wird sich sicher ein günstiger Gasthof finden lassen.

Kaum liegt Solothurn hinter mir, beginnt der Himmel wieder undicht zu werden. Meine Theorie, östlich des Jura bliebe es trocken, ist somit im Eimer. Das erste Dorf taucht auf, nirgends ein Gasthaus. Der Regen wird stärker, im nächsten Dorf die gleiche Situation. Meine Kleidung ist nass, mir ist kalt und die Gasthäuser halten sich immer noch versteckt. Das kann ja heiter werden! Der Abend naht, das Wetter ist hundsmiserabel, ich habe immer noch kein Zimmer, versuche aber gelassen zu bleiben. Ein Pilger sollte mehr vertrauen, zumindest sollte er es versuchen. Im dritten Dorf dann endlich ein Gasthaus, das aber von außen nicht gerade sehr einladend aussieht. Bei schönem Wetter wäre ich vorbeigefahren und hätte weiter gesucht. Aber jetzt und heute ist das anders. Erstens scheinen in dieser Gegend Gasthäuser eine Seltenheit zu sein und zweitens ist es schon spät, meine Kleidung nass und mir ist kalt. Das Wetter ist im Moment eine einzige Katastrophe.

In der Gaststube wartet dann eine angenehme Überraschung auf mich. Das innere Erscheinungsbild ist wesentlich ansprechender als das äußere. Meine Bitte nach einem Zimmer und einem Unterstand für das Rad fällt auf fruchtbaren Boden. Noch klappt die Verständigung auf Deutsch, wenn auch das Schwyzerdütsch etwas gewöhnungsbedürftig ist. Ein Zimmer ist noch frei. Nur noch eins? Wir haben zwar Fußball-EM in der Schweiz, aber doch nicht hier auf dem Land, fernab der großen Spielstätten. Man klärt mich auf. Bern ist nicht weit und dort tummeln sich aktuell ca. 40.000 holländische Fans. Die wollen alle irgendwo übernachten und verdrängen andere, zum Beispiel Handwerker und Monteure aufs Land. So ist das auch hier.

Aber nichts desto trotz, ein letztes Zimmer ist noch frei und das wird jetzt meins. Es liegt unter dem Dach und ist komplett neu renoviert. Dusche und WC sind auf der Etage, aber das ist kein Problem, denn es gibt nur zwei Zimmer hier oben. Doch noch ein Happy End heute Abend.

Ich dusche, ziehe mich um, gehe zivilisiert und nicht mehr nass und verschwitzt hinunter in die Wirtsstube, trinke ein Bier und lese in der lokalen Zeitung. In der Ecke sitzen einige Einheimische an ihrem Stammtisch, die sind kaum zu verstehen. Nach dem Bier und den lokalen Neuigkeiten aus dem Kanton Bern ist das Fußballspiel des Abends angesagt.

Gedanken des Tages:
Regen kann auch eine Prüfung sein
In manchen Situationen kann man Vertrauen wieder lernen

Tagesleistung: 92 Kilometer
Gasthof zum Rössli, Leuzigen, 80 SFR = 53 Euro

Dienstag, 17. Juni 2008
Leuzigen - Estavayer-le-Lac

Im Dorf ist es ruhig, beste Voraussetzungen für einen erholsamen Schlaf. Der Blick aus dem Fenster heute Morgen ist jedoch frustrierend - Regen. Die Prüfung geht also weiter! Anziehen, frühstücken, losfahren. Die Schauer werden heftiger und mein Outfit immer nasser. So macht Radfahren wirklich keinen Spaß. Ich erreiche Lyss, durchquere den Ort und fahre weiter in Richtung Bieler See. Das Land ist flach, so kenne ich die Schweiz noch gar nicht. Kurz vor dem See doch noch ein Anstieg, dann fällt die Straße zur Ostseite des Bieler Sees wieder ab.

In Lüscherz lädt ein Landungssteg am Seeufer zum Verweilen ein. Vor mir liegt eine stille, weite Wasserfläche. Die Berge des Jura auf der anderen Seite sind teilweise von Nebelschwaden umhüllt. Wolkenfetzen ziehen langsam über den See, Möwen schreien. Keine Menschenseele ist zu sehen, das Wetter ist einfach zu schlecht. Ich bin allein, kann die Stille hören, genieße den Augenblick, schaue lange hinaus auf die Wasserfläche und lasse diese besondere Atmosphäre auf mich wirken. Plötzlich bricht die Sonne ganz kurz durch die Wolkendecke und ihre Wärme trifft für einen Augenblick mein Gesicht. Was für ein angenehmes Gefühl nach diesen beiden grauen, nasskalten Tagen. Ich trage noch immer zwei Hosen und einen dicken Pullover unter meiner Regenjacke. Die Sonne, es gibt sie also wirklich noch. Aber so unverhofft wie sie gekommen ist, so schnell verschwindet sie auch wieder über den dichten Wolken und lässt mich wieder allein mit der Wasserfläche, den Wolken, den Jurabergen in der Ferne und ein paar Möwen.

Und weiter geht die Fahrt am Bieler See entlang bis an dessen südliches Ende. Dort biege ich nach links ab, in Richtung Murtensee (Lac de Morat), dem kleinsten der drei Seen im Schweizer Seenland und passiere die Grenze des Kantons Fribourg. Kantonsgrenzen sind in der Schweiz an sich nichts Ungewöhnliches, die hier ist aber anders. Da ist sie nun, die Sprachgrenze zwischen Deutsch und Französisch. Jetzt ist Deutsch auf meinem Weg nach Santiago endgültig passé. Grenzen trennen Sprachen, hier nicht einmal eine Staatsgrenze, sondern einfach nur die Grenze eines Kantons im gleichen Land.

Am westlichen Ufer des Murtensees liegen schöne Dörfer, deren Flair sich von dem der Ortschaften in der deutschsprachigen Schweiz unterscheidet. Im Vorbeifahren höre ich die Menschen vor ihren Häusern französisch sprechen. Die Schweizer Version dieser Sprache klingt härter und man muss schon sehr genau hinhören, um sie zu verstehen.

Das Wetter wird besser und der Himmel verändert tatsächlich seine Farbe. Aus dem Grau wird ein himmlisches Blau und die Sonne kommt jetzt wirklich durch und verändert Landschaft und Moral. Ich biege spontan zum Seeufer ab und setze mich auf eine Bank. Herrlich, auch ohne Wunsch hat der Regen aufgehört. Nur weiter so! Ein alter Mann spricht mich in Schwyzerfranzösich an, macht eine Bemerkung über das Wetter und testet so meine Sprachkenntnisse. „Jetzt wird alles besser!", lautet meine Antwort. Mit einem Standardsatz über das Wetter kommt man in jeder Sprache zurecht.

Die Sonne scheint, die Regenjacke wird wieder eingepackt und weiter geht die Fahrt in Richtung Lac du Neuchâtel (Neuenburger See). Mein heutiges Etappenziel ist Estavayer-le-Lac. Ich erreiche den Ort am späten Nachmittag bei herrlichem Sonnenschein, der aber nur im Mittelland vorzuherrschen scheint. Drüben an den Jurabergen hängen immer noch dunkle Regenwolken und auch im Osten, über den Alpen, ist keine Besserung in Sicht. Mein Pilgerweg scheint heute wie im Rheintal von gutem Wetter begleitet zu werden.

In der Ortsmitte von Estavayer-le-Lac steht eine schöne, alte Kirche, aber leider kein Pfarramt. Im Rathaus gleich nebenan wird mein Pilgerausweis abgestempelt. Und wie das so ist, wenn man nicht mehr sucht, dann findet man. Ich ziehe noch etwas durch die Gassen, schleiche um die Häuser und finde - das Pfarramt. Dort erhält mein Pilgerausweis heute auch noch einen wunderschönen Stempel des Bistums Lausanne.

Zeit, sich ein Zimmer zu suchen! Die Schweiz ist teuer, aber heute ist meine letzte Nacht in diesem Land und da darf der Preis schon mal etwas höher sein. Am See findet sich das Hôtel du Lac. Wird sicher sehr teuer sein, aber Fragen kostet ja bekanntlich nichts. Und genau das beschert mir jetzt erst einmal Schwierigkeiten mit dem Schwyzerfranzösisch. Die Frau an der Rezeption betont die Zahl 97 auf einer völlig anderen Silbe als die Franzosen. Auf mein Nachfragen hin wiederholt sie die Zahl in der gleichen Art und Weise. Für mich immer noch unverständlich schreibt sie mir die Zahl auf ein Blatt Papier. Meine Aussprache verwundert nun wiederum sie. Manchmal wird ein und dieselbe Sprache etwas anders ausgesprochen. Das Zimmer kostet 97 SFR, das sind umgerechnet 63 Euro. Für die Schweiz ist das in Ordnung.

Das Zimmer liegt im dritten Stock und der Blick vom Balkon ist ein Traum. Vor mir liegt der See und direkt unter mir der Jachthafen. Obwohl sich der Himmel wieder etwas zugezogen hat, ist der Ausblick überwältigend. Ich stelle einen Stuhl in die offene Tür zum Balkon, setze mich hin und blicke einfach nur hinaus auf den See und die Berge des Jura. Was für ein Panorama! Für das Abendessen bleibt mir noch eine Banane, ein Apfel, etwas Brot und Trockenwurst. Mehr wird auch nicht gebraucht.

Langsam zieht die Nacht auf und an einigen Stellen brechen die letzten Strahlen der Abendsonne durch die Wolken. Alle 10 Minuten verändert sich das Licht und die Landschaft erscheint dann noch geheimnisvoller und schöner als zuvor. Ich sitze an diesem Abend noch lange vor meiner Balkontür, blicke hinaus auf den See und empfinde eine tiefe innere Ruhe und Dankbarkeit. Das sind die Augenblicke großer Zufriedenheit mit sich selbst und der Welt.

Gedanken des Tages:
Endlich scheint der Regen vorbei zu sein
Glück ist ein Zimmer mit Seeblick

Tagesleistung: 78 Kilometer
Hôtel du Lac, Estavayer-le-Lac, 97 SFR = 63 Euro

Mittwoch, 18. Juni 2008
Estavayer-le-Lac - Thonon-les-Bains

Bereits am frühen Morgen hält mich nichts mehr im Bett. Ich muss hinaus auf den Balkon, um das Farbenspiel der aufgehenden Sonne zu erleben. Gegen 5 Uhr ist der Himmel klar, der See liegt ruhig vor mir, nur die Schreie einiger Seevögel zerreißen die Stille. Die Berge beginnen sich leicht rosa zu färben und vermitteln einen beruhigenden, friedlichen Anblick. Für heute ist schönes Wetter gemeldet und es sieht wirklich danach aus.

Um halb 8 Uhr beginnt dann endlich der Sommer. Der Himmel strahlt in einem Wahnsinnsblau und nur über den Jurabergen sind ein paar kleine, weiße Wolkenfetzen auszumachen. Sonst ist der Himmel wolkenlos. Ich ziehe mich an, packe meine wenigen Sachen zusammen und gehe frühstücken. Das Frühstück ist eine mittlere Katastrophe. Verglichen mit den wirklich guten Frühstücksbuffets meiner bisherigen Reise ist das hier ein Witz. Zwei kleinste Brötchen, ein trockenes Croissant, etwas Marmelade und ein Stückchen Butter. Endlich erscheint auch Personal und bringt mir heißes

Wasser und einen Teebeutel. Ich werde von heute an auf diese Art Plastikfrühstück verzichten. Beim Bäcker ist für weniger Geld Besseres zu haben. Andere Länder, andere Frühstückssitten. Man muss sich aber nicht an alles gewöhnen, sondern nur Konsequenzen ziehen.

Heute Morgen führt der Weg erst einmal am See entlang nach Yverdon. Von dort will ich die Hauptstraße hinüber nach Lausanne nehmen. Die Landschaft ist einfach nur traumhaft schön. Apfelbäume, Wiesen, Weinstöcke, kleine Dörfer, der See, die Berge des Jura, und über allem ein strahlend blauer Himmel. Was für ein Unterschied zu den letzten beiden Tagen und vor allem was für ein Unterschied zu letztem Jahr. Ist die Regenprüfung jetzt endlich bestanden?

In Yverdon halte ich mich nicht lange auf, sondern fahre gleich weiter in Richtung Lausanne. Jetzt kommt ein Anstieg, der wird sicher etwas anstrengend. Er kommt, zwar nicht so steil wie in den Bergen, doch es geht über eine längere Strecke stetig bergan. Das will gefahren werden und ist schweißtreibend. Oben bietet sich dann aber eine herrliche Rundumsicht mit einem weiten Horizont und dem Panorama der Juraberge.

Wann werde ich die Alpen zum ersten Mal wiedersehen? Im Süden müssten sie bald auftauchen. Seit meiner Krankenhausaufenthalte 2006 und 2007 war ich nicht mehr in diesem Gebirge gewesen, in dem ich vorher mit dem Rad so oft unterwegs war. Es fühlt sich an wie das Warten auf einen guten alten Freund, den man lange nicht mehr gesehen hat.

Mai 2006, Verdacht auf eine Blutung im Stammhirn. Ich musste zum ersten Mal in meinem Leben auf eine Intensivstation. Der Schock saß tief. Doch ich hatte Glück im Unglück. Die Ärzte wollten nicht sofort operieren sondern erst einmal abwarten und beobachten. Im März 2007 dann der zweite Schlag, der Herzinfarkt.

Mit dem Rad in die Alpen, das war leider nicht mehr möglich. Andere Strecken mussten gefunden werden, wie 2006 von der Quelle der Fulda bis zur Mündung der Weser. 2007 sollten die Pässe der Zentralschweiz bezwungen werden, doch der Herzinfarkt machte auch diese Pläne zunichte.

Wann und wo werden wir uns wiedersehen? Bei jedem Anstieg, nach jeder Straßenbiegung halte ich jetzt nach ihnen Ausschau. Weit können sie nicht mehr sein. Gegenüber von Lausanne, auf der anderen Seite des Genfer Sees, da müssen sie sein. Am Himmel sind bereits die weißen Wolkenkegel um ihre Gipfel zu erkennen. Dann ist es endlich soweit. Ein letzter Anstieg und vor mir im Dunst der Mittagshitze liegen sie, die majestätischen Berge der Alpen auf der Südseite des Genfer Sees.

Die Straße fällt ab und das Rad rollt von alleine. Kurz vor Lausanne wird die Hauptstraße zur Schnellstraße, aber eine Nebenstrecke für Radfahrer hinunter ins Zentrum ist gut ausgeschildert. Das Panorama ist phantastisch und ich freue mich auf diese schöne Stadt am Genfer See. Die Häuser neben der Straße werden größer und höher, dann tauche ich ein. In einem schattigen Park wird eine kurze Pause eingelegt. Um mich herum pulsiert der Rhythmus einer Großstadt. Ein Plan weist den Weg zur Kathedrale hoch über den Dächern der Stadt. Der lange und schweißtreibende Weg dort hinauf beginnt. Danke für das tolle Wetter, aber muss es gleich so eine Hitze sein?

Nach dem Besuch der Kathedrale führt der kürzeste Weg durch die Fußgängerzone hinunter nach Ouchy, dem Hafen von Lausanne. Von hier aus fährt ein Schiff hinüber nach Frankreich. Ein Hotelzimmer in Lausanne ist unbezahlbar und eine Weiterfahrt auf der Schweizer Seite in Richtung Genf würde wegen der Fußball-EM auch richtig ins Geld gehen. In Frankreich dagegen kann man in F1-Hôtels günstig übernachten. Die Zimmer haben drei Betten, ein Waschbecken und einen Fernsehapparat, sind sauber und meistens ruhig und sicher. Dusche und WC sind auf der Etage, aber das ist ok bei einem Preis zwischen 28 und 32 Euro die Nacht, ohne Frühstück. F1-Hôtels gibt es in fast jeder größeren Stadt in Frankreich und so auch in Thonon-les-Bains, gleich gegenüber von Lausanne.

Die Sonne brennt jetzt vom Himmel. Vor mir liegen der See, Berge im Osten und eine endlose Wasserfläche im Westen. Ein Ticket für die Überfahrt nach Evian kostet 16 Euro, das sind 11 Euro für mich und 5 Euro für das Rad. Euros werden zum Glück genommen, denn Schweizer Franken sind nicht mehr viele in meinem Besitz. In einer guten Stunde wird das Schiff ablegen. Ich schlendere die Uferpromenade entlang, mache einige Bilder und lege mich dann wie viele andere im Park unter einen schattigen Baum ins Gras. Ist das schön, einfach nur so in den Himmel zu schauen und die Seele baumeln zu lassen.

Fast wäre mir vor lauter Träumerei das Schiff davongefahren. Viele Menschen stehen jetzt vor dem Abfertigungsgebäude und ich muss mich ganz hinten anstellen. Pendler, die in Lausanne arbeiten und drüben in Frankreich wohnen, wollen nach Hause. Die Einreise in die Schweiz verlief vor Basel zwar ganz ohne Kontrollen, bei der Ausreise hier in Lausanne ist das aber anders. Zwei Schweizer Zöllner werfen ein scharfes Auge auf alle Passagiere, also auch auf mich und mein Rad. Aber ich habe nichts zu verbergen, das merken sie auch und lassen mich ohne Probleme passieren. Auf dem Schiff geht es verdammt eng zu. Wir reiben uns zwar noch nicht die Nasen aneinander, aber viel fehlt nicht mehr.

Während der Überfahrt möchte ich ein paar Fotos schießen und quetsche mich mit meinem Rucksack an den vielen Menschen vorbei. Doch die sind ziemlich entspannt und mein Gedränge scheint sie nicht groß zu stören. Das Schiff nimmt schnell Fahrt auf und bald sind wir schon weit draußen auf dem See. Hinter mir wird die Skyline von Lausanne immer kleiner und im Westen spiegeln sich die Sonnenstrahlen in den Wellen des Sees, der hier bis an den Horizont zu reichen scheint. Nach knapp 30 Minuten erreichen wir das französische Ufer bei Evian. Das nächste F1-Hôtel liegt in Thonon-les-Bains und bis dahin muss ich noch ein paar Kilometer in die Pedale treten. Im Hotel darf das Rad mit aufs Zimmer genommen werden und ist somit über Nacht sicher verwahrt. Das Abendessen für heute besteht aus Brot, Käse und Trockenwurst, das reicht. Ich bin müde, aber sehr zufrieden mit meiner bisher zurückgelegten Strecke.

Gedanken des Tages:
Regenprüfung bestanden, kommt jetzt die Hitzeprüfung?
Der Genfer See, ein großes Stück vom Paradies

Tagesleistung: 67 Kilometer
F1-Hôtel, Thonon-les-Bains Est, 32 Euro

Donnerstag, 19. Juni 2008
Thonon-les-Bains - Col du Mont Sion

Ein Blick aus dem Fenster verspricht Sommer pur. Schnell sind meine Sachen zusammengepackt und der Tag kann kommen. In einem kleinen Supermarkt neben der Straße wird erst einmal Proviant für den Tag eingekauft, vor allem Wasser und eine Sonnencreme. Die ist jetzt besonders wichtig, denn die Folgen der aktuellen Sonneneinstrahlung könnten verheerend sein.

Ruhige Landstraßen führen mich am südlichen Ufer des Sees in Richtung Genf. Bei herrlichem Wetter rollt mein Rad durch eine wunderschöne Landschaft. Bei Hermance komme ich wieder an die Schweizer Grenze und halte an. Keine Menschenseele ist zu sehen, niemand kontrolliert an dieser Stelle.

Es lohnt sich nicht einmal ein Bild zu machen, so unscheinbar ist die Grenze hier. Was für ein Zirkus gestern bei der Ausreise in Lausanne. Lächerlich, hier ist die Grenze offen und niemand ist weit und breit zu sehen.

Und weiter geht die Fahrt durch ein Villenviertel. Manchmal kann ich von meinem Sattel aus über die Hecken und Mauern sehen und staune nicht schlecht über den Reichtum einiger Menschen. Hier wohnen auch bekannte Schauspieler und Sportler. Luxusautos überholen mich oder kommen mir entgegen. Ich habe zwar nur ein Fahrrad, bin aber auf der gleichen Straße unterwegs.

Langsam macht sich ein Hungergefühl bemerkbar. Rechts neben der Straße befindet sich ein Restaurant. Das ist aber viel zu teuer und Radler sind dort sicher überhaupt nicht willkommen. Gleich gegenüber steht eine Holzbank. Dort halte ich an, setze mich hin und genieße ein drei Gänge Menü bestehend aus gemischtem Salat (bereits angemacht gekauft), Käse mit fast frischem Weißbrot und zum Dessert noch Kekse und Schokolade. Klasse, hätte da drüben im Restaurant bestimmt nicht besser sein können, nur sehr viel teurer. Das Klimpern von Tellern und Besteck ist zu hören und die Kellner beeilen sich ihre Gäste zu bedienen.

Nach dieser Pause geht die Reise weiter. Ein Bentley Cabriolet kommt mir entgegen, sehr chic! Dann taucht das Seeufer auf und vor mir liegt die Altstadt von Genf. Die bekannte Wasserfontäne wird heute von einem riesigen Ballon in Form eines Fußballs überragt. Da ist sie also wieder, die Fußball-EM. Ein schöner Radweg führt an der Uferpromenade entlang direkt ins Stadtzentrum. Nun gilt es die Kathedrale zu finden. Sie thront auf einer Anhöhe, aber zum Glück nicht so weit oben wie gestern in Lausanne. Dort wird mein Pilgerausweis abgestempelt und man wünscht mir eine gute Weiterreise auf dem Camino.

Der Weg aus dieser großen Stadt heraus erweist sich nun aber als schwierig. Passanten erklären mir die grobe Richtung und los geht's. Genf zieht sich im Südwesten ganz schön in die Länge. Oder liegt es vielleicht daran, dass ich zu ungeduldig bin? Die französische Grenze will einfach nicht kommen und der Verkehr quält sich von einer Ampel zur nächsten. Stop and Go, das nervt. Es ist heiß, ich habe Durst und nicht mehr viel Wasser an Bord. Schweizer Franken sind auch keine mehr da. In Frankreich, das ja nun wirklich nicht mehr weit sein kann, muss unbedingt Wasser nachgekauft werden.

Endlich kommt die Grenze, kontrolliert wird auch hier nicht. Nun stimmt zwar die Währung wieder, doch jetzt fehlen die Läden neben der Straße, die Wasser verkaufen. Kurz nach dem Grenzübertritt beginnt bereits der Anstieg zum Col du Mont Sion und mein Wasservorrat schwindet weiter. Die Sonne brennt heiß, viel zu heiß um einen Pass hochzufahren, ohne ausreichend Wasser dabeizuhaben. Eine Entscheidung muss her. Zurück nach St.Julien und Zeit verlieren, oder das Risiko einer Weiterfahrt wagen, in der Hoffnung, in zwei Dörfern Wasser nachkaufen zu können. Ich verspüre keine Lust wieder zurück zu fahren, also lautet die Entscheidung: hoffen und weiterfahren.

Im ersten Dorf ist kein Laden auszumachen. Der Schweiß läuft mir übers Gesicht und mein Wasservorrat schrumpft weiter. Viel ist nicht mehr in der Flasche. Sollte auch im nächsten Dorf kein Laden zu finden sein, muss der Anstieg abgebrochen werden. Von dort aus ohne ausreichend Wasser weiterzufahren wäre Leichtsinn. Ich esse die letzte Banane, nutze ihre Feuchtigkeit und spare dadurch etwas Wasser. So gut hat mir schon lange keine Banane mehr geschmeckt. Das hält aber nicht lange an, dann muss ich wieder trinken. Viel ist jetzt wirklich nicht mehr da.

Auch im zweiten Dorf sieht es nicht gut aus, kein Hinweis auf ein Lebensmittelgeschäft. Dann ein Schild, das den Weg zu einer Apotheke weist. Gibt es eine Apotheke, dürften auch andere Geschäfte nicht weit sein, denke ich mir, folge dem Schild, habe Glück und finde ein kleines aber feines Lebensmittelgeschäft. Drei 1,5 Liter Flaschen Mineralwasser wandern in den Rucksack und ich fühle mich wie ein König, ach was, wie ein Kaiser. Jetzt befindet sich genug Wasser an Bord, um die Passhöhe des Mont Sion zu erreichen.

Irgendwann schmerzt das Sitzen, das bedeutet absteigen und schieben. Laufen tut jetzt wahnsinnig gut. Wenn man ein Stück läuft, entlastet das nicht nur den Hintern, man kann vor allem auch die Landschaft viel intensiver auf sich wirken lassen. Ich denke vor mich hin, überwinde Distanzen und stehe plötzlich vor dem Passschild des Mont Sion.

Eigentlich sollte die Reise heute noch bis zum F1-Hôtel nach Annecy gehen. Aber wir haben bereits halb 7 Uhr und wer weiß, wie viele Steigungen auf dem Weg dorthin noch zu überwinden sind. Hier oben auf der Passhöhe, genau vor meiner Nase steht ein Hotel. Genug gepilgert, jetzt ist Schluss für heute. Ein Zimmer ist noch frei, das ist zwar teuer, aber ein anderes gibt es nicht. Das Personal ist freundlich und das Zimmer sehr ruhig. Hier lässt sich sicher auf 786 Meter Höhe eine gute Nacht verbringen.

Die Badewanne springt mir sofort ins Auge. Wir haben zuhause nur eine Dusche und seit Jahren war ich nicht mehr in einer Badewanne gesessen. Sich nach einem Tag im Sattel im heißen Wasser einer Badewanne zu entspannen ist einfach nur wunderbar. Und genau das mache ich jetzt und möchte fast nicht mehr aus der Wanne. Doch irgendwann wird auch das heißeste Wasser kalt und dann macht baden keinen Spaß mehr. Ein Spaziergang in der Abendsonne wäre jetzt sehr erholsam.

Vor dem Hotel beschreibt eine Anzeigetafel den Jakobsweg von Genf nach Le Puy. Er führt direkt über den Col du Mont

Sion, muss also hier ganz in der Nähe verlaufen. Auf der anderen Straßenseite, gleich unterhalb der Passhöhe, steht ein Wegweiser mit dem Muschelzeichen. Das ist er also, der Jakobsweg. Ich folge ihm eine halbe Stunde lang in Richtung Westen bis zu einem Kreuz hoch über Genf. In der Ferne schimmert der See in der Abendsonne, und im Süden, Richtung Annecy, erheben sich die Alpen. Dorthin soll die Reise morgen gehen. Es ist still hier oben, niemand stört den Augenblick. Ich stehe einfach nur da und blicke in die Ferne. Nichts drängt, niemand wartet auf mich. Schön einmal wirklich Zeit zu haben.

Dann kehre ich auf dem Camino langsam zu meinem Hotel zurück, spüre die warme Abendsonne auf dem Rücken und sehe meinen Schatten auf dem Weg vor mir. Es ist nur ein einfacher Feldweg, der sich hier oben durch die Wiesen schlängelt. Und doch ist das der Pilgerweg. Wie viele Menschen sind hier wohl schon gelaufen? Aus welchen Motiven? Was haben sie gedacht, gehofft, erbeten? Waren sie krank, arm oder reich? All das geht mir jetzt durch den Kopf. Etwas verbindet mich in diesem Augenblick mit all diesen Menschen, die lange vor mir hier gepilgert sind. Sie alle waren Jakobspilger, so wie auch ich jetzt. Ob man nun auf dem Original Camino wandert, oder mit dem Rad auf Straßen fährt, ist für mich nicht entscheidend. Der Weg ist das Ziel, ganz egal wo er entlang führt. Die Richtung ist immer Santiago de Compostela und bis dorthin ist es noch sehr weit.

Vor mir auf dem Weg liegt ein kleiner Stein. Ich bücke mich und hebe ihn auf. Er war schon lange vor mir da und wird auch noch lange nach mir da sein. Für einen Augenblick halte ich ihn in meinen Händen, einen winzigen Augenblick in der Unendlichkeit von Raum und Zeit.

Gedanken des Tages:
Ohne ausreichend Wasser kann man leicht sein Ziel verfehlen
Nur wer sich Zeit nimmt, kann auch Besonderes entdecken

Tagesleistung: 67 Kilometer
Hôtel Rey, Col du Mont Sion, 70 Euro

Freitag, 20. Juni 2008
Col du Mont Sion - Albertville

Bei herrlichem Sonnenschein wird heute kurz nach 8 Uhr gestartet. Von der Passhöhe rollt das Rad bergab, vorbei an einer wunderschönen Bergkulisse. Nach kurzer Zeit ist die imposante Hängebrücke „Ponts de la Caille" erreicht. Verwegen spannt sie sich über eine tiefe Schlucht und ist nur für Fußgänger begehbar. Der Verkehr rollt über eine neue Brücke etwas weiter links.

Ich erreiche Annecy. Freunde haben mir schon viel von der Schönheit dieser Stadt, ihres Sees und der umliegenden Landschaft erzählt. Mal sehen, ob das wirklich stimmt. Und sie hatten Recht. Nach dem Genfer See begegnet mir heute das zweite Paradies meiner Reise, der Lac d'Annecy. In der Altstadt finden sich eine Kirche und das zugehörige Pfarramt. Eine Ordensschwester stempelt meinen Pilgerausweis, wünscht mir eine gute Reise und bittet mich: „Priez pour nous à Santiago!" (Beten Sie für uns in Santiago). Das will ich gerne tun.

Am Seeufer stockt mir dann fast der Atem, so schön ist das hier. Klares Wasser, herrliche Bergkulisse, gepflegter Park mit Uferpromenade, strahlend blauer Himmel. Ich möchte nie mehr fort, will einfach nur für immer hier bleiben. Doch dann wäre die Reise zu Ende und Santiago würde nie erreicht werden. Also losreißen und weiter.

Am Ortsausgang hupt ein LKW. Der Fahrer sieht verärgert aus und deutet nach links. Erst jetzt bemerke ich dort einen Radweg, biege ab und entdecke so ganz nebenbei den schönsten

Radweg meiner bisherigen Tour. Über 30 Kilometer verläuft er auf einer stillgelegten Bahnstrecke abseits der Straßen am See entlang, vorbei an Häusern mit schönen Gärten, durch Wiesen und kleine Wäldchen. Herrliche Ausblicke auf den türkisfarbenen See verleiten mich immer wieder zum Fotografieren. Hier könnten ganze Filme verschossen werden. Hinter jeder Biegung bietet sich dem Betrachter ein noch schönerer Ausblick, der förmlich danach schreit, fotografiert zu werden.

Ungefähr 20 Kilometer vor Albertville ist der Radweg dann aber jäh zu Ende. Von hier aus führen kleine Nebenstraßen über mehrere Anstiege nach Albertville. Im Südosten zeigen sich die schneebedeckten Gipfel des Mont Blanc Massivs. Die Berge sind wieder zum Greifen nahe. Das letzte Stück des Weges führt leider neben einer Schnellstraße entlang.

In Albertville fahre ich kreuz und quer durch die Stadt bis vor eine Kirche. Leider lässt sich auch hier wieder kein Pfarramt finden und ich muss ins Rathaus. Dort verweist man mich an das Stadtmarketing im ersten Stock. Neugierig mache ich mich auf den Weg durch die Amtsstuben, klopfe an jede Tür, und frage nach dem Stadtmarketing. Die Menschen sind sehr hilfsbereit und schon bald ist das richtige Büro gefunden. Drei Mitarbeiter sitzen an einem großen Tisch und sechs Augen sehen mich fragend an. Nachdem mein Anliegen erklärt ist, reißt man sich förmlich darum, mir helfen zu dürfen. Ein Jakobspilger im Rathaus von Albertville, dem muss geholfen werden. Es ist schon beeindruckend, wie viele Mitarbeiter sich um mich kümmern wollen. Die Leiterin des Stadtmarketings geht mit mir von Büro zu Büro und versucht einen schönen Stempel für mich zu finden. Albertville war immerhin einmal Austragungsort der olympischen Winterspiele, da wird sich doch irgendwo etwas Originelles auftreiben lassen. Wir werden auch bald fündig und nun ziert ein kleiner, aber feiner Stempel der Stadt Albertville meinen Pilgerausweis. Alle wünschen mir viel Mut und Durchhaltevermögen auf dem langen Weg nach Nordwestspanien und schicken mich wieder auf die Reise.

Vor der Zimmersuche vergewissere ich mich im Bahnhof, dass im Nachtzug von Arles nach Strasbourg auch wirklich Fahrräder mitgenommen werden dürfen. Sollte dies nicht der Fall sein, müsste die Route jetzt geändert werden, denn mein Rad muss wieder mit nach Hause. Entwarnung, alles in Ordnung, Räder dürfen mitgenommen werden. Das Ticket wird aber erst später gekauft, denn Arles ist noch zu weit entfernt. Irgendetwas könnte noch passieren, was mich zu Änderungen zwingen könnte. Zugtickets sollten immer erst ungefähr zwei Tage vor dem Etappenziel gekauft werden, wenn sicher ist, dass dieses auch wirklich erreicht wird.

Das wäre also auch geschafft. Nun gilt es, das lokale F1-Hôtel zu finden und mir ein Zimmer zu nehmen. Wenig später ist auch das vollbracht. Abgekämpft, aber glücklich esse ich an diesem Abend typisch französisch: Baguette, Käse und Rotwein. Frankreich ohne Rotwein ist wie Bayern ohne Bier. Die Anstrengung des Tages und der Rotwein lassen mich sehr schnell müde werden.

Gedanken des Tages:
La vie est si belle - Das Leben ist so schön
Le Lac d'Annecy, noch ein Stück vom Paradies

Tagesleistung: 79 Kilometer
F1-Hôtel, Albertville, 28 Euro

Samstag, 21. Juni 2008
Albertville - Fontanil/St. Egreve

Früh am Morgen ist der Tag noch angenehm frisch. Ich überquere die Isère, die hier oben bei Albertville noch ein Gebirgsfluss ist. Dann beginnt eine neue Tagesetappe mit Ziel Grenoble. Vor fünf Jahren bin ich genau diese Strecke schon einmal gefahren. Damals begann meine Reise am Bodensee und führte mich über zwei Pässe der Zentralschweiz bis nach Marseille. Bekanntes Gelände zu durchfahren ist vorteilhaft, heute wird es keine nennenswerten Anstiege geben. Über Allevard erreiche ich die Isère und folge ihr bis nach Grenoble. Es ist heiß und ich trinke viel Wasser.

Am späten Nachmittag ist Grenoble erreicht. In der Kathedrale sitzen zwei Frauen an einem Infostand. Leider haben sie keinen Stempel, wollen mir aber helfen. Eine von ihnen macht sich gleich auf die Suche nach dem Pfarrer, der, wie sie sagt, nicht weit sein kann. Geduld ist wieder einmal angesagt, aber die konnte ja bereits reichlich trainiert werden. Nach einer Weile erscheint der Pfarrer und bittet mich, ihm ins Pfarrbüro zu folgen. Dieses liegt nicht, wie man annehmen könnte, neben der Kathedrale, sondern einige Straßen weiter. Dort angekommen beginnt er in seinem Schreibtisch nach einem passenden Stempel zu suchen. Er kramt in den Schubfächern herum und macht dabei so viel Krach, dass die Sekretärin aus dem Nebenzimmer erscheint. Der Pfarrer stellt mich ihr als Pilger vor, sie ist sehr nett und möchte alles wissen - woher, warum, wie lange, und so weiter. Wir unterhalten uns, sie ist beeindruckt. Der Pfarrer ist mittlerweile fündig geworden. Er präsentiert zwei alte Stempel der Gemeinde und möchte wissen, welchen von beiden er benutzen soll. Da mir alle zwei gefallen, lautet die Antwort - beide. Er findet das in Ordnung und drückt beide Stempel in meinen Pilgerausweis. Perfekt, Tagesziel erreicht, Stempel erhalten, nun kann die Zimmersuche beginnen.

Heute Abend findet wie jedes Jahr in Frankreich das „Fête de la Musique" statt. Überall in den Städten spielen Musikgruppen an allen Ecken und Enden, auf allen Plätzen und Straßen. 2003 konnte ich dieses Spektakel bereits in Albertville miterleben. Heute ist das leider etwas schwieriger, da das F1-Hôtel außerhalb von Grenoble in einem Industriegebiet liegt und Nachtfahrten mit dem Fahrrad hier nicht so empfehlenswert sind. Grenoble ist größer als Albertville und in der Nacht leider auch gefährlicher. In den Gassen der Altstadt spielen bereits einige Bands und so bekomme ich wenigstens etwas von der Stimmung mit.

Auf dem Weg aus Grenoble heraus in Richtung Norden nach St. Egreve muss ich mich wieder durchfragen. Das F1-Hôtel ist nicht gerade gut ausgeschildert, aber mit Hilfe freundlicher Passanten finde ich den richtigen Weg, bekomme ein Zimmer, ziehe mich um und mache mich dann zu Fuß auf die Suche nach Musikgruppen. Doch wir befinden uns hier in einem sehr ausgedehnten Industriegebiet neben der Autobahn und von Musik ist weit und breit nichts zu hören. Ich laufe eine halbe Stunde herum, höre keine Musik, bin sehr müde und hätte bestimmt nicht lange durchgehalten, hätten hier irgendwo Musikgruppen gespielt. So kehre ich erfolglos ins Hotel zurück, falle ins Bett und schlafe bald ein.

Gedanken des Tages:
Nicht überall spielt die Musik
Die letzten Kilometer sind immer die längsten

Tagesleistung: 96 Kilometer
F1-Hôtel, Fontanil/St. Egreve, 33 Euro

Sonntag, 22. Juni 2008
Couvent de la Grande Chartreuse

Ich wache auf, liege im Bett und denke nach. „Le Couvent de la Grande Chartreuse", das legendäre Mutterkloster der Kartäuser, hoch oben in den Bergen des „Massif de la Chartreuse" ist so nah. In diesem Kloster wurde vor einigen Jahren der

Film „Die große Stille" gedreht, hier schweigen die Mönche. Und doch scheint mir der Weg dort hinauf nicht machbar, zu viel Gepäck. Wie hoch mag dieses Kloster liegen? Auf der Karte ist eine Straße eingezeichnet, von der aus ein Weg in ein Seitental führt. Wie weit sich dieser Weg dann aber noch in die Berge hinaufzieht ist nicht ersichtlich. Werden Übernachtungsmöglichkeiten vorhanden sein? Wenn nicht, komme ich rechtzeitig wieder ins Tal zurück? Ein ganzer Tag wird vergehen, der mir später im Süden vielleicht fehlen wird. Fragen und Gedanken schwirren mir durch den Kopf. So nahe an diesem Ort zu sein und den Aufstieg nicht einmal versucht zu haben beschäftigt mich heute Morgen.

Dann kommt mir die zündende Idee: Das Zimmer um eine weitere Nacht verlängern, das Gepäck hier zurücklassen, nur den Rucksack für Proviant und Wasser mitnehmen und mit leichtem Gepäck in die Berge fahren. Probleme mit der Zimmersuche wird es dann heute Abend nicht geben, sollte die Rückkehr auch sehr spät werden. Das ist die Lösung, klingt ganz einfach, warum bin ich nicht gleich darauf gekommen.

Die Verlängerung des Zimmers ist kein Problem, das Gepäck bleibt hier, nur der Rucksack mit den Wasserflaschen und etwas Proviant kommt mit. Dann kann es losgehen. Nach dem Ort Voreppe beginnt der erste Passanstieg. Der „Col de la Placette" ist zwar nur 588 Meter hoch, aber die Serpentinen aus dem Tal der Isère wollen überwunden werden. Nach der Passhöhe fällt die Straße nach St.Laurent du Pont leicht ab. Von hier führt der Weg in einem schmalen Tal an Felsen vorbei stetig nach oben. Die Sonne brennt wieder sehr heiß, aber diesmal ist genügend Wasser an Bord. Vier 1,5 Liter Flaschen, das müsste reichen.

Nach ein paar Stunden im Sattel ist es eine Wohltat abzusteigen und das Rad zu schieben. Langsam, Schritt für Schritt führt der Weg nach oben. Ich halte oft an, trinke Wasser und lasse mir Zeit, um das Ziel nicht zu gefährden. Endlich, auf 800 Meter Höhe rückt die Abzweigung in das Seitental näher. Die Nervosität steigt. Jetzt kann alles umsonst gewesen sein, nämlich dann, wenn das Kloster in diesem Seitental zu hoch oben in den Bergen liegt und mit dem Rad nur schwer oder gar nicht zu erreichen ist. Bleibt nur noch die Hoffnung, dass dem nicht so ist. Vertrauen fällt mir in diesem Augenblick sehr schwer, es ist mehr ein Hoffen als ein Vertrauen.

Die Felsen rücken auf beiden Seiten immer näher an die Straße heran. An der Abzweigung weist ein Schild den Weg zum Kloster, es geht weiter bergan. Ein paar Kehren, dann sind 1.000 Höhenmeter erreicht. Etwas oberhalb der Straße zieht sich eine Mauer entlang, dahinter sind jetzt mächtige Gebäude auszumachen, die immer größer werden, je näher man kommt. Erst jetzt wird mir klar, das Ziel wirklich erreichen zu können. Das Kloster liegt doch nicht unerreichbar hoch für mich. An der Klostermauer führt die Straße dann aber noch ein ganzes Stück nach oben, bis die Pforte endlich erreicht ist.

Stille, außer ein paar Wanderern bewegt sich nichts. Aus dem Kloster dringt kein Laut. Neben der Pforte weist ein Schild darauf hin, dass dieser Ort kein Museum sei, das man besichtigen könne. Das ist auch nicht meine Absicht, ein Tagesstempel ist keine Touristenvisite. Ich läute an der Pforte. Irgendwo tief im Inneren des Klosters ertönt ein heller Klang. Stille. Ich läute noch einmal. Jetzt meldet sich eine Stimme über die Sprechanlage. Ich stelle mich als Jakobspilger vor und erbitte einen Tagesstempel. „Warten Sie bitte einen Augenblick", sagt die Stimme und verstummt. Ich warte und es passiert nichts. Mit meiner Geduld ist das leider immer noch so eine Sache. Hat man mich vergessen? Ist das hier vielleicht die falsche Pforte? Ich läute noch einmal. Die Stimme meldet sich wieder. Ob er mich vergessen habe? „Nein!", sagt die Stimme und verstummt wieder. Na, wenn das mal stimmt.

Nach einer Weile öffnet sich tatsächlich das Tor und ein Mönch in weißer Kutte begrüßt mich. Er bittet mich einzutreten. Dann schließt er das Tor wieder hinter uns. Wir stehen in einem Vorhof mit zwei Springbrunnen links und rechts neben dem Eingang eines großen Gebäudes. Mein Pilgerausweis wird abgestempelt und wir unterhalten uns über meine Reise. Bevor ich wieder gehe, müsste mein Wasservorrat wieder aufgefüllt werden. Zwei Flaschen sind bereits leer und die Erfahrung lehrt, dass an heißen Tagen gerade am Nachmittag sogar noch mehr Wasser verbraucht wird als am Morgen. „Kein Problem", sagt der Mönch. Wir laufen über den Vorhof und betreten das große Gebäude. Er bittet mich zu warten und geht. Direkt vor mir beginnt ein alter Kreuzgang. Wohltuende Stille umgibt mich, nur eine Glocke beginnt irgendwo zu schlagen. Hier kann man zur Ruhe kommen. Der Mönch erscheint wieder mit zwei vollen Wasserflaschen.

Wird hier wirklich nicht gesprochen? „Nein", lautet die Antwort. „Aber Sie sprechen doch gerade mit mir." „Das ist etwas anderes, Sie sind ein Fremder, aber die Mönche selbst sprechen nicht miteinander. Wir singen gemeinsam sehr früh am Morgen", fügt er dann noch hinzu. Meine Stimme muss wohl etwas zu laut gewesen sein, denn er bittet mich leiser zu reden. Ich habe verstanden, aber jetzt ist es Zeit zu gehen.

Der Klosterbruder wünscht mir eine gute Weiterreise, dann schließt sich das Tor wieder hinter mir. Stille. Für einen Moment halte ich inne, lasse das Ganze auf mich wirken und steige dann auf eine Anhöhe, von der die gesamte Klosteranlage gut zu überblicken ist. Dort oben setze ich mich ins Gras und betrachte die Berge, die Wiesen und Wälder und den weiten Horizont. Schön ist es hier, so friedlich und still. Dann nehme ich Abschied und fahre zurück nach St.Laurent.

Über Voiron führt der Weg ins Tal der Isère zurück. Plötzlich läuft neben mir ein herrenloser Schäferhund auf der Straße.

Ich zucke erst einmal kräftig zusammen, merke dann aber schnell, dass sich das Tier mehr für den Hund einer Familie vor mir interessiert als für mich. Er überholt mich und läuft dieser Familie nach. Die reagiert gereizt und will den Streuner verscheuchen. Der läuft auf die Straße zurück und behindert den Verkehr. Von der anderen Straßenseite nähert sich ein Mann, auch er versucht den Hund mit einem Stock zu vertreiben. Der Familienvater ist wütend auf die Polizei, die, wie er sagt, diesen Hund kennt, aber nichts unternimmt. Der Schäferhund umkreist uns noch immer. Wohlfühlen sieht anders aus, doch zum Glück ist das Tier mit mir nicht alleine auf einer Landstraße. Mehrere Passanten versuchen jetzt gemeinsam den Hund zu verscheuchen. Ich fahre weiter und hoffe, dass mir der Köter nicht folgt. Und dann ist sie wieder da, die Angst vor streunenden Hunden. Seit mich vor einigen Jahren in Irland ein Schäferhund fast in die Wade gebissen hätte, sind mir solche Situationen nicht geheuer. Eine Dose Pfefferspray und ein Ultraschallgerät sind zwar immer mein Begleiter, doch die befinden sich aktuell irgendwo tief im Gepäck und sind nicht griffbereit. Das wird noch heute geändert.

An diesem Abend suche ich meine Antihundewaffen zusammen und verstaue sie griffbereit in der kleinen Tasche direkt unter der Querstange. Dabei wird ersichtlich, dass das Pfefferspray bereits vor Monaten abgelaufen ist. Sicherheit, dass das Zeug im Ernstfall überhaupt noch wirkt, besteht also nicht. Nächstes Jahr wird auf jeden Fall komplett neu aufgerüstet. Ich hasse den Gedanken an streunende Hunde, vor allem an Schäferhunde und Dobermänner. Bisher gab es zum Glück noch keine Hundeattacken. Seit heute Abend ist die Angst aber wieder da und wird mich sicher in den nächsten Tagen begleiten. Da hilft auch alles Vertrauen nichts. Der Gedanke an streunende Hunde macht mir Angst.

Gedanken des Tages:
Ich war der großen Stille ganz nahe

Und plötzlich ist sie wieder da,
die Angst vor streunenden Hunden

Tagesleistung: 77 Kilometer
F1-Hôtel, Fontanil/St. Egreve, 33 Euro

Montag, 23. Juni 2008
Fontanil/St. Egreve - Romans-sur-Isère

Heute verlasse ich die Berge und fahre der Rhône entgegen.
Ziel ist Romans-sur-Isère. Durch Zufall findet sich ein Radweg, der an der Isère entlang genau in meine Richtung führt.
Er verläuft durch den Wald und zieht sich genau am Fluss entlang. Hier ist es ruhiger und sicherer als auf der Straße. An den
letzten Ausläufern der Alpen biegt der Fluss nach Westen ab.
Zu dieser frühen Stunde ist es bereits sonnig aber noch nicht
heiß, einfach nur angenehm warm. Die Landschaft ist wunderschön. Links von mir, jenseits der Isère, liegen die Berge,
rechts wird das Land flacher. Ein entgegenkommender Radfahrer zerstört meine aufkeimende Hoffnung, dieser Radweg
könnte bis weit hinunter nach Romans führen. Nach gut 20 Kilometern sei leider Schluss, erklärt er mir und hat Recht. Über
eine Landstraße erreiche ich ein Dorf und muss wieder auf die
Hauptstraße. Dort lässt es sich aber gut fahren, denn der Verkehr ist nicht allzu dicht und am rechten Straßenrand ist genügend Platz für Radfahrer.

Außerhalb der Berge steigen die Temperaturen noch weiter an.
Gegen Mittag wird unter einem Baum am Straßenrand geras-
tet und die Karte studiert. Ich komme gut voran.

Romans-sur-Isère taucht vor mir auf. In den engen Gassen der
Altstadt entdecke ich eine alte Kirche und gehe hinein, in der
Hoffnung, hier einen Tagesstempel zu bekommen. Aber so ein-
fach ist das nicht. Man gibt mir die Adresse des Gemeindebü-

ros, weist mich aber darauf hin, dass dieses erst wieder ab 16 Uhr geöffnet sein wird. Ich finde das Gebäude, setze mich auf eine Bank in die Sonne, fühle deren Wärme auf meinem Gesicht und warte. Gegen 16 Uhr regt sich Leben im Gemeindebüro, ich werde freundlich begrüßt, erzähle von meiner bisherigen Reise und bekomme den Tagesstempel. Das Gespräch mit den Menschen an fremden Orten vertreibt für einen Augenblick das Gefühl alleine zu sein.

Das F1-Hôtel in Romans liegt wie so oft wieder in einem Industriegebiet am Rande der Stadt. Ich erreiche dieses Gebiet, kann das Hotel bereits sehen, komme mit dem Rad aber nicht über eine vierspurige Schnellstraße. Nach einigem Suchen gelingt es mir dann endlich, über eine versteckte Nebenstraße an das Hotel heranzufahren.

Die Radlerklamotten werden erst einmal mit dem Handwaschmittel im Waschbecken meines Zimmers gereinigt und zum Trocknen auf die Hecke vor dem Fenster gelegt. Wegen der großen Hitze ist alles bereits nach kurzer Zeit nicht nur sauber, sondern auch komplett trocken. Etwas Käse und Brot zum Abendessen, dazu viel Flüssigkeit, bei dieser Hitze absolut notwendig. Während der letzten Tage habe ich viel zu wenig gegessen, und das soll sich nun bald rächen.

Draußen bricht die Nacht herein und hinter dem Hotel drückt sich eine Gruppe Jugendlicher auf dem Rasen herum. Das Gelände ist eingezäunt und so könnte man annehmen, diese Gruppe möchte hier geschützt übernachten. Irgendwann sind dann alle weg. Auf den Gängen des Hotels wird es laut. Weit nach Mitternacht wird noch geduscht, Türen knallen und laute Stimmen und Gelächter sind bis tief in die Nacht zu hören. An Einschlafen ist da nicht zu denken. Die Gruppe hat sicher ein oder zwei Mitglieder vorgeschickt, um ein Zimmer anzumieten. Diese lassen dann in der Nacht, wenn das Hotelpersonal gegangen ist, die anderen ins Haus. Die duschen dann umsonst, suchen sich leere Zimmer deren Türen manchmal offen stehen und übernachten kostenlos. So einfach ist das. Mir stinkt das aber, denn ich habe bezahlt und kann bei diesem Krach überhaupt nicht schlafen.

Irgendetwas stimmt nicht. Mir ist plötzlich gar nicht gut, mein Kreislauf spielt verrückt. Ich denke zuerst an Flüssigkeitsmangel und trinke noch mehr Wasser. Aber mein Zustand verbessert sich nicht. Das sind die Momente, in denen bei Alleinreisenden richtig Angst aufkommt. Im Vollbesitz der Kräfte ist alles in Ordnung. Aber wehe, man schwächelt! Wer könnte dann im Ernstfall helfen? Man sitzt in der Falle.

Gedanken des Tages:
Vernünftig essen, nicht nur trinken

Tagesleistung: 81 Kilometer
F1-Hôtel, Romans-sur-Isère, 28 Euro

Dienstag, 24. Juni 2008
Romans-sur-Isère - Valence

Im Morgengrauen wird mir plötzlich klar, dass Unterzucker im Spiel sein könnte, und ich besorge mir aus dem Automat im Gang einen Schokoriegel. Und siehe da, mein Zustand verbessert sich, ist aber an diesem Morgen alles andere als zufriedenstellend. Ich fühle mich ziemlich schwach und vor allem sehr müde.

Rosinenschnecken aus einer Bäckerei bekämpfen weiter den Zuckermangel und tun mir gut. Heute wird nichts erzwungen. Ein Ruhetag muss her, ohne große Distanz und vor allem ein ruhiges Hotelzimmer für die Nacht. Schnell ist die kurze Strecke zwischen Romans und Valence überwunden. Das Wetter hat sich eingetrübt, im Westen hängen Wolken über den Ausläufern des Zentralmassivs. Aber es bleibt trocken und das ist die Hauptsache.

In Valence lasse ich mir Zeit, laufe durch die Altstadt, besorge mir im Tourist Office einen Stadtplan und Hotelinformationen, setze mich auf eine Bank und studiere Lage und Preise der Hotels. In der Kathedrale findet sich anschließend die Adresse des Pfarrbüros und mit Hilfe des Stadtplans auch die Straße. Dort wird mein Pilgerausweis abgestempelt. Gesundheitlich geht es mir immer noch nicht besonders gut und die Möglichkeit einer frühen Rückkehr von Valence nach Strasbourg sollte zumindest angedacht werden. Man muss immer auf alles vorbereitet sein. Geht es mir morgen früh nicht wieder deutlich besser, wird die Tour hier in Valence abgebrochen. Die Entscheidung fällt aber erst morgen. Soll die Tour weitergehen, wird sie weitergehen. Wenn nicht, dann eben nicht. Weder Enttäuschung noch Ärger machen sich breit, ich akzeptiere die Situation und warte ab.

Eine Zeitlang hänge ich einfach nur so am Ufer der Rhône herum und mache mich am frühen Nachmittag auf die Suche nach einem Zimmer. Zuerst wird ein Campanile Hotel angefahren. Mir ist diese Hotelkette von früher bekannt, die Zimmer sind gut, aber nicht billig. Doch heute ist der Preis egal, ein erholsamer Schlaf ist jetzt viel wichtiger, um die Tour vielleicht doch noch zu retten. Das Hotel liegt in den Außenbezirken der Stadt. Mit dem Auto ist das kein Problem, mit dem Fahrrad aber oft weiter, als man denkt. Dann die Enttäuschung. Alle Zimmer sind angeblich belegt. Ob das jedoch stimmt, ist zu bezweifeln. Viele Yuppies stehen an der Rezeption und möchten alle auf einmal mit Kreditkarte bezahlen. Was für aufgeblasene Typen! Mein Radleroutfit passt wirklich nicht hierher. Den stolzen Zimmerpreis von 70 Euro pro Nacht ohne Frühstück hätte ich heute bezahlt, aber wer mich nicht haben will, der hat auch mein Geld nicht verdient. Ohne mir etwas anmerken zu lassen, steige ich aufs Rad und verlasse diesen Ort. Die Luft fängt wieder an zu flimmern.

Zurück in der Stadt werden andere Hotels von außen inspiziert. Eines ist nicht weit vom Bahnhof entfernt, in einer Straße mit schönem, altem Baumbestand. Das gefällt mir und auf meine Frage bietet man mir dort ein Zimmer an. Hier werden auch abgekämpfte Radfahrer höflich behandelt. Der Blick aus dem Fenster geht zwar in den Hinterhof, aber hier mitten in der Stadt bekommt man so vom Straßenlärm nicht viel mit, und genau diese Ruhe ist mir heute Nacht sehr wichtig.

Nach einer kurzen Pause ist ein Stadtbummel angesagt. Das ist der Vorteil eines Zimmers in der Innenstadt, Hotels am Stadtrand sind viel zu weit entfernt. Ich schlendere durch die Gassen und über die Plätze, lasse mir viel Zeit, bleibe stehen, betrachte die Auslagen in den Schaufenstern, sehe, wie in den Restaurants die Tische für die Abendgäste gedeckt werden, kaufe in einem kleinen Laden Geschenke für daheim, setze mich auf eine Bank und sehe einfach nur dem abendlichen Treiben auf einem der Plätze zu. Ganz ruhig, ganz entspannt. Oh, könnte es doch nur immer so sein, so leicht und unbeschwert, so voller Vertrauen und unheimlich stolz auf das bisher Geleistete.

Meine Geschenke sind zwei kleine mit Lavendel gefüllte Kissen. Sie passen zu dieser Gegend und werden hier auch handgefertigt. Made in China kommt mir nicht in die Tüte. Ich kehre in mein Zimmer zurück und plane wie jeden Abend die Route für morgen - sollte die Reise dann wirklich weitergehen.

Gedanken des Tages:
Fühlt man sich krank, wäre man besser nicht allein
Heute Nacht möchte ich einfach nur ruhig schlafen

Tagesleistung: 38 Kilometer
Hôtel de Lyon, Valence, 49 Euro

Mittwoch, 25. Juni 2008
Valence - Montélimar

Irgendwo im Innenhof brummt in dieser Nacht ein Apparat, aber das stört nicht wirklich. Ich schlafe gut und fühle mich in diesem Hotel sicher. Am Morgen geht es mir wieder viel besser, von der Schwäche des gestrigen Tages ist nichts mehr zu spüren. Die Würfel sind gefallen, die Tour geht weiter.

Die Sonne scheint noch nicht zu heiß an diesem Morgen. Der Weg führt am westlichen Ufer der Rhône in Richtung Süden. Zuerst auf einem Radweg, der aber leider schon wenige Kilometer nach Valence endet. Das bedeutet, wieder auf die Hauptstraße, zum Glück mit Seitenstreifen für Radfahrer. Die Landschaft wird mediterraner, die Sonne heißer und die Zikaden beginnen zu zirpen. Blauer Himmel, Sonne, Wärme, all das ist gut für die Moral.

In den kleinen Dorfläden wird unterwegs immer wieder Wasser und Obst zugekauft, damit mir nicht noch einmal die Flüssigkeit ausgeht. Dabei ist unbedingt auf die Zeit zu achten, denn die kleinen Geschäfte schließen in Frankreich zwischen 12 und 15 Uhr und große Supermärkte sind rar in dieser Gegend.

Um die Mittagszeit biege ich von der Nationalstraße auf eine weniger befahrene Landstraße ab. Hier ist es ruhiger, aber zum Glück nicht völlig einsam. Die Landschaft ist schön, links der Fluss und rechts Berge mit Burgruinen. Am frühen Nachmittag erreiche ich Montélimar, fahre in die Stadt und steige am Rande der Fußgängerzone ab. Vor mir liegt ein Boulevard mit schattigen Bäumen. In der Altstadt steht eine alte Kirche, das

Pfarramt liegt gleich gegenüber, hat aber erst ab 16 Uhr geöffnet. Bis dahin kann man sich ja ein Zimmer suchen. Die Gassen der Altstadt führen mich wieder auf den großen Boulevard zurück. Wo ist nur das Tourist Office? Passanten beschreiben mir den Weg und dann taucht am Wegesrand rein zufällig ein schönes kleines Hotel mit Garten auf. Das gefällt mir auf Anhieb. Dieses Haus strahlt Ruhe und Geborgenheit aus.

Ich stelle mein Rad im Garten ab und gehe hinein. Es ist noch früh am Nachmittag und zum Glück jemand da. Die Frau an der Rezeption reagiert ziemlich kühl. Na ja, mein abgekämpftes Erscheinungsbild könnte sie etwas irritieren und mein Körper riecht nach der Hitze der heutigen Etappe sicher auch nicht gerade nach Lotusblüten, also ist ihr das nachzusehen. Das Haus hat ein typisch französisches Flair. Mein Zimmer liegt im ersten Stock und ich verliebe mich auf Anhieb. Ein großes Fenster öffnet zum Garten, davor steht ein alter Baum. Hier werde ich heute Nacht bei offenem Fenster schlafen, die Wärme des Südens genießen und mich von den Zikaden in den Schlaf zirpen lassen. How romantic! Toilette und Bad sind auf der Etage, einen Fernseher gibt es nicht, aber das stört mich alles nicht.

Nach einem entspannenden Bad lege ich mich aufs Bett und döse bei geschlossenen Fensterläden wie die Menschen des Südens eine Zeitlang vor mich hin. Dann ist es Zeit in die Stadt zu gehen, um den Pilgerausweis abstempeln zu lassen.

Die Türe zum Pfarrbüro steht jetzt weit offen, ein älterer Herr sitzt hinter einem Schreibtisch. Ich spreche ihn an und stelle mich als Jakobspilger vor. Er ist begeistert, bittet mich auf einem der Stühle Platz zu nehmen und dann unterhalten wir uns fast eine halbe Stunde lang. Er möchte alles wissen, woher ich komme, was ich beruflich so mache, warum ich die Landessprache so gut beherrsche (ich fühle mich sehr geschmeichelt), ob ich Kinder habe, wie alt die sind, und so weiter und so weiter. Beim Abschied höre ich ihn dann zu einem anderen Besucher sagen: „Das war ein Jakobspilger!" Das ist hier, weit weg von Spanien, noch etwas ganz Besonderes.

Ein paar Steinstufen in der Altstadt dienen mir heute als Rastplatz für das Abendessen. Die Abendsonne wärmt und die südliche Gelassenheit dieses Platzes tut einfach nur gut. Die Menschen in den Restaurants und Straßenkaffees auf der anderen Seite sitzen im Schatten und zahlen auch noch dafür. Es braucht nicht viel um zufrieden zu sein, das hier ist wieder einmal der Beweis.

Heute Abend ist es auch höchste Eisenbahn, das Zugticket für die Rückfahrt zu kaufen. Knapp 100 Euro sind für einen Liegewagenplatz plus Fahrradmitnahme dafür zu berappen. Anschließend locken die engen Gassen der Altstadt mit ihren Schaufenstern und Auslagen zu einem Abendbummel. Mein Zimmer ist nicht weit und geplant ist für heute Abend auch nichts.

Doch, da war noch was! Wann spielt eigentlich Deutschland im Halbfinale? Nicht dass mich Fußball interessiert, aber Spiele einer EM oder WM sind doch immer wieder interessant. Zwei freundliche Verkäuferinnen klären mich in einem Geschäft auf: Deutschland spielt heute Abend gegen die Türkei. So ein Pech aber auch, gerade heute Abend steht kein Fernseher in meinem Zimmer. Nun stört mich das doch. Sicher lässt sich aber irgendwo ein Aufenthaltsraum mit einem Fernsehgerät finden, rede ich mir ein, kehre ins Hotel zurück, frage nach und – Fehlanzeige! In der Stadt werde sich aber bestimmt ein Restaurant finden lassen, in dem das Spiel übertragen wird.

Na, wenn das mal stimmt. Die Suche nach einem solchen Ort beginnt. Auf den Plätzen, in den Restaurants und Kaffees der Altstadt sind nirgends auch nur die geringsten Vorbereitungen für die Übertragung eines Fußballspiels zu erkennen. Nur vor einem türkischen Restaurant wird ein großer Flachbildschirm aufgebaut. Nur hier scheint man sich auf einen Fußballabend vorzubereiten. Halbfinale Türkei gegen Deutschland, in Frankreich, in einem türkischen Restaurant, das wird sicher interessant. Werde ich der einzige Deutsche sein?

Frankreich ist leider bereits ausgeschieden und niemand scheint sich hier mehr für die EM zu interessieren. Kurz vor Spielbeginn kehre ich also zu diesem türkischen Restaurant zurück. Mittlerweile haben sich dort bereits viele Zuschauer eingefunden. Einige Stühle mit Blick auf den Bildschirm sind aber noch frei. Ich setze mich und bestelle ein Bier. Die meisten Gäste tragen T-Shirts mit türkischen Emblemen, mein Oberteil zeigt eine kleine Schweizer Fahne. Heute Abend ist Neutralität angesagt.

Das Spiel beginnt. Die Türken spielen gut und so kommt es, wie es kommen muss, das erste Tor fällt für die Türkei. Um mich herum bricht die Hölle los. Alle springen auf, Menschen liegen sich in den Armen, alles freut sich. Ich bin lieber mal ganz still. Meine Tischnachbarn sind Serben und wollen wissen, ob ich Schweizer sei. Da Lügen manchmal ganz schön schief gehen kann, kommt schnell die Wahrheit ans Licht. Die Serben können die natürlich nicht für sich behalten und so kommt heraus, dass außer mir kein anderer Landsmann oder -frau mehr anwesend ist.

Das Spiel geht weiter, die Türkei führt mit 1:0 und die Stimmung ist richtig gut. Dann der Anschlusstreffer der deutschen Mannschaft. Totenstille um mich herum, ich bin jetzt lieber noch stiller. Niemand beachtet mich, Gott sei Dank! Das Spiel geht weiter, dann ist Halbzeit. Mir ist die Lust vergangen, denn die serbischen Schlaumeier am Tisch hatten eine brillante Idee. Sollten die Türken gewinnen, gehen sie davon aus, dass der türkische Restaurantbesitzer eine Runde für alle ausgibt. Im

Falle eines deutschen Sieges liebäugeln sie natürlich damit, dass ein deutscher Zuschauer vor lauter Freude darüber eine Runde für alle schmeißt. Und der einzige Deutsche - bin ich. Ich bin doch nicht blöd! Bei den vielen Zuschauern würde mich das ein Vermögen kosten, das muss nun wirklich nicht sein. Also packe ich die Gelegenheit beim Schopf, bezahle mein Bier und haue lieber ab. Das eine Bier war teuer genug, nicht einmal besonders gut und liegt mir noch lange im Magen. Ein deutsches Bier war das nicht.

Zurück ins Hotel. Es ist noch nicht ganz dunkel und angenehm warm. Ich lege mich ins Bett, lasse das Fenster zum Garten weit geöffnet und blicke in den Sternenhimmel. Sollten die Türken wirklich gewinnen, würde bald in der Stadt ein lautes Hubkonzert einsetzen, wie vor ein paar Tagen in Albertville, als die Türkei auch ein Spiel gewonnen hatte.

Einschlafen bei offenem Fenster und südlicher Ruhe ist heute Abend Out. Auf dem Boulevard gegenüber dröhnt aus einer Karaoke Bar laute Musik zu mir herüber. Anfangs kam mir etwas Musik zum Einschlafen nicht ungelegen, aber das wilde Gejodel nervt schon bald. Laut Uhrzeit müsste das Fußballspiel jetzt eigentlich zu Ende sein. Noch ist kein Hubkonzert zu hören. Nach weiteren 15 Minuten herrscht immer noch Ruhe. Jetzt ist klar, die deutsche Mannschaft hat gewonnen.

Trotz der lauten Musik von gegenüber schlafe ich ein, werde aber mitten in der Nacht abrupt von einem aufheulenden Motor geweckt. Welcher Chaot macht auf dem Parkplatz vor meinem Zimmer einen solchen Höllenlärm? Wahrscheinlich ist das eine Art Vorbereitung auf eines dieser verbotenen nächtlichen Autorennen. Der Fahrer lässt den Motor warmlaufen und gibt in kurzen Abständen immer mal Vollgas. Man könnte meinen, der Motor fliegt gleich auseinander. Das Ganze dauert nun schon über 10 Minuten und wird ziemlich lästig. Aber da ist nicht viel zu machen. An Einschlafen ist bei diesem

Krach nicht zu denken. Hoffentlich beginnt das Rennen bald und der Wagen verschwindet in der Nacht. Wie viele Verrückte gibt es eigentlich auf dieser Welt? Endlich haut er ab und die ersehnte Ruhe kehrt wieder ein. Ich blicke noch eine Zeitlang von meinem Bett aus dem offenen Fenster in den Nachthimmel und sehe die Sterne leuchten. Wie es dort oben wohl aussieht? Irgendwann schlafe ich dann wieder ein.

Gedanken des Tages:
Die Tour nicht abzubrechen war die richtige Entscheidung
Bei einem Fußballspiel der einzige Vertreter seines Landes zu sein, ist nicht lustig

Tagesleistung: 59 Kilometer
Hôtel Beausoleil, Montélimar, Etagen-WC, 50 Euro

Donnerstag, 26. Juni 2008
Montélimar - Châteauneuf-du-Pape

Der Morgen ist angenehm kühl und auf den Straßen noch nicht viel los. Stadt und Land erwachen erst langsam. Mir gefallen diese ruhigen, frühen Morgenstunden, der neue Tag kann kommen. Die heutige Etappe soll über kleine Nebenstraßen führen, nur wenn wirklich nicht vermeidbar, wird auf Nationalstraßen gefahren. Südlich von Montélimar muss dann erst einmal Wasser zugekauft werden, um einen beruhigenden Vorrat an Bord zu haben. Heute sollen die Temperaturen wieder enorm in die Höhe schnellen. Bei Viviers überquere ich die Rhône und muss ein kurzes Stück auf die Nationalstraße. An deren rechtem Rand ist aber genügend Platz für langsame Fahrzeuge und Radfahrer. Nach ein paar Kilometern führt eine interessante Brücke wieder zurück auf die östliche Seite des Flusses. Was ist die Rhône nur für ein breiter Strom geworden! Zwischen Donzere und Bollene tauchen die ersten Lavendelfelder auf. Blau und duftend liegen sie vor mir. Große

Weinlagen des Côte du Rhône begleiten meinen Weg bis hinunter nach Bollene.

Und weiter geht die Reise, an Sonnenblumenfeldern vorbei in Richtung Orange. Bei Mornas thront eine mächtige Festung auf einem Felsen hoch über dem Ort. Davon ein Bild zu machen ist aber gar nicht so einfach, denn mit der Kamera ist eine so großartige Gesamtansicht nicht einzufangen. Aber ich habe Zeit und nehme sie mir auch, durchstreife den Ort und finde schließlich eine gute Position mit einem alten Haus als Vordergrund und der Festung auf dem Felsen als Hintergrund.

Mittlerweile stöhnt das Land um mich herum wieder unter der großen Hitze und viel Trinken ist jetzt ganz wichtig. In Piolenc, kurz vor Orange, wird unter schattigen Bäumen eine Rast eingelegt. Um mich herum brummt die Hektik des Alltags. Autos, Lastwagen, Motorräder ziehen an mir vorbei, Alltagsstress. Ich hingegen stehe einfach nur da und bin die Ruhe selbst. Irgendwann ist dann aber Schluss mit Träumen. Von nichts kommt nichts, so wird das Ziel nie erreicht. Aufsteigen, kräftig antreten, weiter geht's in Richtung Süden.

Orange ist erreicht, die alte Römerstadt mit ihrem imposanten Triumphbogen am Rande der Altstadt, einem großen römischen Theater, alten Bauwerken und schönen Plätzen. Aus dem Stadtkern ragt der Turm einer alten Kirche. Genau das Richtige für einen Tagesstempel. Doch wo ist das Pfarrbüro? Nirgends auch nur ein Hinweis. Ich laufe kreuz und quer durch die Altstadt, kann aber nichts finden. Am schwarzen Brett neben dem Haupteingang findet sich dann der Hinweis auf eine Internetseite. Dort könne man mehr erfahren. Wie soll ich denn jetzt ins Internet und mit was? Menschliche Ansprechpartner werden gebraucht, keine Internetadressen. Enttäuschung macht sich breit. Das wird wohl nichts mit einem Stempel dieser alten Kirche von Orange. Aber noch gebe ich nicht auf und ziehe weiter durch die Gassen. Irgendwo muss das Pfarrbüro doch sein! Doch alle Mühe ist vergebens.

Der Tag ist noch jung, da könnten noch einige Kilometer gefahren werden. Nach Orange brennt die Sonne jetzt unbarmherzig auf den Asphalt und Radfahren ist in dieser Hitze nicht unbedingt empfehlenswert. Trotzdem will ich versuchen noch ein Stück in Richtung Avignon zu fahren. Was heute erledigt ist, muss morgen nicht gefahren werden. Das Land flimmert in der Mittagshitze (was für ein Unterschied zu letztem Jahr). An einer einsamen Straßenkreuzung weist ein Schild nach links, nach Châteauneuf-du-Pape. Weinliebhaber aus der ganzen Welt kennen diesen Ort und seine Rotweine. Ich überlege nicht lange und biege nach links ab. Eigentlich sollte die Reise über Roguemaure nach Avignon weitergehen, aber das war vor Châteauneuf-du-Pape. Obwohl mir der Schweiß übers Gesicht läuft und die Straße nicht unter schattigen Bäumen verläuft, muss ich da jetzt hin.

Die ersten Weinstöcke dieses berühmten Anbaugebiets tauchen neben der Straße auf. Am Ortseingang spendet ein großer Baum Schatten, Zeit, etwas zu trinken und sich auszuruhen. In diesem Weinort möchte ich heute übernachten, ob das wohl klappt?

Meine erste Anlaufstelle ist wie immer das Tourist Office. Ein Hotel liegt gleich gegenüber, ich versuche mein Glück und bekomme ein Zimmer. Es ist nicht billig, aber das ist mir jetzt egal. Hier ist Châteauneuf-du-Pape, das Zimmer ist gut, liegt mitten im Ort und hat auch wieder eine Badewanne. Das Rad muss leider auf dem Parkplatz hinter dem Hotel im Freien stehen bleiben. Ein sicherer Platz lässt sich aber finden und mit Regen rechnet heute Nacht sowieso niemand.

Vor dem Duschen und Umziehen führt mein Weg erst einmal durch den Ort hinauf zu der kleinen Kirche. Man sollte wie ein Pilger aussehen und vor allem auch wie einer riechen, der abgekämpft von der Hitze des Tages hier ankommt, und nicht wie ein frisch gewaschener Tourist, der um einen Tagesstempel bittet. Das Pfarramt befindet sich gleich neben der Kirche, das ist sehr praktisch. Ich läute, doch niemand öffnet. In der Kirche ist außer ein paar Handwerkern auch niemand. Ich will schon gehen, da tritt ein alter Mann aus einer Gasse und läuft geradewegs in Richtung Pfarramt. Erst einmal abwarten, ob er die Richtung auch wirklich beibehält. Kurz vor der Türe spreche ich ihn an. „Sind Sie der Pfarrer?" „Ja", antwortet der alte Mann. „Könnten Sie meinen Pilgerausweis abstempeln?" „Kein Problem", sagt er, öffnet die Türe und bittet mich herein. Wir betreten ein kleines, dunkles Büro und mein Pilgerausweis erhält den Stempel von Châteauneuf-du-Pape. Dann unterhalten wir uns noch etwas, ein längeres Gespräch entwickelt sich aber nicht.

Auf dem Rückweg zum Hotel lachen mich ein paar Tomaten, Äpfel, Brot und Käse an, die auch prompt gekauft werden. Das sollte für heute Abend reichen. Zurück in meinem Zimmer, nehme ich erst einmal ein schönes warmes Vollbad, ziehe mir saubere Sachen an, wasche meine Radlerklamotten und hänge sie zum Trocknen im Bad auf. Draußen in der Sonne würden sie bestimmt sehr viel schneller trocknen, aber dies hier ist kein F1-Hôtel und nasse Kleider am Fenster passen hier einfach nicht hin.

Dann ist für heute Freizeit und die Burgruine über dem Ort lädt zur Besichtigung ein. Die Hitze des Tages ist von einer angenehmen Wärme abgelöst worden. Die Sonne sinkt tiefer und die Farben werden intensiver. Da muss man einfach diese wunderbare Landschaft aus allen Winkeln fotografieren. Vor mir liegt der kleine Weinort. Nach Süden hin erstrecken sich die Weinlagen, so weit das Auge reicht, in Richtung Avignon und im Osten liegen hinter sanften, ebenfalls von Weinstöcken bedeckten Hügeln, die Berge. Ganz weit hinten am Horizont erhebt sich der Gipfel des berühmten Mont Ventoux. Oft führt eine Etappe der Tour de France dort hinauf. Der Himmel ist noch immer strahlend blau, nur am Rande der Berge schmiegen sich weiße Wolken an deren Gipfel. Ich kann mich kaum losreißen, so schön ist das alles hier. Zufriedenheit mischt sich mit Dankbarkeit, Stolz mit Müdigkeit. Was für ein Paradies!

Irgendwann ist es dann aber doch Zeit zu gehen. Ich versuche mir dieses herrliche Panorama für immer und ewig ins Gedächtnis einzubrennen und kehre in mein Zimmer zurück. Am Weinverkaufsstand des Hotels wird für 18,70 Euro eine Flasche 2001er Cuvet du Vatikan mein Eigentum. Wie immer wird auch an diesem Abend die Karte studiert und die Route für den nächsten Tag festgelegt. Wenn nicht noch etwas Unerwartetes passiert, werde ich morgen Arles erreichen und am Abend bringt mich der Nachtzug zurück in den Norden. Dies ist also meine letzte Nacht in einem Hotelbett, und die werde ich genießen.

Mein Fenster bleibt heute Abend weit offen. Bis spät in die Nacht lachen die Menschen auf dem Platz vor dem Hotel und unterhalten sich. In dieser lauen Sommernacht stören die Stimmen überhaupt nicht. Ein offenes Fenster gehört für mich zum Süden wie ein geschlossenes zum Norden. Schon kurze Zeit später schlafe ich ein und fühle mich sicher und geborgen unter südlichem Himmel inmitten freundlicher Menschen.

Gedanken des Tages:
Eine Enttäuschung kann manchmal an einen wunderbaren Ort führen
Für ein paar Stunden bin ich Teil eines weltberühmten Weinortes

Tagesleistung: 82 Kilometer
Hôtel Mère Germain, Châteauneuf-du-Pape, 63 Euro

Freitag, 27. Juni 2008
Châteauneuf-du-Pape - Arles

Die Sonne strahlt an diesem letzten Tag der zweiten Jahresetappe. Ich verlasse Châteauneuf-du-Pape in Richtung Avignon und fahre an großen Weingütern mit prächtigen Torbögen
vorbei. Wäre ich mit dem Auto hier, hätten jetzt ganz sicher einige Holzkisten mit Rotwein in meinem Kofferraum Platz gefunden. Mit dem Fahrrad ist das aber nicht ganz so einfach,
wohin damit? Daher bleibt es bei der einen Flasche im Rucksack, mehr Platz ist nicht vorhanden.

Vor Avignon wird die Straße plötzlich vierspurig und ist für
Fahrräder gesperrt. Ich halte an und habe ein Problem. Wie
fährt man jetzt am besten weiter? Rechts liegt ein Industriegebiet, links sieht es auch nicht besser aus und weit und breit
kein Hinweis auf einen Radweg in Richtung Innenstadt. Ein
Auto hält neben mir, ich mache eine ratlose Geste und frage:
„Soll ich jetzt fliegen?" Die Fahrerin lacht und versucht zu
helfen. „Am besten, Sie fahren durch das Industriegebiet",
meint sie. Das wird wohl auch die einzige Möglichkeit sein,
um hier weiterzukommen. Wir haben uns beide überhaupt
nicht gekannt, sprachen aber miteinander, als ob wir schon
lange Freunde wären. Sprachen verbinden.

Durch das Industriegebiet führt ein Weg tatsächlich auf ver-
wunschenen Pfaden in die Altstadt bis vor den Papstpalast
(Palais des Papes). Hier also residierten die Päpste eine Zeitlang außerhalb Roms. Der Gebäudekomplex ist riesig. Die
müssen damals in Saus und Braus gelebt haben, während das
Volk in relativer Armut und Bescheidenheit darben musste. Ob
das wohl gerecht war? Aber was war schon gerecht in der
Geschichte der Menschheit?

Vorbei an der berühmten Brücke aus dem Lied „Sur le Pont
d´Avignon" überquere ich die Rhône ein weiteres Mal und

fahre an deren westlichem Ufer weiter in Richtung Süden. Die Hitze beginnt wieder drückend zu werden, der Verkehr hält sich zum Glück in Grenzen. Die Angst vor streunenden Hunden ist auf ruhigen Straßen leider immer noch mein ständiger Begleiter. Aber heute passiert nichts, obwohl ich bei jedem Rascheln neben der Fahrbahn zusammenzucke. Nach einigen Kilometern führt eine Brücke erneut über die Rhône und weiter geht's am östlichen Ufer in Richtung Tarascon.

La Provence, das sind Lavendelfelder, Weinstöcke, Sonnenblumen und Olivenbäume. Drei dieser Pflanzen sind mir bereits begegnet, nur Olivenbäume fanden sich noch nicht neben der Straße. Ein Bild von meinem Fahrrad unter einem alten knorrigen Olivenbaum wäre so ein schönes Souvenir. Arles rückt immer näher und viel Zeit bleibt nicht mehr. Langsam schwindet die Hoffnung, doch noch Ölbäume zu finden. Versteckt hinter Büschen fallen mir irgendwann im Vorbeifahren einige Bäume mit den für Ölbäume so typischen Blättern auf. Das könnten welche gewesen sein, denke ich noch, bin schon daran vorbeigefahren, halte an, drehe um und fahre ein Stück zurück. Und tatsächlich, etwas abseits stehen drei Reihen junger Olivenbäume, die sich von der Straße weg ins Land ziehen. Diese Exemplare sind zwar keine alten knorrigen Bäume, wie gewünscht, aber es sind Ölbäume. Ich schiebe mein Rad durch das hohe Gras zwischen die Baumreihen und mache das Bild des Tages.

In Tarascon wird in einem ruhigen, schattigen Park eine Pause eingelegt. Ein Kind spielt mit einem Hund am Brunnen, Einheimische sitzen in der Sonne und lesen oder unterhalten sich. Die Ruhe und Gelassenheit des Südens! Ich könnte hier noch lange sitzen bleiben und die Umgebung betrachten, doch ohne mein Zutun wird Arles heute nicht erreicht und der Zug wartet nicht. Also weiter.

Noch ein paar letzte Kilometer und Arles liegt vor mir, das Ziel der zweiten Jahresetappe. Im ersten Laden, der meinen

Weg kreuzt, wird frisches Trinkwasser zugekauft. Wie gut doch einfaches Mineralwasser schmeckt, wenn man wirklich Durst hat. Dann schiebe ich mein Rad durch die Altstadt und lasse deren Flair auf mich wirken. Wie Orange geht auch Arles auf die Römer zurück. Ein Zimmer muss heute nicht mehr gesucht werden, denn mein Bett für diese Nacht ist bereits reserviert, bezahlt und wird mich in den Norden zurückbringen. Aber der Pilgerausweis muss heute noch ein letztes Mal abgestempelt werden, das muss noch sein.

In der alten Kirche St. Trophime gleich neben dem Rathaus erklärt man mir den Weg zum Pfarramt. Das liegt in einer kleinen Seitengasse, nur ein paar Ecken von hier entfernt, ist jedoch erst wieder ab 16 Uhr geöffnet. Eine Frau spricht mich vor der verschlossenen Tür an und möchte wissen, ob ich ein Pilger sei. Woran sie das wohl erkannt hat? Ich trage nämlich keine Jakobsmuschel als äußeres Zeichen eines Pilgers.

Ich vertreibe mir die Zeit des Wartens in der Altstadt und komme zur Arena. Dieses römische Bauwerk soll noch heute für Stierkämpfe genutzt werden. Strahlend blauer Himmel, alte historische Mauern, idealer Hintergrund für ein Bild. Von den Steinstufen der Arena aus lassen sich der Vorplatz mit seinen Straßenkaffees und ein Teil der Altstadt überblicken. Hier ist es ruhig und schattig. Eine große Müdigkeit macht sich jetzt bemerkbar. Die Anspannung der letzten Tage fällt langsam ab, das Ziel ist erreicht. Schön, einfach nur so dazusitzen, loszulassen und die Wärme der Nachmittagssonne auf der Haut zu spüren.

Zeit zum Pfarramt zurückzukehren, um den letzten Tagesstempel für dieses Jahr in Empfang zu nehmen. Die nette Büroangestellte wünscht mir eine gute Weiterreise. Doch das gilt für nächstes Jahr, für dieses Jahr ist hier und heute erst einmal Schluss.

Vor dem offiziellen Ende der Tour 2008 mache ich mich auf die Suche nach dem Ort, an dem der Jakobsweg in Arles beginnt. Mit dem Stadtplan in der Hand folge ich der gepunkteten Linie und komme zu den Alyscamps, einer alten Klosterruine südöstlich der Altstadt. Hier begann im Mittelalter einer der vier Pilgerwege nach Santiago de Compostela. Und genau hier soll meine Reise im nächsten Jahr weitergehen.

Zurück in die Altstadt. Der Nachtzug Nizza/Strasbourg wird kurz vor Mitternacht in Arles einfahren. Bis dahin ist noch jede Menge Zeit. Der Bahnhof ist klein, sehr sauber und relativ neu. An einem von Bäumen umsäumten Platz am Ufer der Rhône, nicht weit vom Bahnhof entfernt, setze ich mich auf eine Bank und esse den Rest an Tomaten, Wurst, Käse und Obst. Ein einfaches, aber ausreichendes Mahl. Ein paar alte Männer spielen Pétanque, das französische Kugelspiel, junge Familien sitzen mit ihren Kindern auf Bänken und genießen die untergehende Sonne. Was für eine friedliche Abendstimmung!

In Gedanken lasse ich diese zweite Etappe noch einmal vor meinem inneren Auge ablaufen. Ich habe viel gesehen; den Schweizer Jura, den Genfer See, die Alpen, den Lac d'Annecy, das Tal der Isère, die Rhône und die Provence. Zu Beginn begleiteten mich Regen und Kälte, danach kam die Sonne und mit ihr die Hitze. Ich hatte keine Panne, fand immer gute Unterkünfte, hatte keine Probleme mit Hunden und war bis auf die kleine Schwächephase in Romans nicht krank. Alles ist wieder einmal perfekt gelaufen und dafür bin ich in diesem Augenblick sehr dankbar. Zwei schöne und intensive Wochen gehen zu Ende.

Von der Kaimauer aus lässt sich der Abendhimmel bewundern. Im Westen wird die Sonne bald untergehen, noch steht sie dort als glutroter Ball. Vor mir liegt ein großes Flusskreuzschiff.

Einige Menschen aalen sich an Deck in einem Whirlpool und betrachten ebenfalls den Sonnenuntergang. Dann versinkt der Himmelskörper, aber es bleibt warm. Ich schiebe mein Rad den Uferdamm entlang, schaue durch die Fenster und sehe Menschen an schön gedeckten Tischen sitzen, sich unterhalten, essen und trinken. Überall in den Wohnungen und Häusern, in den Straßen und Restaurants gehen jetzt die Lichter an. Ein ruhiger Abend, perfekt für meine letzten Stunden „en Tour" 2008.

Gegen halb 11 Uhr mache ich mich langsam auf den Weg zum Bahnhof. Dort ist man nicht alleine und das ist sicherer als in der Dunkelheit herumzulaufen. Nicht dass ich Angst hätte, aber sicher ist sicher. Im Bahnhofsgebäude halten sich bereits andere Reisende auf. An meinem Rad sind die Pedale abzumontieren und der Lenker gerade zu stellen, sodass das Rad nicht zu sperrig ist und sich schnell im Zug verstauen lässt. Vor fünf Jahren war in diesem Zug nicht viel Platz für Räder, mal sehen, ob sich das geändert hat.

Obwohl bald Mitternacht, ist die Luft noch immer warm. Ein lauer Wind weht über den Bahnsteig. Dann endlich, mit etwas Verspätung, rollt der Zug aus Nizza ein. Jetzt muss alles schnell gehen. Ich kenne die Nummer meines Waggons und warte bereits an der dafür vorgesehenen Stelle. Der Zug hält, ich hebe zuerst mein Rad hinein, dann die Gepäcktaschen und zum Schluss den Rucksack. Diesmal ist ausreichend Platz für Fahrräder vorhanden. Kaum sind Rad und Gepäck sicher verstaut, fährt der Zug auch schon an. Ich finde meinen Liegeplatz, ziehe die Decke über mich und bin schon bald eingeschlafen. Sonst ist in Liegewägen an Schlaf fast nicht zu denken, aber nach einer solchen Radtour ist wohl jeder todmüde. Irgendwann, tief in der Nacht, hält der Zug und bleibt ziemlich lange stehen. Bis auf das Schnarchen der anderen Reisenden ist nicht viel zu hören. Bald fallen mir erneut die Augen zu und ich wache erst wieder im Elsass auf.

Gedanken des Tages:
Ein Ziel zu erreichen ist großartig, man fühlt sich unschlagbar
Danke, Guter Geist, es war schön mit dir zu reisen

Tagesleistung: 86 Kilometer
Liegewagenabteil, Nachtzug Arles-Strasbourg, 101 Euro

Samstag, 28. Juni 2008
Rückreise per Zug von Arles über Strasbourg
nach Schweinfurt

Strasbourg ist nicht mehr weit. Die anderen Reisenden verlassen ihre Schlafplätze und packen. Ich aber bleibe liegen und ruhe mich noch etwas aus. Der Zug endet in Strasbourg, keiner muss sich also beeilen. Am Zielbahnhof steige ich in aller Ruhe aus, montiere die Pedale, stelle den Lenker wieder gerade, befestige die Packtaschen auf dem Gepäckträger und schultere meinen Rucksack. Dann führt der letzte Weg quer durch die Stadt in Richtung Kehl am Rhein. Die aufgehende Sonne dient mir dabei als Orientierung, dort ist Osten. In knapp 40 Minuten ist die Distanz zwischen Hauptbahnhof und Europabrücke bewältigt. Gleich hinter der Brücke liegt der Bahnhof von Kehl. Dort wird ein „Schönes Wochenendticket" gekauft und ab geht die Post über Karlsruhe, Heilbronn, Würzburg nach Schweinfurt. Um 17 Uhr kommen wir dort an und um 17:30 Uhr bin ich wieder Zuhause.

Ende der 2. Etappe
Etappenziel Arles nach 902 Kilometern und 12 Tagen erreicht.
3 Kilo abgenommen

16. Juni 2008, Schweizer Jura, Passwang, 946 m

17. Juni 2008, Lac de Neuchâtel, Estavayer, Schweiz

22. Juni 2008, Kloster Couvent de la Grande Chartreuse,Frankreich

26. Juni 2008, Orange, Stadtgründungsbogen, Frankreich

27. Juni 2008, Arles, Ziel der zweiten Etappe

3. Etappe 2009 - 917 Kilometer

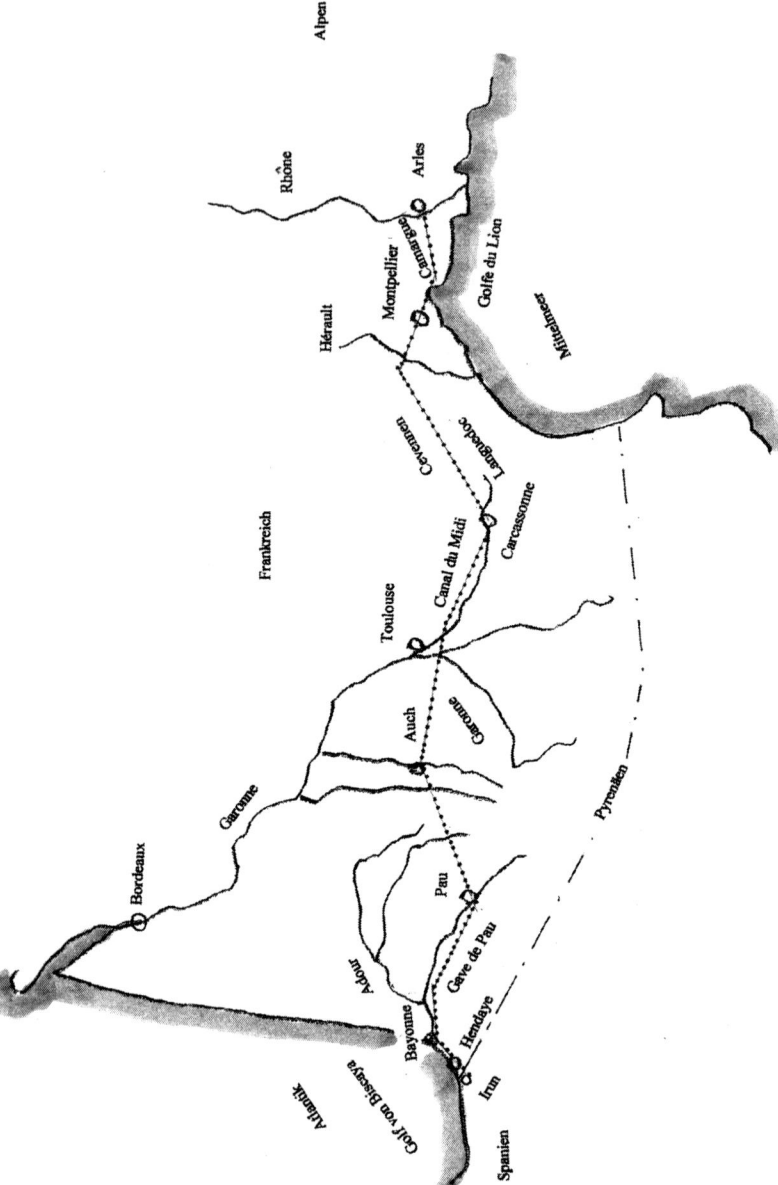

Mai/Juni 2009 - 3. Etappe
Arles - Hendaye/Irun (Spanien)
Donnerstag 21. Mai 2009 bis Samstag 06. Juni 2009
917 Kilometer in 13 Tagen
(ohne An- + Rückreise mit dem Zug)

Donnerstag, 21. Mai 2009
Anreise mit dem Zug von Schweinfurt nach Arles

Eine neue Etappe beginnt. Der Zug bringt mich von Schweinfurt nach Kehl am Rhein, dort wird mit dem Fahrrad die Europabrücke nach Strasbourg überquert. Von hier aus startet der Nachtzug um 21 Uhr nach Arles. Wir haben jetzt 17 Uhr und leichter Nieselregen setzt ein (das darf doch nicht wahr sein). Die heimliche Hauptstadt Europas mit dem Fahrrad zu erkunden hätte mich schon gereizt, aber bei diesem Wetter sollte die Altstadt besser nicht verlassen werden. 20 Uhr, Zeit zum Bahnhof zu fahren. Das Zugticket habe ich mir bereits vor ein paar Wochen telefonisch bestellt und zugeschickt bekommen. Keine Gefahr also, leer auszugehen. Im Bahnhof tummeln sich mehrere dieser „haste mal´ne Mark" Typen und die nerven. Der erste will Geld wechseln, der nächste einen Euro, einfach nur so, ohne zu wechseln, und wieder einer möchte Geld, um Futter für seinen Hund zu kaufen. Für wie blöd hält der mich eigentlich? Geld für Hundefutter, das ich nicht lache.

Endlich, kurz vor 21 Uhr dürfen wir in den Zug. Das Fahrradabteil ist noch leer, die Kabine mit den Liegeplätzen befindet sich gleich nebenan. Das Rad kommt an seinen vorgesehenen Stellplatz, danach wird die Schlafstelle hergerichtet. Letztes Jahr auf der Rückfahrt von Arles nach Strasbourg waren alle sechs Liegeplätze belegt. Heute ist außer mir noch niemand da und als der Zug abfährt hat sich daran auch nichts geändert.

Langsam bricht die Dämmerung herein und der Zug rollt nach Süden, der Nacht entgegen. Die letzten Häuser von Strasbourg fliegen an mir vorbei, ich lege mich hin und versuche zu schlafen. Der Schaffner kommt und gibt mir den Rat, das Abteil von innen zu verschließen, der Sicherheit wegen. Jetzt erscheint niemand mehr. Ich habe das ganze Liegewagenabteil für mich alleine, verriegele die Tür von innen und lege mich wieder hin. Morgen früh kurz nach 5 Uhr werden wir in Arles eintreffen. Um dies nicht zu verpassen wird der Wecker auf 04:30 Uhr gestellt. Der Zug hält nur ein paar Minuten in Arles und fährt dann weiter bis Nizza.

Gedanken des Tages:
Wie weit wird die Reise in diesem Jahr gehen?
Wird das Wetter im Süden besser sein?

Freitag, 22. Mai 2009
Arles - Montpellier

Kein Tiefschlaf heute Nacht, aber Liegen ist angenehmer als stundenlanges Sitzen. Kurz vor 5 Uhr bin ich wach und fertig zum Aussteigen. Der Zug hält nur kurz in Arles, fährt dann wieder an und lässt mich alleine auf dem Bahnsteig zurück. Die Dunkelheit überrascht, ist es doch Zuhause um diese Uhrzeit schon viel heller. Aber wir sind hier weiter im Westen, da geht die Sonne nun mal später auf als im Osten, logisch. Das ist mir jetzt aber gar nicht recht, denn bei Dunkelheit in einer fremden Stadt herumzulaufen ist nicht immer ratsam.

Im Bahnhofsgebäude wird dann erst einmal das Fahrrad hergerichtet. Pedale anschrauben, Lenker gerade stellen, das braucht Zeit. Dann sollte man sich auf der Karte die heutige Route genau einprägen, damit später nichts schief geht. Gegen halb 6 Uhr ist es zwar immer noch relativ dunkel, aber ich fahre trotzdem los. Die Richtung zur Arena ist bekannt, die Straßen sind leer, nur hier und da tauchen einige Menschen auf. Ich kann die Stille spüren, erreiche die Arena und setze mich auf einen Steinblock direkt vor den Eingang. Für einen Augenblick trifft mich die Ruhe dieser frühen Stunde. Im Osten graut der Morgen, die ersten Bewohner kommen aus den Seitengassen und führen ihre Hunde aus. Eine alte Frau setzt sich ebenfalls vor die Arena und beginnt mit einer Katze zu sprechen. Ein Fahrzeug der Stadtreinigung spritzt die Straße rund um die Arena ab. Arles erwacht.

Wie im letzten Jahr vorgenommen, hätte ich gerne den ersten Stempel dieser dritten Etappe von den Alyscamps. Von hier aus traten damals die Pilger ihren langen Weg von Arles nach Santiago an, das soll bei mir nicht anders sein. Aber das Museum dort öffnet erst um 9 Uhr, solange ist Warten angesagt.

Immer mehr Menschen sind jetzt unterwegs. Aus einer Bäckerei dringt der verlockende Duft frischer Backwaren und der kleine Tabakladen gleich nebenan verkauft Telefonkarten mit reichlich Einheiten für zwei Wochen. Noch ein kurzer Bummel durch die Altstadt und um 9 Uhr sehen mich die Alyscamps wieder. Leider kann mein Pilgerausweis hier nicht wie erhofft abgestempelt werden, da ein Stempel fehlt. Den gibt's im Kloster in der Stadt. Dann ist hier alles getan, jetzt kann die Tour 2009 beginnen.

Über die gleiche Rhônebrücke wie bei der Ankunft letztes Jahr führt mein Weg heute Morgen nach Westen in Richtung Camargue. Zuerst ein Stück auf der Nationalstraße (der Verkehr hält sich in Grenzen) dann kann auf eine Nebenstraße abgebogen werden. Das Land um mich herum ist flach und feucht, hier wird Reis angebaut. Eine dünne Wolkendecke verhüllt den Himmel und das warme, trockene Klima ist ideal zum Radfahren. Der Regen von Strasbourg bereitet mir hier unten im Süden keine Probleme mehr. Nach ein paar Kilometern folgt eine weitere Abzweigung auf eine noch kleinere Straße. Diese kleinen ruhigen Landstraßen sind fast ohne Verkehr und daher für Radfahrer sehr gut geeignet. Die Angst vor Hunden fährt aber immer noch mit, aber da muss ich jetzt durch. Wie letztes Jahr vorgenommen, sind meine Anti-Hundewaffen jetzt auf dem neuesten Stand. Zwei Dosen Pfefferspray (eine immer griffbereit in der Rahmentasche) und eine neue Batterie im Ultraschallgerät. So bin ich aggressiven, streunenden Hunden nicht wehrlos ausgeliefert. Ein mulmiges Gefühl bleibt jedoch immer auf kleinen Nebenstraßen, vor allem wenn man alleine unterwegs ist. Vor Gruppen haben Hunde Respekt, aber nur einem Radfahrer gegenüber fühlen sie sich stark.

Ich komme gut voran. Die Straße führt am Étang de Vaccarès entlang, einem großen See mitten im Nationalpark Camargue. Links von mir liegt der See. Von den erwarteten großen Flamingoschwärmen ist nichts zu sehen. Dafür tauchen aber einige der für die Camargue so typischen weißen Pferde auf. Von einem Aussichtsturm am See bietet sich ein guter Blick über die umliegende Landschaft. Und weiter geht die Fahrt, immer Richtung Westen. Ich überquere die „kleine Rhône" und verlasse an dieser Stelle den Nationalpark Camargue. Jetzt begleiten mich links und rechts der Straße große Weinlagen. „Vin du Sable" steht auf den Schildern und ein Flamingo als Wahrzeichen dieses Weinanbaugebietes ist auch immer abgebildet. Nur echte Flamingos lassen sich nicht blicken.

Aigues-Mortes ist erreicht. Diese schöne mittelalterliche Stadt ist noch immer von einer intakten Stadtmauer umgeben. Ich steige ab und schiebe mein Rad durch die engen Gassen. Viele Touristen sind hier unterwegs und die Kaffees und Restaurants sind voll, hier herrscht Urlaubsstimmung. Nach einem kurzen Aufenthalt geht es weiter in Richtung Mittelmeerküste. Nach Aigues-Mortes zieht sich eine lange Straße in Richtung Küste. Der Wind bläst mir jetzt heftig ins Gesicht und Meter für Meter will erkämpft werden.

Nur hier wird meine Reiseroute nach Santiago die Küste des Mittelmeers kurz streifen. Der eigentliche Weg von Arles führt nicht an der Küste nach Montpellier, sondern verläuft weiter nördlich. Ich wollte aber unbedingt durch die Camargue fahren und, wenn auch nur kurz, das Mittelmeer sehen. Dieser kleine Umweg wird leider einige unangenehme Folgen für mich haben. Davon aber später. Noch bin ich guter Dinge und trotze dem Wind.

Der Küstenort Le Grau-du-Roi liegt vor mir, überall Touristen. Eine Pause tut jetzt gut, danach bereiten mir die Straßen einiges Kopfzerbrechen. Vierspurige Schnellstraßen verbinden hier die Orte. Die Hinweisschilder führen den Suchenden immer wieder auf eine dieser Verkehrsadern. Radfahren ist hier nicht ungefährlich. Passanten helfen mir kleinere Straßen und sogar Radwege zu finden. Das Ganze ist schwierig, doch ich komme voran.

Dann liegt das Mittelmeer endlich vor mir. Ein Radweg führt an den Dünen entlang nach Carnon-Plage. Leider ist das Meer grau wie der Himmel, nicht blau wie die Côte d'Azur. Aber das ist ja auch nicht die Côte d'Azur, sondern der Golfe d' Aigues-Mortes, und das Wetter leider auch nicht gerade hochsommerlich. Da kann man nichts machen. Ich freue mich aber trotzdem, das Mittelmeer auf dieser Reise wenigstens einmal gesehen zu haben.

Ziel für heute Abend ist die Pilgerherberge von Montpellier. Soweit der Plan, etwas anderes wurde gar nicht angedacht. Mittlerweile haben wir schon nach 17 Uhr und die Zeit beginnt mir davonzulaufen. Die Herberge wird sicher nicht ewig offen sein, aber darüber mache ich mir jetzt überhaupt keine Gedanken. Leider, wie sich später herausstellen wird.

Die Zeit wird knapp. Während der Fahrt in Richtung Montpellier ziehen im Westen dunkle Wolken auf. Regen fehlt mir jetzt gerade noch. Von der Küste führt ein Radweg in Richtung Montpellier. Ich beginne schon innerlich zu jubeln und mir auszumalen, dass dieser wirklich schöne Radweg mich nun ohne Umwege direkt ins Stadtzentrum bringen wird. Aber damit ist leider schon nach dem nächsten Ort Schluss. Kurze Radwege und immer wieder Straßenabschnitte.

Dann ein weißer Richtungsanzeiger nach Montpellier. Wäre er grün oder blau gewesen, wäre ich stutzig geworden. Aber bei einem weißen Schild denke ich mir nichts Schlimmes, biege in die angegebene Richtung ab und finde mich fast auf der Autobahn wieder. Mit dem Fahrrad sollte man das aber nicht unbedingt versuchen. Schnell bemerke ich den Irrtum und drehe sofort um. Und weiter geht's über Nebenstraßen und schlechte Radwege.

Irgendwann ist dann die Stadt erreicht. Aber nicht wie erhofft die Altstadt, sondern eine Art Neustadt mit vielen modernen Bürogebäuden. An diesem Abend findet im Park gegenüber eine Radsportveranstaltung statt und überall tummeln sich meist junge Zuschauer. Ich frage mich durch und erreiche endlich die Altstadt. Eine Übersichtstafel zeigt mir die Straße, in der die Pilgerherberge liegen soll. Natürlich bin ich genau am falschen Ende und muss erst die Altstadt durchqueren. Das alles dauert natürlich und die Zeit läuft.

Vor der Herberge dann die Überraschung, das Tor ist verschlossen. Der Wirt einer Kneipe gegenüber stuft mich anhand meines abgekämpften Äußeren sofort als Pilger ein und gibt mir den Tipp, noch fester an das Tor zu klopfen. Der eiserne Ring donnert kräftig gegen das Holztor. Doch nichts rührt sich. Der zweite Versuch bringt auch keinen Erfolg. Das Tor bleibt verschlossen, nichts passiert. Ein Aushang weist darauf hin, dass die Herberge von 16:30 bis 19:30 Uhr geöffnet ist. Meine Uhr zeigt jetzt genau 19:40 Uhr. Wieder und wieder kracht der Ring gegen das Tor, doch das bleibt verschlossen. Langsam wird mir klar, dass hier nichts mehr zu holen ist. Ich habe mich verrechnet und bin nun leider völlig unvorbereitet, ohne Stadt-

plan und Hotelinformationen mitten in einer fremden Großstadt. So dumm war ich schon lange nicht mehr gewesen.

Wo also übernachten? In der Altstadt wird sich sicher ein kleines Hotel finden lassen, versuche ich mir Mut zu machen und
schiebe das Rad durch die engen Gassen. Aber nirgends ein
Schild oder auch nur einen Hinweis auf ein Hotel. Nichts. An
einer breiten Ausfallstraße weist ein Schild den Weg zum
Bahnhof. Da will ich aber nicht hin. Dort ist es laut, schmutzig, gefährlich und die Hotels sind sicher viel zu teuer. Draußen vor der Stadt werden sich bestimmt günstigere
Übernachtungsmöglichkeiten bieten. Ich rede mir ein, nur dieser breiten Straße folgen zu müssen, um hinaus aufs Land zu
kommen.

Die Fahrt geht weiter in Richtung Westen, die Straße steigt an.
Nirgends ein Hotel oder wenigstens ein Hinweis auf ein solches. Wir haben bereits 20 Uhr und ewig wird es auch hier im
Süden Ende Mai nicht hell bleiben. Das Stadtviertel wird
rauer. Anfangs stört mich das nicht, aber dann überkommt
mich doch ein mulmiges Gefühl.

Vor mir fährt ein Jugendlicher auf einem Rad. Ein Wagen biegt
ab. Ich sehe nur noch wie der Radfahrer einen gewaltigen Satz
nach rechts macht. Aus meiner Perspektive sieht das so aus,
als wäre er einem Aufprall gerade noch ausgewichen. Ein
Beinahe-Zusammenstoß schießt es mir durch den Kopf. Für
einen Augenblick bin ich sprachlos. Die Umstehenden lachen,
wird wohl nur Show gewesen sein. Der Jugendliche vor mir
dreht sich um, sieht mich auf dem Rad hinter sich, fährt einen
großen Bogen zur Mitte der Straße und rast dann von links
genau auf mich zu. Ja spinnt der jetzt? Will der seitlich in
mich reinfahren? Was für eine Show wird hier gerade abge-
zogen? Nach über 100 Kilometern in den Beinen findet das
keiner lustig. Kurz vor mir bremst er ab und schaut mich
trotzig an. „Spinnst du!", fahre ich ihn laut an, etwas anderes

fällt mir jetzt nicht ein. Mein ganzes Bargeld ist im Brust-beutel. Wenn die mich hier ausnehmen wollen, ist das ganz schnell weg. Der Kerl wirft mir irgendeine Bosheit auf Französisch an den Kopf. Jetzt besser ruhig bleiben und ver-schwinden. Er ist nicht allein und wer weiß, wie seine Kum-pels reagieren. Und weiter geht's, zum Glück folgt mir niemand. Ich mag das Viertel nicht und immer noch kein Hin-weis auf ein Hotel.

Um 20:30 Uhr sind die Außenbezirke von Montpellier er-reicht. Rechts von mir liegt ein Wohnviertel, diese Richtung schlage ich jetzt ein. Ob das die richtige Entscheidung ist? In Wohnvierteln finden sich normalerweise keine Hotels, jeden-falls nicht bei uns Zuhause. Zurück in die Stadt kommt über-haupt nicht in Frage, denn dazu müsste dieses Chaotenviertel erneut durchfahren werden, und das wird auf gar keinen Fall passieren. Ich bekomme eine Stinkwut auf mich selbst. Wie kann man nur so blöd sein, so spät, völlig blind in eine unbe-kannte Großstadt hinein zu fahren? Warum habe ich mir kein Zimmer an der Küste genommen und mich gemütlich an den Strand gelegt? Warum musste heute Abend unbedingt diese Pilgerherberge angefahren werden, die nicht einmal 10 Minu-ten länger als sonst ihr Tor für mich offen lassen konnte. Warum, wieso, weshalb. Aber das hilft jetzt auch nicht mehr. Passiert ist passiert – eine Lösung muss her.

Wie aus dem Nichts taucht irgendwann ein Hinweisschild auf: Golfhotel 3 Kilometer. Fata Morgana oder Realität? Wird si-cher sehr teuer sein, doch das ist mir jetzt egal. Was immer ein Zimmer in diesem Hotel kostet, ich werde es bezahlen. Etwas anderes wird mir auch gar nicht übrigbleiben, denn sonst gibt es hier weit und breit keine andere Übernachtungsmöglichkeit. Ich habe mich selbst in diesen Schlamassel hineingeritten, dies ist nun der Preis dafür. Nach 3 Kilometern zuerst ein kleiner Schock, denn der Parkplatz vor dem Hotel ist ziemlich leer und für einen Augenblick scheint das Hotel geschlossen zu sein. Doch dann Entwarnung, Menschen stehen vor dem Eingang.

Ich trete ein, frage nach einem Zimmer, bin völlig verschwitzt und rieche sicher auch nicht gerade angenehm für ein so feines Hotel. Aber die junge Frau an der Rezeption ist sehr freundlich und bucht mich ein. Angesichts meiner Situation ist der Zimmerpreis gar nicht einmal so teuer. Wenn sie das gewusst hätte, hätte sie den Preis dann erhöht? Ich hätte ihn sicher bezahlt.

Auf dem Zimmer steckt mir der Schreck aber immer noch in den Gliedern. Das ist ja gerade noch einmal gut gegangen. War es Zufall, oder sollte das eine Warnung sein, in Zukunft besser zu planen? Die Lektion ist gelernt, so etwas passiert mir so schnell nicht noch einmal.

Ich nehme ein Vollbad (es gibt wieder eine Badewanne), ziehe mir frische Sachen an und gehe auf die Terrasse des Hotels. Von hier aus hat man einen wunderschönen Blick über den Golfplatz hinüber auf die ersten Hochhäuser der Stadt Montpellier. Alles wird gut, dieser Satz trifft für mich heute zu. An diesem Abend falle ich todmüde ins Bett, schaue kein Fernsehen mehr und schreibe auch keine Notizen ins Tagebuch. Die Nacht ist ruhig und das Hotel absolut sicher.

Gedanken des Tages:
Manchmal geschehen doch noch kleine Wunder
Ohne Plan steckt man schnell in Schwierigkeiten

Tagesleistung: 123 Kilometer
Golfhotel Montpellier Ressort, Juvignac, Montpellier, 87 Euro

Samstag, 23. Mai 2009
Montpellier - St-Guilhem-le Désert

Gut geschlafen, Sonnenschein am Morgen, Zeit für ein gutes Frühstück. Die Auswahl am Buffet ist nicht gerade vielseitig, draußen macht sich eine Gruppe fertig zum Golfspielen. Ich esse reichlich für den Tag und starte dann die zweite Tagesetappe nach St-Guilhem-le-Désert im Gorges de l'Hérault.

Diesmal wird auf Nebenstraßen gefahren, dort ist Radfahren sicherer. Laut meiner Karte sind ein paar Anstiege zu erwarten. Auf den ersten Metern erklären mir Passanten die Richtung. Die Menschen sich freundlich und mit ihrer Hilfe findet sich schon bald der richtige Weg aus der Stadt. Es herrscht wenig Verkehr und ich komme gut voran. Zuerst steigt die Landstraße leicht an, fällt dann aber wieder ab. Bei Montarnaud ist die erste Hügelkette erreicht, die mich jetzt fordern wird. Die Straße ist nun relativ schmal und steigt schon gleich hinter dem Ort an. Die Sonne scheint intensiver, die Landschaft strahlt Ruhe aus, fast niemand ist hier unterwegs. Auf der Anhöhe steht das alte steinerne Kreuz St-Félix. Leider hat man von hier oben wegen der Bäume keinen Ausblick auf das umliegende Land. Die Wälder sind dicht und verwehren den Weitblick.

Wieder bergab, das ist angenehm. Nach dem nächsten Ort beginnt ein Tal. Der befürchtete zweite Anstieg bleibt aus, erfreulicherweise führt die Straße sogar weiter bergab. Ich erreiche Aniane und wenig später die Pont du Diable (Teufelsbrücke) am Eingang des Gorges de l'Hérault. Viele Touristen laufen hier herum, haben ihre Autos neben der Straße geparkt und fotografieren die Brücke und den Fluss. Auf einer Wiese steht ein alter knorriger Olivenbaum. Er ist genau das, was ich im letzten Jahr so sehr gesucht aber nicht gefunden habe. Jetzt stehen hier mehr als genug davon herum.

Klippenspringer stürzen sich unter dem Beifall der Zuschauer von den Felsen in den Fluss. Auch ich schaue ihnen eine Weile zu und fahre dann in die Schlucht hinein, in Richtung St-Guilhem. Am frühen Nachmittag ist dieser Ort erreicht. Eigentlich wollte ich mir hier nur einen Tagesstempel holen und dann noch ein Stück weiterfahren. St-Guilhem liegt am offiziellen Weg von Arles in einem Seitental des Hérault, hat ein Kloster und die Häuser sind alle aus braunen Natursteinen. Alles wirkt sehr pittoresk. Das Kloster ist über die Mittagszeit geschlossen und öffnet erst wieder am Nachmittag. Wieder ist Warten angesagt.

Auf einer Bank vor der Toreinfahrt zum Klostergarten lässt sich die Zeit gut überbrücken und so ganz nebenbei werden auch noch einige Postkarten geschrieben. Dabei fällt die Entscheidung doch hier zu übernachten. Der Ort gefällt mir, er strahlt Ruhe aus. Nach der Großstadt von gestern habe ich jetzt einfach Lust hier zu bleiben.

Ein Auto fährt in den Garten, das Tor bleibt offen. Zeit für mich, auch dort hinein zu gehen, um eventuell eine Unterkunft ergattern zu können. Ich schiebe mein Rad durch das Tor und laufe durch den Garten zu den Gebäuden. Niemand ist zu sehen, aber Stimmen sind zu hören. Ich trete ein und beginne mich durchzufragen. „Erkundigen Sie sich doch mal im Gebäude gegenüber", sagt man mir. Dort ist die Tür aber verschlossen. Ich läute. Im Obergeschoss erscheint der Kopf einer Schwester im Fenster. „Ja bitte, was wollen Sie?" „Einen Stempel für meinen Pilgerausweis und ein Bett für die Nacht." Der Stempel ist kein Problem, aber die Pilgerunterkunft im Kloster ist heute leider völlig ausgebucht. Eine Reisegruppe hat telefonisch bereits alle Plätze reservieren lassen. Schade. Es dauert nicht lange, dann öffnet sich auch diese Tür. Die Schwester ist freundlich und drückt mir einen originellen Tagesstempel in den Pilgerausweis.

Im Ort gibt es aber noch zwei weitere Pilgerherbergen. Die Schwester kennt beide und empfiehlt mir eine davon. Ich bedanke mich und mache mich auf den Weg. Der Ort ist nicht groß und die erste Herberge in der zentralen Gasse leicht zu finden. Ich läute und habe wieder Pech. Auch hier ist bereits alles reserviert. Wenn auch die nächste Herberge ausgebucht ist, heißt das weiterfahren. Aber heute besteht zum Glück noch kein Zeitdruck wie gestern Abend. Wir haben erst kurz nach 15 Uhr, also wäre Zeit genug, in Ruhe in anderen Orten nach einer Unterkunft zu suchen.

Die zweite Herberge gehört dem Französischen Alpenverein. Das Haus liegt am oberen Ende der Gasse, gleich neben der alten Kirche. Der Schlüssel, so steht es an der Tür, ist im Kaffee am Dorfplatz abzuholen. Ich gehe hin, zahle meinen Obolus von 10 Euro und kehre mit dem Schlüssel in der Tasche zurück. Hier bin ich der erste Übernachtungsgast und kann mir den Schlafplatz aussuchen.

Eine ziemlich steile Steintreppe führt in den ersten Stock. Dort befinden sich die Küche, ein Aufenthaltsraum und die Duschen. Eine weitere Steintreppe führt in den zweiten Stock zu den Schlafplätzen. Ein großes Zimmer mit zehn Plätzen, und zwei kleine Zimmer mit jeweils vier und drei Schlafmöglichkeiten. Die meisten Matratzen sehen ziemlich schmutzig aus. Die sauberste Matratze liegt im Zimmer mit den drei Schlafplätzen. Ich stelle mein Gepäck ab und lege den Schlafsack auf genau diese Matratze. Das Rad findet im Aufenthaltsraum einen sicheren Platz für die Nacht.

Dann will ich duschen. Das Wasser wird aber nicht warm, also werden die Haare mit kaltem Wasser gewaschen. Spaß macht das nicht. In der Dusche ist der Boden ziemlich glitschig. Plötzlich rutsche ich aus und kann einen Sturz gerade noch reflexartig abfangen. Das hätte böse ausgehen können, besonders in meinem Alter. So ein dummer Ausrutscher kann manchmal schlimme Folgen haben. Aber es ist ja noch einmal gut gegangen.

Neue Übernachtungsgäste treffen ein. Zwei französische Radfahrer kommen die Treppe hoch und bringen ihre Mountainbikes auch in den ersten Stock. Sie sind sehr freundlich und wir unterhalten uns etwas. Sie wählen das Zimmer mit den vier Matratzen.

Frisch geduscht gehe ich nach draußen und schlendere durch die Gassen. Das Flair des Südens ist zu spüren und die Häuser, schmalen Gassen, Pflanzen und die in der Sonne dösenden Katzen strahlen Ruhe aus. Ein Plakat verrät, dass um 17 Uhr ein Chor in der Kirche singen wird. Das ist bestimmt interessant. Ich laufe über den warmen zentralen Dorfplatz und tauche dann ein in die kühle, dunkle, uralte Kirche. Mittlerweile haben sich dort bereits viele Menschen versammelt und es wird laut. Dann beginnt das Konzert. Der gemischte Chor steht vorne am Altar, einige Chormitglieder hinten auf der Empore neben der Orgel. Die Akustik ist toll. Ich sitze auf einer Holzbank, lausche der Musik und lasse diese einmalige Atmosphäre auf mich wirken. Das Innere dieser uralten Kirche verstärkt das Ganze noch, die Musik ist regelrecht zu spüren. Lieder aus mehreren Ländern werden in verschiedenen Sprachen gesungen. Italienisch, Englisch, Hebräisch und Russisch. Am Ende verlassen wir alle zufrieden die Kirche.

Draußen empfängt uns die warme Abendsonne. Mit einem Eis in der Hand schlendere ich durch die alten Gassen, bekomme in einem Bistro ein frisches Tunfischsandwich, setze mich auf eine Bank, beiße hinein und lasse die Seele in mediterraner Umgebung baumeln.

Frisch gestärkt zieht es meine Füße aus dem Ort in Richtung Berge. Der steinige Weg führt durch blühende Wiesen den fernen Gipfeln entgegen. Erst spät kehre ich in die Herberge zurück. Die beiden Radfahrer sind nicht da, wahrscheinlich sind sie zum Essen ausgegangen. Im großen Zimmer ist ein weiteres Bett mit einem Schlafsack belegt. Noch ein Übernachtungsgast scheint eingetroffen zu sein. Aber auch er ist nicht da. Müde schlüpfe ich in meinen Schlafsack.

Gedanken des Tages:
Musik kann man an besonderen Orten auch spüren
Die Ruhe und Gelassenheit des Südens tun richtig gut

Tagesleistung: 36 Kilometer
Herberge des Französischen Alpenvereins,
St-Guilhem-le Désert, 10 Euro

Sonntag, 24. Mai 2009
St-Guilhem-le Désert - Roujan

Es ist kein tiefer und auch kein erholsamer Schlaf in dieser Nacht. Am Morgen sind die beiden Radfahrer bereits fort. Im großen Zimmer hat ein älterer Wanderer übernachtet, ich sehe ihn nur kurz im Aufenthaltsraum. Das Wetter ist gut, der Tag scheint schön zu werden. Durch das Tal des Hérault führt der Weg heute Morgen wieder zurück zur Pont du Diable.

Gestern Abend kam mir die Idee, vielleicht doch in die Berge des Languedoc zu fahren. Dem Chemin d'Arles kann man zwar mit dem Rad nur schlecht dorthin folgen, das können nur Fußpilger, aber ich könnte trotzdem versuchen in einem Tal hinter der ersten Bergkette in Richtung Castres zu fahren. Das waren die theoretischen Gedanken von gestern Abend. Heute Morgen aber, beim Verlassen des engen Tals und dem ersten Blick auf die Berge in der Ferne, fühlt sich das dann doch etwas anders an. Dunkle Wolken hängen an ihren Gipfeln und der innere Schweinehund sagt „bist du wahnsinnig, viel zu anstrengend!", und gewinnt. Ich entscheide mich, doch lieber vor der Bergkette in Richtung Carcassonne zu fahren, und das ist auch besser so. Vor mir liegt noch eine weite Strecke und man soll gerade am Anfang einer so langen Radtour nicht übertreiben.

Die kleine Landstraße führt in Richtung Süd-West. Weinstöcke säumen die Straße, alte Steinwälle und jede Menge roter Klatschmohn. Ein kurzes Stück führt die Route über eine Nationalstraße, die aber bei Paulhan wieder verlassen werden kann. Hier biegt rechts eine kleine Landstraße ab und führt bergauf. Ich schiebe mein Rad, bekomme Durst und trinke viel. Noch ist genug Wasser an Bord. Vor dem Dorf Nizas kommt mir eine niedrige Steinmauer im Schatten eines Baumes gerade recht für eine Pause. Ich sitze einfach nur da, genieße einen freien Rücken ohne Rucksack, lasse die Beine baumeln und sehe hinaus auf das stille heiße Land um mich herum.

Nach einer Weile taucht Roujan vor mir auf. Gleich am Ortseingang wirbt ein „Gîte de France" (Bed and Breakfast in Frankreich) um Gäste. Das Haus sieht jedoch von außen nicht gerade einladend aus und liegt schon bald hinter mir. Auf der Suche nach anderen Übernachtungsmöglichkeiten wende ich mich in der Ortsmitte an einen Einheimischen. Der müsste ja eigentlich Bescheid wissen. „In Pezenas werden Sie Hotels finden, hier in Roujan gibt's keine", lautet die ernüchternde Auskunft. Der besagte Ort liegt aber 20 Kilometer südöstlich von hier und das wäre für mich ein Umweg. „Das Gasthaus in der Ortsmitte vermietet manchmal Zimmer", fügt er dann noch hinzu, als er mein enttäuschtes Gesicht sieht. Anschauen kostet nichts, bringt mich bei diesem Gasthaus mitten im Ort direkt an der Hauptstraße aber überhaupt nicht weiter. Ruhe ist hier bestimmt ein Fremdwort und die schmutzigen Fenster sehen auch nicht gerade sehr einladend aus. Nein, hier wird nicht übernachtet! Zurück zum „Gîte de France." Dort unterhalten sich jetzt ein paar Leute vor der Gartentüre. Ich steige ab, frage nach einem Zimmer, werde freundlich hereingebeten und stelle fest, dass sich hinter dem Gartenzaun ein kleines Paradies versteckt. Vor mir liegt ein großer Garten mit Schwimmbecken und einem Olivenbaum unter dem ein großer einladender Holztisch und einige Stühle stehen. Meine Gastgeber zeigen mir ein wunderschönes Zimmer, in dem man sich einfach wohlfühlen muss.

Ich packe aus, dusche, ziehe mich um, gehe wieder hinunter in den Garten, setze mich unter den Olivenbaum und studiere meine Landkarte. Es ist ruhig, schattig und angenehm warm. Die Route für morgen wird festgelegt. Mein Gastgeber gibt mir die Adressen weiterer Privatzimmer in der Gegend und mir gefällt eines in der Nähe von Carcassonne.

Dann laufe ich durch den Ort und komme zur Kirche. Ob hier jemand meinen Pilgerausweis abstempeln könnte? Die Kirche ist leider verschlossen und auch im Pfarramt nebenan rührt sich nichts. Also auch hier keine Chance. Das Rathaus öffnet morgen früh um 8 Uhr, ist am Aushang zu lesen. Eine Bekannte meiner Gastgeber arbeitet in der Ortsverwaltung und so bin ich schon fast angemeldet.

An diesem Abend sitzen wir zusammen unter dem Olivenbaum im Garten und reden miteinander. Die Wäsche ist gewaschen und zum Trocknen im Garten aufgehängt. Als mir vor Müdigkeit die Augen zuzufallen drohen, verabschiede ich mich aus der Runde, ziehe mich auf mein Zimmer zurück, schlüpfe unter die Decke und lasse das Fenster weit offen. Draußen in der Dunkelheit bellen Hunde in der Ferne. Hier bin ich sicher, hier kriegen die mich nicht, denke ich, kuschele mich ins Bett und schlafe ein.

Gedanken des Tages:
Wer die Herausforderungen einer Radtour meistert, kann auch Alltagsprobleme lösen

Manchmal sind Zufälle ganz einfach nur wunderbar
Das Leben einer Katze bei guten Menschen muss ein Traum
sein

Tagesleistung: 48 Kilometer
Chambres d'Hôtes „Le pressoir", Roujan, 69 Euro

Montag, 25. Mai 2009
Roujan - Olonzac

Zwei Tiefschlafphasen lassen mich an diesem Morgen ausgeruht erwachen und gut gelaunt hinunter in den Garten gehen.
Gefrühstückt wird unter dem Olivenbaum. Nach meinen Wünschen fürs Frühstück gefragt, gab ich diese gestern Abend ab
und heute Morgen werden sie prompt erfüllt. Auf dem Tisch
finden sich Käse, Schinken, frisches Weißbrot, Croissants,
Orangensaft, Pfefferminztee, Butter, Honig, Marmelade, alles
was man sich zu einem guten Frühstück nur wünschen könnte.
Mein Gastgeber bringt dann noch ein großes Glas eingelegter
Oliven vom eigenen Baum (unter dem wir gerade sitzen) und
lässt mich probieren. Dann heißt es Abschied nehmen. Ich bin
mir aber ganz sicher, hierher irgendwann im Urlaub zurückzukehren.

Erste Anlaufstelle heute Morgen ist das Rathaus von Roujan.
Eine freundliche Gemeindeangestellte stempelt meinen Pilgerausweis und wünscht mir eine gute Weiterreise. Ich verlasse
Roujan auf einer von Bäumen gesäumten Landstraße. Gleich
vor dem nächsten Ort wird der Verkehr wegen Bauarbeiten
umgeleitet. Mit dem Rad kommt man aber über eine Wiese in
den Ort, ohne einen Umweg machen zu müssen. Und weiter
geht die Fahrt durch hügeliges Gelände und kleine Dörfer, die
sich malerisch in diese Gegend einfügen. Oft halte ich an, gehe
in einen Weinberg und fotografiere diese kleinen Ortschaften
durch Weinreben als Vordergrund. In solchen Augenblicken

scheint mein Großvater neben mir zu stehen und wie vor vielen Jahren zu erklären – Vordergrund suchen und immer von der Sonne weg fotografieren. Das kann man nur fühlen, wenn man alleine ist.

Eine Brücke trägt mich sicher über einen Gebirgsfluss. Zur Mittagszeit frage ich in einem Dorf nach einem Lebensmittelgeschäft, um mehr Wasser und etwas zu Essen kaufen zu können. „Wir haben hier leider kein Geschäft", erklären mir zwei alte Menschen. Sie sind sehr freundlich und hätten mir gerne geholfen. Warum fiel mir nicht ein, sie um etwas Wasser aus der Leitung zu bitten, denke ich mir einige Kilometer weiter, sie hätten es mir sicher gegeben.

Im nächsten Dorf rufe ich mit meiner Telefonkarte (aus Arles) Zuhause an, um mich wieder einmal zu melden. Etwas weiter westwärts beginnt ein interessantes Tal, das regelrecht danach schreit fotografiert zu werden. Um ein ganz besonders schönes Bild zu bekommen, versuche ich eine steinige Böschung hochzuklettern, in der einen Hand die Kamera, mit der anderen wird balanciert. Das muss ja schief gehen! Der Boden bröckelt unter meinen Füssen, ich denke noch – keine gute Idee, hör lieber auf – da passiert es auch schon. Ich rutsche aus und kann mich zum Glück reflexartig mit der freien Hand irgendwie abstützen und den Aufprall der Kamera abfedern. Das muss gerade ein ziemlich komisches Bild abgeben, zum Glück kommt niemand vorbei. Ich richte mich wieder auf. Das Knie ist aufgeschürft, die Kamera scheint nichts abbekommen zu haben. Noch einmal Glück gehabt. Was für eine blöde Idee! Ich hätte mir eine größere Verletzung zuziehen und die Kamera zerstören können. Und wozu das alles? Nicht einmal ein Bild ist entstanden. Ab heute wird auf keine rutschigen Böschungen mehr gestiegen. Wird mir das aber bei der nächsten Gelegenheit wieder einfallen?

Und weiter geht die Fahrt. Jetzt muss unbedingt frisches Wasser her. In Agel, dem nächsten Dorf, sprudelt eine Quelle. Ich halte meinen Kopf unter den kühlen Wasserstrahl. Was für eine Wohltat. Dann noch die Flaschen füllen und frisch gestärkt werden die letzten Kilometer nach Olonzac in Angriff genommen. Doch vor diesem Ort ist noch ein Anstieg zu überwinden. Der ist auf meiner Landkarte vermerkt und überrascht mich deshalb nicht. Dann bin ich endlich drüben und Olonzac liegt vor mir. Im Ort findet sich relativ schnell das Haus mit den Privatzimmern, dessen Adresse ich mir gestern aufgeschrieben habe. Der Empfang ist freundlich, das Zimmer liegt im zweiten Stock und man zeigt mir das Haus, den Innenhof und den Frühstücksraum. Auch für mein Rad findet sich ein sicherer Platz.

Vor 18 Uhr wird der Tagesstempel im Rathaus abgeholt und anschließend im nächsten Supermarkt Wasser und Lebensmittel gekauft. Danach setze ich mich in meinem Zimmer ans Fenster, esse und studiere wie jeden Abend meine Karten.

In dieser Nacht schlafe ich wieder bei offenem Fenster, obwohl es hier im Ort wesentlich lauter ist als gestern. Manche Mopeds sind in Frankreich eine wahre Katastrophe. Klein, langsam aber mörderisch laut. Und immer wieder fährt so ein kleiner Krachmacher die Straße unter meinem Fenster entlang und bringt meine Ohren zum schwingen. Aber offene Fenster sind für mich im Süden ein Muss, davon bringen mich auch diese kleinen Biester nicht ab.

In der Nacht kommt Wind auf und das Fenster muss fixiert werden, sonst würde es zuknallen. Der Wind weht von Westen, vom Atlantik. Man hat mich vor der Pforte bei Carcassonne gewarnt. Genau dort müssen die starken Winde vom Atlantik durch, denn im Süden liegen die Pyrenäen und im Norden das Zentralmassiv. Nur an dieser engen Stelle bei Carcassonne gibt es einen Durchgang und das soll ich schon sehr bald zu spüren bekommen.

Gedanken des Tages:
Kurze Etappenziele sind gerade am Anfang sehr vernünftig
Ein Stück Land im Süden, Olivenbäume, eine Hängematte,
so möchte ich alt werden

Tagesleistung: 66 Kilometer
Chambres d'Hôtes „Le Voyageur Immobile", Olonzac, 60 Euro

Dienstag, 26. Mai 2009
Olonzac - Carcassonne

Der Morgen graut und der Blick aus dem Fenster zeigt im Norden die Berge in Wolken gehüllt. Olonzac liegt ruhig vor mir, auf den Straßen ist noch nicht viel los. Dann wird es bunt und laut. Händler bauen ihre Stände auf, heute ist Markttag und schon bald ist der Platz vor meinem Fenster voller Lieferwagen und Verkaufstische. Ich gehe hinunter um zu frühstücken. Der Raum hat ein besonderes Flair - großer Tisch, moderne Gemälde an den Wänden, alte stilvolle Möbel, große Fenster zum Innenhof und eine hohe Decke. Frisches Baguette, Marmelade, Butter und Tee duften vor mir, der Tag kann beginnen.

Aufbruch. Schon kurz nach dem Ortsende weht mir ein starker Westwind ins Gesicht. Geht das also schon los? Da musst du jetzt durch. Im Norden zeigen sich die schwarzen Berge (Montagnes Noires), wolkenverhangen hinter Weinbergen. Kurz vor Carcassonne ist dann die Wetterscheide zwischen dem Mittelmeerraum und der atlantischen Klimazone erreicht. Der Wind fegt übers Land. Der Himmel im Westen ist bedeckt, im Osten ist er dagegen wolkenlos. Im Süden sind die ersten Ausläufer der Pyrenäen auszumachen, es geht jetzt bergauf und bergab und immer gegen diesen heftigen Wind von vorne.

Ich erreiche Trèbes, habe Hunger, kaufe mir ein Stück „Quiche Lorraine" und frage nach der Richtung. Die Nationalstraße, der direkte und kürzeste Weg nach Carcassonne, wird ab hier leider vierspurig und ist für Radfahrer zu gefährlich. Am Canal du Midi führt ein Radweg nach Carcassonne. Der ist mit Hilfe zweier Holländer schnell gefunden, führt direkt am Kanal entlang und könnte sehr schön sein, wäre er asphaltiert. Ist er aber leider nicht und mit Gepäck holt man sich auf einer solchen Schotterpiste ganz schnell mal einen Platten. Eine andere Möglichkeit bietet sich aber nicht an, Schotterpiste hin oder her.

Nach einer Weile taucht eine Brücke auf, über die ich auf eine ruhige Landstraße abbiegen kann. Der Radweg ist zwar schön, führt aber um viele Kurven herum. Ich bevorzuge direkte Straßen, die auf meiner Karte eingezeichnet sind. Über diese Landstraße ist der Stadtrand von Carcassonne schnell erreicht.

Seit heute Morgen plagen mich Rückenschmerzen. Ab und zu macht sich ein stechender Schmerz auf der rechten Seite bemerkbar. War es die Hitze der letzten Tage und der kalte Wind von heute? Bin ich nicht warm genug angezogen? Hoffentlich ist das nichts Schlimmes! Es könnte aber auch eine Zerrung sein, die ich mir vielleicht schon am ersten Tag auf den Bahnhöfen zugezogen habe, als ich das Rad mit dem schweren Gepäck die Treppen zu den Gleisen hinauf und wieder hinunter tragen musste. Was immer der Grund ist, es tut sehr weh und dagegen muss unbedingt etwas getan werden, sonst könnte die Tour für dieses Jahr vielleicht schon bald zu Ende sein. In Carcassonne wird sich in einer Apotheke sicher eine Salbe mit Tiefenwirkung finden lassen.

Im Stadtzentrum klappt die Orientierung dank öffentlicher Stadtpläne sehr gut. Mein erster Anlaufpunkt ist das Rathaus. Dort erhält mein Pilgerausweis das Festungsemblem der Stadt. Als nächstes wird eine Apotheke angefahren und die gewünschte Salbe gekauft. Dann zum Tourist Office zwecks Stadtplan und Hotelinformationen. Auf einer Bank im Stadtpark studiere ich Preise und Lage der Hotels und entscheide mich für das Etap Hôtel. Dieses liegt nicht zu weit außerhalb des Stadtkerns, ist preislich akzeptabel und hat Bad und WC auf dem Zimmer. Die Formule-1-Hôtels sind zwar etwas günstiger, bieten diesen Vorteil jedoch nicht.

Gesagt, getan. Bald habe ich ein Zimmer in das auch mein Rad passt, trage mein Gepäck hinauf und fahre danach ohne Ballast zurück in die Stadt, um mir die mächtige Festung von Carcassonne anzusehen. Ausgerechnet heute Abend scheint die Sonne nicht, der Himmel ist bewölkt und alles ist grau in grau. Ich betrete die Festung durch ein altes Steintor und treffe auf jede Menge Touristen. Hier ist natürlich einiges los. Ich schiebe mein Rad durch die engen Gassen, sehe mir alles an und kehre dann zum Hotel zurück.

An diesem Abend fallen tatsächlich wieder Regentropfen. Das macht aber nichts, denn Rad und Fahrer sind nicht mehr draußen. Aus dem Wetterbericht ist zu erfahren, dass gestern bei Toulouse schwere Unwetter tobten und Hagelkörner so groß wie Tennisbälle niedergingen. Aber dort bin ich noch nicht, und bisher war das Wetter gut zu mir.

Gedanken des Tages:
Trübes Wetter - trübe Stimmung
Das Alleinsein hat seine Vor- und Nachteile
Gegen den Wind sollte man nicht fahren

Tagesleistung: 54 Kilometer
Etap Hôtel Carcassonne, 40 Euro

Mittwoch, 27. Mai 2009
Carcassonne - Villefranche-de-Lauragais

Am Morgen ist der Regen der Nacht vorbei und die Sonne scheint wieder. Ich breche auf und fahre auf der Nationalstraße

in Richtung Westen. Diese Straße ist auf meiner Karte rot eingezeichnet und leider sehr verkehrsreich. Der Wind bläst mir
nach wie vor stark ins Gesicht. Ich bin der einzige Radfahrer
in westlicher Richtung. Andere kommen mir entgegen und
fahren mit dem Wind nach Osten. Das ist sicher einfacher, aber
dort liegt nun mal nicht Santiago.

In Bram ist Markttag, das Zentrum ist voller Verkaufsstände
und Händler preisen ihre Waren an. Ich kaufe mir etwas zu
essen, stelle mich an den Rand des Marktgeschehens und
schaue dem bunten Treiben eine Weile einfach nur zu. Neben
mir verkauft ein Mann grünen Spargel. Das Geschäft geht
nicht schlecht, denn er verkauft sehr gut. Ich esse etwas, fahre
weiter und war für einen kurzen Augenblick ein Teil dieses
kleinen Ortes.

Die Straße wird ab hier zur Landstraße. Der Verkehr nimmt
ab, viel weniger Lastwagen sind jetzt unterwegs. Über den
Bergen zu meiner Rechten hängen immer noch dunkle Regenwolken, aber hier im Tal scheint die Sonne. Ab Castelnau-
dary rollt die Tour über eine ganz kleine Nebenstraße. Sie ist
auf meiner Karte weiß eingezeichnet. Hier herrscht fast kein
Verkehr mehr, nur ab und zu überholt mich ein Auto, sonst ist
alles ruhig. Das ist angenehm und auch das Wetter passt. Die
Luft ist trocken, nicht zu heiß und der Wind hat endlich nachgelassen. Sind die starken Winde der Pforte von Carcassonne
überwunden?

Dann beginnt der Anstieg. Oben liegt ein Stausee, im Süden er-
streckt sich in der Ferne das Panorama der Pyrenäen. Gran-
dios! Auf diesen Gipfeln müssen die Götter wohnen, sind
meine ersten spontanen Gedanken. Die Straße bleibt auf der
Anhöhe und mit ihr noch eine ganze Weile dieser wunderbare
Blick auf die Berge erhalten. Dann fällt der Weg wieder ab
und ich treffe erneut auf den Radweg am Canal du Midi, folge
ihm eine kurze Strecke und biege nach Villefranche-de-Lau-

ragais ab. Mein Reiseführer erwähnt hier ein günstiges Hotel, dort wird heute übernachtet.

Das Zimmer in diesem Hotel ist nicht besonders schön, der Blick aus dem einzigen Fenster geht in einen Hinterhof, die Matratze ist ausgeleiert und der Raum eng und dunkel. Die Wände sind so dünn, dass am Abend der Eindruck entsteht, die Zimmernachbarn stünden direkt vor dem Bett. Duschen, einkaufen, Tagesstempel im Rathaus holen, dann wird auf einer schattigen Bank am Rande eines Platzes gegessen. Die Abendsonne wärmt, meine Stimmung ist gut, das Essen schmeckt.

Am Abend wird ein Tennisturnier übertragen, die Spannung steigt, das Finale naht. In dieser Nacht fühle ich mich nicht besonders wohl. Die Matratze ist schlecht, das Bett hängt durch und der Rücken schmerzt. Auf solchen Matratzen schläft niemand gut.

Gedanken des Tages:
Besseres Wetter - bessere Stimmung
Auf schneebedeckten Gipfeln müssen die Götter wohnen

Tagesleistung: 74 Kilometer
Hôtel de France, Villefranche-de-Lauragais, 35 Euro

Donnerstag, 28. Mai 2009
Villefranche-de-Lauragais - L'Isle-Jourdain

Ich sollte mich jetzt entspannen. Die Hälfte der Strecke für dieses Jahr ist geschafft und die Rückenschmerzen halten sich Dank der Salbe in Grenzen. Ich liege gut im Zeitplan. Die Großstadt Toulouse wird weiträumig umfahren, Montpellier hat mir gereicht. Der Radweg führt zwar am Canal du Midi entlang bis ins Zentrum von Toulouse, mir ist aber nicht nach Großstadt.

Nach Villefrance kommt jetzt erst einmal ein Anstieg, der dann oben durch einen herrlichen Weitblick nach Süden auf die Pyrenäen belohnt wird. Dann führt die Straße wieder bergab in ein Tal und weiter in Richtung Muret an der Garonne. Ab 10 Uhr brennt die Sonne wieder erbarmungslos, ich komme gut voran, keine weiteren Anstiege folgen. Hunger stellt sich ein, der in einer Bäckerei mit zwei Rosinenschnecken bekämpft wird. In dieser Gegend schmecken mir diese „Pain aux Raisins" besonders gut. Sie gleichen mehr unseren Apfelkrapfen als den üblichen Rosinenschnecken anderer Gegenden Frankreichs. Sie haben viel mehr Rosinen, oben noch einen Schuss Zucker und schmecken wahnsinnig gut, vor allem wenn man richtig Hunger hat und keine Kalorien zählen muss.

Die Luft flimmert, langsam geht's der Garonne entgegen. In Muret bereiten mir die vierspurigen Schnellstraßen wieder einmal Probleme und lassen mich nicht die Richtung einschlagen, die laut Karte zu nehmen wäre. In der Altstadt sind viele Gassen für den Autoverkehr gesperrt und so kommt man mit dem Rad gut voran. Hier ist es auch schattig und die vielen alten Häuser gefallen mir. Nach kurzem Suchen findet sich eine Landstraße in Richtung L'Isle-Jourdain, meinem Ziel für heute.

Weiter geht's durch relativ flaches Land. Dann aber kommt ein Anstieg. Bei der Hitze ist das nicht besonders angenehm. Absteigen, schieben, bergauf und wieder bergab. Beginnen jetzt die vielen Anstiege in den Vorbergen der Pyrenäen? Nach ein paar Kilometern biegt die Nebenstraße nach links ab, die Hauptstraße zieht sich rechts weiter einen Anstieg hinauf. Kurz vor L'Isle-Jourdain kommt dann doch noch einmal ein kurzer Anstieg. Der macht mir aber nichts mehr aus, denn das Ziel ist bereits zu sehen und das motiviert.

Das Pfarramt neben der Kirche ist tatsächlich geöffnet und eine freundliche Schwester aus Spanien stempelt meinen Pilgerausweis. Danach Zimmersuche, drei Gasthäuser soll dieser Ort beherbergen. Das Preisgünstigste sieht von außen auch so aus und eine weitere Nacht auf schlechten Matratzen ist nicht erstrebenswert. Das Nächste ist nicht weit entfernt und sieht gut aus. Der Zimmerpreis ist akzeptabel, aber leider ist das Haus für heute Abend völlig ausgebucht. Man erwartet einen Reisebus. Pech! Bleibt nur noch das Hôtel du Lac, die teuerste Unterkunft, etwas außerhalb an einem kleinen See.

Dort haben sie ein Zimmer für mich. Der Blick aus dem Fenster fällt leider nicht auf den See, sondern auf die hinter dem Haus vorbeilaufende Bahnlinie, aber das Zimmer ist in Ordnung. „Möchten Sie heute zu Abend essen und morgen frühstücken?", will man wissen. Natürlich nicht, das ist mir viel zu teuer. Die Dame an der Rezeption ist alles andere als begeistert, aber das ist mir egal. Ausnehmen lasse ich mich nicht!

Nach dem Duschen schlendere ich in der Abendsonne gemütlich zum Ortskern zurück, um mir in einem Supermarkt etwas Leckeres zu kaufen. Wieder zurück am Seeufer bietet sich eine schattige Bank für ein viel günstigeres Abendessen mit Seeblick an. Zurück auf dem Zimmer schreibe ich einige Postkarten und sehe mir die Nachrichten an, vor allem den Wetterbericht. Das Klima bleibt sonnig und trocken. Im Osten ziehen Wärmegewitter auf, aber die stören mich nicht mehr.

Das Bett ist gut, die Matratze angenehm und trotz der Bahnlinie bleibt das Fenster weit offen. Herrlich, diese lauen Abende im Süden.

Gedanken des Tages:
Ohne Rückenschmerzen geht alles viel besser
Warum quetschen sich Autos auch in die engsten Gassen?
Irgendwann nimmt die Lust am Radfahren ab

Tagesleistung: 76 Kilometer
Hôtel du Lac, L'Isle-Jourdain, 47 Euro

Freitag, 29. Mai 2009
L'Isle-Jourdain - Auch

Um 8 Uhr bin ich bereits im Sattel. Der Morgen ist sonnig aber noch angenehm kühl. Da es heute sicher wieder richtig heiß werden soll möchte ich so bald wie möglich aufbrechen, um bereits am frühen Nachmittag die geplante Distanz geschafft zu haben. Ziel für heute ist die Pilgerherberge in Auch.

Gleich nach dem Ortsausgang von L'Isle-Jourdain steigt die kleine Nebenstraße an. Hier herrscht wenig Verkehr und eine Berg- und Talfahrt beginnt, die in der Morgenfrische aber ganz gut zu ertragen ist. Die Landschaft ist herrlich, der Weg führt durch Wiesen, Felder, kleine Wälder und Dörfer.

Plötzlich laufen zwei große Hunde vor mir auf der Straße, und zwar genau in meine Richtung. Diese Situationen sind mir gar nicht geheuer! Wie werden die Hunde auf einen einzelnen Radfahrer reagieren? Kurz bevor ich sie erreiche taucht zum Glück ein Mann auf, wahrscheinlich der Besitzer. Der größere der beiden Hunde würde jetzt gerne meinen Mut testen, das kann man ihm ansehen, doch der Mann pfeift ihn zurück. Ich mag Hunde, aber auf Radtouren begeistern sie mich nicht.

Ab und zu ertönt Hundegebell aus Höfen oder Häusern, auf der Straße laufen aber zum Glück keine Tiere mehr herum. In Gimont wird als erstes eine Bäckerei angefahren, denn mein Magen knurrt. Ein kurzer Abstecher in die Altstadt und weiter geht's. Mit dem Rad wird es von hier aus leider schwierig, direkt in Richtung Auch weiter zu fahren. Die Nationalstraße ist ab hier wieder einmal vierspurig und der heftige Verkehr viel zu gefährlich für Radfahrer.

Eine Nebenstraße bietet sich an, das ist zwar ein Umweg, lässt sich aber nicht vermeiden. Im Tal der Gimone führt die Strecke daher erst einmal ein Stück nach Süden. Die Sonne brennt jetzt schon wieder sehr heiß und mein Wasservorrat geht langsam zur Neige. Die Karte zeigt kurz vor der Abzweigung nach Norden einen kleinen Ort. Hoffentlich findet sich dort ein Geschäft, in dem man Wasser kaufen kann. Ich erreiche Tirent-Pontéjac, mein Wasservorrat ist fast aufgebraucht, aber außer ein paar alten Häusern steht hier nichts, und schon gar kein Geschäft. Was nun? Das wenige Wasser in meinen Flaschen ist lauwarm und erfrischt kaum noch.

Die Straße steigt jetzt ein paar Kilometer an, lässt sich aber fahren. Ich komme gut voran und durch den Fahrtwind ist die gefühlte Temperatur niedriger. Oben auf der Anhöhe belohnt mich wieder ein phantastisches Pyrenäen-Panorama. Es ist aber viel zu heiß um stehen zu bleiben, zumal kein Baum in der Nähe ist, in dessen Schatten ich mich hätte stellen können.

Wieder bergab ins Tal der Arrats, aber bis Auch steht mir noch ein weiterer Anstieg bevor. Dieser lässt auch nicht lange auf sich warten. Zum Glück schlängelt sich die Straße jetzt durch einen Wald und der Schatten der Bäume sorgt für eine kleine Abkühlung. Dann geht es wieder ordentlich nach oben. Das war in dieser Gegend zu befürchten. Bisher konnte ich viele Flusstäler ausnutzen, in denen nur wenige Anstiege zu überwinden waren. Jetzt aber, in den Vorbergen der Pyrenäen, fließen die Flüsse von Süden nach Norden.

Jetzt brauche ich wirklich Wasser, halte in Pessan vor einem Bistro an, trete ein und bitte die Wirtin um etwas Leitungswasser. Ohne mich anzusehen redet die Frau aber weiter mit einem Gast über die Theke und bemerkt ganz nebenbei, dass sie schließlich auch von etwas leben müsse. Wenn sie ständig Wasser umsonst ausgäbe, verdiene sie nichts und überhaupt koste sie auch das Leitungswasser etwas. Ich bin sprachlos!

So teuer kann etwas Leitungswasser nun wirklich nicht sein! Sie würde sicher nicht gleich bankrott gehen, oder doch?

Die Frau geht mir ziemlich auf die Nerven, denn mein Durst ist wirklich groß. Gnädiger Weise informiert sie mich, dass sich vor dem Haus ein öffentlicher Wasserhahn befände. Das Leitungswasser dort zahle die Gemeinde. Ach wie nett, und wo ist dieser Wasserhahn? Das erklärt mir nun der einzige Gast mit stark südfranzösischem Akzent, der nur schwer zu verstehen ist. Die Suche nach der Wasserstelle beginnt. Erinnerungen an Schweizer Bergdörfer werden wach. Dort findet der Wanderer immer Wasser an öffentlichen Brunnen oder Holztrögen. Hier aber ist nichts zu finden. Hat mir die Hitze und der Durst schon völlig das Gehirn vernebelt? Der Gast tritt aus der Tür und ruft mir etwas zu. „Hier ist nichts!", erwidere ich und werde langsam richtig sauer. Will der sich über mich lustig machen? Ich habe Durst, großen Durst, einen wahnsinnigen Durst und werde gleich zum Tier. „Hier ist kein Wasserhahn!" „Doch!", ruft er zurück, „hier!" Das kann doch nicht sein, dort wo er hindeutet ist doch nichts. Ich laufe trotzdem in die Richtung und tatsächlich spitzt dort ein kleiner unscheinbarer Wasserhahn aus der Steinmauer neben dem Parkplatz. Das soll eine Wasserstelle sein? Überraschung, es kommt wirklich Wasser raus. Ich fülle eine meiner Flaschen, nehme mir aber vor, nur im äußersten Notfall davon zu trinken, nur dann, wenn mein letzter Rest an sauberem Mineralwasser aufgebraucht ist. Man weiß ja nie, wie rein oder wie schmutzig das Wasser aus diesen Wasserhähnen ist. Dann steigt die Straße noch einmal an und endlich liegt sie vor mir, die Stadt Auch mit ihrer herrlichen Kathedrale.

In einem Lebensmittelgeschäft kann endlich frisches, prickelndes Mineralwasser nachgekauft und das fade Leitungswasser aus Pessan weggeschüttet werden. Dann beginnt die Suche nach der Pilgerherberge. Sie liegt in der Altstadt, und ist zwischen 15 und 17 Uhr geöffnet. Wir haben jetzt 14 Uhr, also noch eine Stunde warten. Im Schatten der Bäume hinter der Kathedrale lassen sich meine Landkarten gut studieren. Hier ist es ruhig und nicht zu heiß.

Zur richtigen Zeit finde ich die Pilgerherberge dann offen, werde freundlich empfangen, bekomme Informationsmaterial über die Stadt und die Schlafräume im zweiten Stock gezeigt. Als erster Pilger für heute kann ich mir aus den acht Betten eines heraussuchen und entscheide mich spontan für den Platz am Fenster. Von hier aus hat man einen herrlichen Blick über die Altstadt. „Am besten Sie holen sich den Tagesstempel in der Kathedrale", rät man mir.

Das Gepäck bleibt neben dem Bett, das Rad in der Empfangshalle und ich ziehe los zur Kathedrale. Dort findet sich erst einmal niemand. Einmal im Inneren herumgelaufen, dann noch draußen um das Bauwerk, aber kein Mensch ist zu finden, der einem Pilger den Ausweis hätte abstempeln können. Enttäuscht trete ich den Rückweg an, komme am Tourist Office vorbei, gehe hinein und frage. „Ganz hinten in der Kathedrale, im Chorbereich, da sitzt jemand, der die Pilgerausweise abstempelt", erklärt man mir. Dort bin ich natürlich nicht gewesen, kehre zurück, finde die Situation genau wie beschrieben, bekomme den Stempel und freien Eintritt in den Chorbereich.

In der Herberge sind weitere Pilger eingetroffen. Zwei Franzosen aus Marseille und Paris und ein Schweizer aus Zürich, alle drei Fußpilger. Das wird ein schöner Abend. Aber jetzt ist es erst einmal Zeit zu duschen, die verschwitzten Trikots zu waschen und zum Trocknen aufzuhängen. Die Dusche liegt gleich neben der Küche, ist etwas eng, erfüllt aber ihren Zweck. Die anderen sind bereits fort und kaufen ein. Auch ich sollte mir jetzt etwas zum Abendessen besorgen und mache mich auf den Weg.

Von einer Telefonzelle in den engen Gassen der Altstadt rufe ich zuhause an, um mich wie vereinbart alle zwei bis drei Tage zu melden. Danach ab in den Supermarkt. Gelüste nach etwas Frischem machen sich bemerkbar. Neben Wasser, Tomaten, Brot und Käse springt auch ein bereits angemachter Salat in meinen Einkaufskorb. Der wird bestimmt gut schmecken.

Später Nachmittag, die anderen Pilger waschen ihre Kleider oder lesen. Ich liege auf dem Bett und döse vor mich hin. Dann setzen wir uns alle vier in die kleine Küche und essen gemeinsam zu Abend. Die Franzosen haben groß gekocht, Reis, Hähnchenfleisch, Nudel mit Tomatensoße. Der Schweizer isst eine Suppe und danach Spaghetti. Ich koche nichts und esse kalt. Zuhause macht mir Kochen Spaß, aber auf meinen Radtouren bin ich am Abend viel zu müde und esse lieber kalt. Der Schweizer gibt mir etwas von seiner Suppe ab, und die Franzosen schenken Rotwein aus. Sprachprobleme gibt es nicht. Mit den Franzosen spreche ich französisch, mit dem Schweizer deutsch und der Schweizer spricht englisch mit den Franzosen. Es gibt immer Wege und Möglichkeiten sich zu verstehen.

Alle drei Fußpilger wollen bis nach Santiago durchlaufen und denken in etwa zwei Monaten dort anzukommen. „Habt ihr so viel Zeit?" Einer wechselt gerade den Job (IT-Branche) und hat genügend Zeit, den ganzen Weg von Arles bis Santiago zu laufen. Die beiden Anderen haben sich eine Auszeit genommen. Nach dem Essen setzen wir uns alle auf den langen, schmalen Balkon neben der Küche und genießen die untergehende Sonne hoch über Auch. Jeder erzählt etwas aus seinem Leben.

Dann überkommt mich die Müdigkeit und ich schlüpfe in den Schlafsack. Mit meinen knapp 53 Jahren bin ich hier der Senior und habe sicher das Recht, etwas früher schlafen zu gehen. Die anderen bleiben sitzen und reden noch lange weiter. Ich liege im Bett, bin froh nicht alleine zu sein und schon bald im Reich der Träume. Das Fenster bleibt wie immer weit offen. Mitten in der Nacht wecken mich laute Stimmen. Unten in der Altstadt wird gefeiert und da fließt sicher reichlich Alkohol. Bis hier oben über die Dächer der Stadt kommen die Trunkenbolde aber nicht. Die dunkle Nacht vor meinem Fenster wird nur von den angestrahlten Mauern der Kathedrale erleuchtet. Mein Blick gleitet hinaus in die Nacht. Mehr als die Hälfte der diesjährigen Etappe ist bereits geschafft, das beruhigt.

Gedanken des Tages:
Wasser ist so wichtig
Nette Menschen bieten Sicherheit und Geborgenheit

Tagesleistung: 54 Kilometer
Pilgerherberge Auch, 10 Euro freiwillig

Samstag, 30. Mai 2009
Auch - Marciac

Der Morgen graut, die Anderen schlafen noch. Kein Wunder wenn man abends nicht ins Bett kommt. Heute soll's früh los gehen, denn das wird sicher wieder ein sehr heißer Tag. Als ich abmarschbereit bin, wachen die anderen drei so langsam auf. Keine Ahnung wann die aufbrechen werden. Sie wollen erst einmal frühstücken und der Berg ihres schmutzigen Geschirrs von gestern Abend türmt sich auch noch in der Küche. Das alles wird sicher noch eine Weile dauern. Ich werfe 10 Euro in das kleine Kästchen an der Wand. Die Übernachtung für Pilger in der Herberge ist kostenlos, wer will und kann sollte aber etwas geben. Mit dem vollen Müllsack geht's nach unten, der kommt in die Tonne. Dann belade ich das Rad, verabschiede mich von meinen Pilgergefährten und bin wieder „on Tour".

Ich liebe diese frühen Morgen in der Natur. Ein neuer Tag beginnt, alles ist noch ruhig und frisch, der Körper noch nicht müde und abgekämpft und der Mensch voller Tatendrang. Alles um mich herum ist einfach nur schön. Die Häuser, die ruhigen Straßen und Gassen, die Blumen und Bäume, die Gärten, die Wiesen und Wälder in denen langsam das Leben erwacht.

Die Ausfallstraße nach Westen mündet in eine Landstraße nach Süden. Die nächsten beiden Tagesetappen werden anstrengend. Viele Flüsse kreuzen meinen Weg und somit sind auch wieder mehrere Täler zu durchfahren. Heute soll die Reise bis Marciac gehen, morgen bis Pau. Die Straße steigt nach Auch erst einmal an, verläuft einige Kilometer auf der Höhe und zieht sich dann leicht gewellt nach Süden. Wenn das doch nur so bleiben könnte. Aber dem ist nicht so! Schon bald beginnt das befürchtete Auf und Ab. Um 11 Uhr brennt die Sonne wieder vom Himmel. Wir haben erst Ende Mai, wie groß muss die Hitze in dieser Gegend wohl im Juli und August sein? Die Anstiege sind schweißtreibend. Ab und zu belohnen herrliche Ausblicke auf die schneebedeckten Gipfel der Pyrenäen die Mühe. Ich kämpfe mich von Bergrücken zu Bergrücken, schwitze, fühle, rieche, erlebe alles hautnah und werde fast ein Teil der Landschaft.

Dörfer dösen in der Mittagshitze vor sich hin, deren Bewohner vielleicht gerade essen oder Siesta halten. Viele Menschen sind nicht zu sehen. Sogar die von mir so gefürchteten Hunde scheinen sich verkrochen zu haben. Gegen 14 Uhr taucht Marciac auf. Die Hitze ist nunmehr so unerträglich, dass an weiterfahren nicht zu denken ist. Mein Reiseführer erwähnt in Marciac ein Hotel mit 24 Zimmern. Da wird doch wohl auch eines für mich dabei sein. Hotels öffnen aber oft erst ab 17 Uhr und bis dahin sind es noch drei Stunden. Hoffentlich muss ich nicht so lange in dieser Hitze herumhängen.

Das Hotel liegt mitten im Ort und als ich ankomme verlassen gerade zwei Personen das Haus. Doch die Tür ist verschlossen. Im Eingangsbereich hält sich aber noch jemand auf und mir wird geöffnet. Auf die Frage nach einem Zimmer heißt es leider: „Alles ausgebucht!" Ich versuche zu erklären, dass diese Hitze eine Weiterfahrt mit dem Fahrrad unmöglich macht. „Sind wirklich alle 24 Zimmer ausgebucht?" Eine Frauenstimme meldet sich nun hinter dem Empfangstisch. „Brauchen Sie das Zimmer nur für eine Nacht?" „Oui, nur für eine Nacht, und ich bin auch ganz still und mache nichts schmutzig. Nur ein kleines Zimmer, in dem es kühl ist, bitte!" Und genau so ein Zimmer sei heute noch frei, sagt diese Stimme dann. „Wir öffnen zwar erst später am Abend, aber da Sie nun schon mal hier sind, können Sie das Zimmer auch gleich haben." Das klingt wie Musik in meinen ausgetrockneten Ohren. Was für ein Glück!

Hinter dem Hauptgebäude des Hotels liegt ein gepflegter Garten mit Pool. Daneben ist ein Anbau mit weiteren Zimmern. Eines davon bekomme ich. Für den Preis ist das Ganze zwar relativ klein, aber das stört mich jetzt überhaupt nicht. Hier ist es angenehm kühl und ruhig.

Während der größten Nachmittagshitze ruhe ich mich aus und gehe dann auf Erkundungstour. Kreuz und quer durchstreife ich den kleinen Ort, bewundere den schönen Marktplatz mit seinen Arkaden und komme zur alten Kirche. Über der Eingangstür hängt eine kleine weiße Jakobsmuschel, die erste, die mir an einer Kirche auffällt. Drinnen ist es angenehm kühl, kein Mensch ist da. Die Sonne brennt immer noch heiß vom Himmel als ich in mein Zimmer zurückkehre. Um 19 Uhr läuten die Glocken und ich verspüre seit langem wieder einmal den Wunsch, einen Abendgottesdienst zu besuchen und mache mich erneut auf den Weg zur Kirche. Doch die ist immer noch leer, niemand ist da, kein Gottesdienst findet hier an diesem Samstagabend statt. Schade. Das Gefühl, einen Gottesdienst besuchen zu wollen, macht sich bei mir nicht allzu oft bemerkbar. Heute war es da, doch leider findet keiner statt.

Ich kaufe mir etwas zu essen, setze mich auf eine Bank unter die Arkaden am Marktplatz und lasse die Atmosphäre dieses Ortes auf mich wirken. Dort lachen ein paar Menschen, hier sitzen andere zusammen und diskutieren, dort spielen Kinder, hier landet eine Taube, dort hält ein Motorrad, der Fahrer hängt seinen Helm an den Lenker und geht in ein Restaurant. Etwas passiert immer. Wer Zeit hat, einfach nur so dazusitzen und die Menschen beobachtet, kann viel entdecken. Links von mir telefoniert ein Wanderer in einer Telefonzelle. Er hat einen Rucksack auf dem Buckel, feste Schuhe und einen Wanderstab. Das ist bestimmt ein Fußpilger. Er legt auf und verschwindet in einer Seitenstraße.

Trotz aufkommender Müdigkeit bleibe ich noch eine Weile sitzen. Die ganze Abendstimmung ist einfach zu schön hier. Ich war noch nie an diesem Ort, noch nie in dieser Gegend, und doch fühle ich mich nicht fremd.

Gedanken des Tages:
Zu große Hitze macht auch keinen Spaß
Wer was riskiert, kann auch manchmal Glück haben

Tagesleistung: 51 Kilometer
Hôtel Comtes de Pardiac, Marciac, 55 Euro

Sonntag, 31. Mai 2009
Marciac - Pau/Lescar

Heute soll die Etappe auch wieder früh starten. Kurz nach 6 Uhr aufstehen und packen, dann bin ich startklar. Der Wirt schließt mir die Türe auf, ein kurzer Handschlag, ein paar nette Worte und dann bin ich mit mir, meinem Rad und dem frühen

Morgen alleine. Alles scheint noch zu schlafen, nicht viel rührt sich. Nach Marciac empfängt mich die Stille eines frühen Morgens, Frühnebel liegen noch auf den Wiesen und Feldern.

Die Etappe heute wird schwer. Laut Karte werden viele Anstiege auf dem Weg nach Pau meine Kraftreserven fordern. Das ist nicht zu vermeiden. Erst ab Pau kann wieder in einem Flusstal in Richtung Atlantik gefahren werden. Bis Pau aber erwartet mich heute eine echte Berg- und Talfahrt. Und gleich hinter Marciac steigt die Straße auch schon an. Noch stört mich das nicht, der Körper ist ausgeruht und der Tag noch angenehm kühl. Stille Nebelschwaden ziehen langsam über die Landschaft und die Sonne versucht bereits erfolgreich hinter diesem Schleier aus Dunst ihre Kräfte zu bündeln, um später gnadenlos durchzubrechen. Kurz vor Maubourguet lenkt eine Jakobsmuschel auf einem hölzernen Wegweiser die Fußpilger von der Landstraße auf einen Feldweg, Radfahrer bleiben auf der Straße.

Nach Maubourguet folgt wieder ein Anstieg. Etwas weiter oben, kurz vor einer Kurve, läuft ein Wanderer mit Rucksack am Straßenrand. Kaum ist er vor mir aufgetaucht, verschwindet er auch schon wieder um die nächste Biegung. Gerne würde ich den Fußpilger vor mir einholen und kennen lernen. Aber nach der nächsten Kurve ist nichts mehr von ihm zu sehen. Schon bald zeigt ein Wegweiser von der Straße in einen Waldweg. Hier wird der Wanderer wohl abgebogen sein.

Es wird heiß, ab 11 Uhr leider wieder viel zu heiß. Von Lembeye, einem kleinen Ort auf einer Anhöhe bietet sich mir ein großartiger Weitblick über die umliegende Landschaft. Die Hügelkette am Horizont ist als nächstes zu überwinden, meine Befürchtungen werden wahr.

Ab hier führen einige Serpentinen nach unten und ein Stück durchs Tal der Lées. Die nächsten führen dann aber leider nicht mehr nach unten, sondern wieder nach oben. Ich steige ab und schiebe. Das Klima ist jetzt viel zu heiß, um mich auf dem Rad dorthinauf zu quälen. Ein herrenloser Hund kommt mir auf der Straße entgegengelaufen. Das gefällt mir gar nicht! Er ist aber klein, rennt zum Glück ziemlich schnell an mir vorbei und scheint sich nicht für mich zu interessieren. Weiter bergan, Hundegebell links von mir. Das gefällt mir auch nicht. Diesmal ist es ein großer Hund, er steht alleine und völlig frei auf einem Acker in der Nähe eines Bauernhofs. Er bellt weiter, kommt aber nicht näher. Ich taste nach der Dose Pfefferspray in meiner Tasche. Wenn der auf die Straße kommt, dann kann er was erleben! Endlich ist die Anhöhe erreicht, schnell aufsteigen und weiterfahren. Der Hund bellt noch immer auf seinem Acker, kommt aber nicht auf die Straße. Das ist auch besser so, für mich aber auch für ihn.

Ein Einheimischer überholt mich auf seinem Rennrad, hält an und wir kommen ins Gespräch. „Unterwegs nach Santiago?" will er wissen und bietet mir dann einen Platz zum Zelten auf seinem Grund und Boden im nächsten Ort an. Ohne Zelt ist das aber etwas schwierig und so erkläre ich ihm, dass ich mir in Pau ein Hotelzimmer nehmen werde, bedanke mich aber für das nette Angebot. Dann geht's weiter, denn die Hitze wird immer unerträglicher. Gut, wenn man die Landessprache beherrscht. Je näher die spanische Grenze heranrückt, desto mehr beschäftigt mich nun diese Frage. Seit einem Jahr besuche ich einen Spanischkurs für Anfänger an der Volkshochschule, um wenigstens etwas sprechen und verstehen zu können. Aber das wird niemals ausreichen, um so kommunizieren zu können wie hier am letzten Anstieg vor Pau.

Endlich bergab und dann hinein in die große Stadt. Ich folge einer langen Einfallstraße und habe eigentlich keine Ahnung welche Richtung einzuschlagen ist. In Pau gibt es zwei Etap Hôtels, soviel ist bekannt. Wo die sich aber genau befinden, das liegt noch im Dunkeln. Ich halte an, setze mich auf eine

Bank, trinke lauwarmes Wasser und denke nach. Besser frühzeitig mit dem Denken zu beginnen, als lange planlos herumzuirren wie in Montpellier, nicht wahr Johannes, das haben wir doch gelernt! Auf der anderen Straßenseite liegt eine Tankstelle. Die haben sicher kühle Getränke und einen Stadtplan. Gedacht, Straße überquert, und eingekauft. Dann geht's zurück auf die Bank, um in Ruhe zu trinken und den Stadtplan zu studieren. Ich finde meinen aktuellen Standort, orientiere mich und lokalisiere die beiden Hotels. Das eine liegt gleich um die Ecke, das andere etwas weiter entfernt, westlich der Stadtmitte. Da meine Reiseroute morgen weiter nach Westen führen wird, erscheint es mir günstiger, das dort gelegene Hotel anzufahren. Das ist zwar heute noch eine weitere Strecke, erspart mir aber morgen früh die Durchquerung der ganzen Stadt.

Im Stadtzentrum stellt sich mir dann die Frage: Wer könnte an einem Sonntag meinen Pilgerausweis abstempeln? Das Rathaus ist geschlossen und auf die Kirchen ist meist auch kein Verlass. Pfarrämter sind entweder nicht auffindbar oder verschlossen. Auf dem Stadtplan ist nahe der Stadtmitte ein Château (Schloss) eingezeichnet. Vielleicht hilft man dort einem Pilger. Das Museum hat sicher an einem Sonntagnachmittag geöffnet.

Vor einer großen Kirche halte ich an, stelle mein Rad ab und begebe mich in die Stille und das Dämmerlicht des alten Gemäuers. Eine Frau kommt mir entgegen. Sie trägt einen Rucksack und hält einen Wanderstab in der Hand, eine Jakobspilgerin. Vor der Kirche kommen wir ins Gespräch. Sie will den Somportpass in den Pyrenäen überqueren und dann in den nächsten Wochen bis Santiago laufen. Mein Weg wird mich an den Atlantik führen und erst ein Jahr später nach Santiago. Sie spricht mit einem stark südfranzösischen Akzent und ist nur schwer zu verstehen. Wir verabschieden uns und jeder geht seiner Wege. Neben der Kirche findet sich tatsächlich ein

Pfarrbüro. Das große Eingangstor steht offen, alle weiteren Türen sind jedoch verschlossen. Das Innere des Gebäudekomplexes könnte einen neuen Anstrich gebrauchen. Verglichen mit Deutschland ist die Kirche in Frankreich arm. Es gibt keine Kirchensteuer, alles wird nur über Spenden finanziert.

Das Museum im Schloss öffnet erst wieder um 14 Uhr. Im Schatten eines Baumes lässt sich die Zeit aber gut überbrücken. Das Warten lohnt sich, am Infostand des Stadtschlosses zu Pau kommt mein Pilgerausweis heute unter den Stempel. In den Gassen der Altstadt sitzen die Menschen in den Kaffees und Straßenrestaurants und es macht mir immer Spaß zu sehen, was andere so schlemmen. Müdigkeit macht sich bemerkbar und über dem nahen Gebirge ziehen sich dunkle Wolken zusammen. Ein Gewitter könnte losbrechen und da ist man in einem Hotelzimmer besser aufgehoben als auf der Straße. Also weiter in Richtung Lescar, einem Vorort im Westen von Pau. Wenig später sehe ich neben der Straße einen Wanderer mit Stab und Jakobsmuschel am Rucksack. Es ist die Frau aus der Kirche. Wir grüßen uns, sie kennt die Richtung, dann trennen sich unsere Wege auch schon wieder.

Gegen 14:30 Uhr erreiche ich das Etap Hôtel in einer ruhigen Gegend am Rande eines Gewerbegebiets. Vor dem Eingang stehen einige Menschen, ich grüße sie und frage nach einem Zimmer. „Haben Sie reserviert?" „Leider nicht. Gibt es aber trotzdem eine Übernachtungsmöglichkeit?" Und wieder ist das Glück auf meiner Seite, denn vor mir steht das Verwalterehepaar des Hotels. „Wir öffnen zwar erst um 17 Uhr, aber da Sie nun schon mal da sind, kommen Sie doch herein", erklären sie, öffnen extra wegen mir das Büro und übergeben mir den Schlüssel. Dann wird die Eingangstür wieder geschlossen und die beiden verschwinden irgendwo im Haus. Ein paar Minuten später, und diese Türe wäre verschlossen gewesen. Mein heutiges Zuhause liegt im zweiten Stock, ist sauber und geräumig und hat ein großes Fenster, das bald weit offen steht. Und wieder wurde gut für mich gesorgt.

Duschen, umziehen, Hunger macht sich bemerkbar. Da die Supermärkte an einem Sonntag geschlossen sind muss eine andere Lösung her. Ich lasse mein Rad im Zimmer, mache mich zu Fuß auf den Weg, laufe durch das Gewerbegebiet und suche eine Möglichkeit zu Abend zu essen. Die Preise auf den Speisekarten einiger Restaurants sind viel zu hoch. Ein großes gelbes „M" taucht auf. Mal sehen, was die so haben. Ein Hamburger als Starter, ein „le Sandwich" als Hauptgang (Ciabatta Brötchen mit 250 Gramm Rindfleisch und einer Tomate) und ein kleines Vanilleeis als Dessert. „Welche Soße möchten Sie zum Eis?" Soße? Keine Soße natürlich, die macht doch nur dick. Nach diesem Menü bin ich satt und zufrieden. Das hat gut geschmeckt, war nicht zu teuer und sicher auch nicht allzu ungesund. Immerhin war eine Tomate dabei!

Die Wolken am Himmel sind immer noch recht dunkel, der Rückweg bleibt aber trocken. Heute Nachmittag wird wieder ein Tennismatch übertragen, bin mal gespannt, wie weit Roger Federer in diesem Tournier kommt.

Gedanken des Tages:
Früh aufstehen lohnt sich, vor allem an heißen Tagen
Streunende Hunde machen mir immer noch Angst

Tagesleistung: 70 Kilometer
Etap Hôtel Pau/Lescar, 43 Euro

Montag, 01. Juni 2009
Pau/Lescar - Bayonne

Pfingstmontag, Feiertag, an dem die Läden den ganzen Tag geschlossen sind. Der Zukauf von frischem Mineralwasser entpuppt sich an solchen Tagen immer als recht schwierig. Bereits um halb 7 Uhr beginnt die Tour. Ich habe gut geschlafen und bin voller Tatendrang. Das nächste Etap Hôtel liegt in Bayonne, dazwischen gibt es nur Landgasthöfe. Deren Matratzen müssen aber nicht unbedingt von mir wieder getestet werden. Die 100 Kilometer bis Bayonne fordern Kraft, vor allem bei dieser Hitze.

Der Morgen ist angenehm kühl, die Straße hat einen Seitenstreifen für Radfahrer und es herrscht noch sehr wenig Verkehr. Ich trete ordentlich in die Pedale, komme gut voran und freue mich über die Dörfer, Wiesen und Wälder. Die schneebedeckten Gipfel sind aus dem Tal des Gave de Pau leider nicht mehr zu sehen. Dafür lässt sich aber von Pau bis Bayonne wieder einmal ein Flusstal nutzen. Anstiege sollten daher heute keine zu überwinden sein. Sollten! Aber oft kommt es eben anders als man denkt.

Die ersten 20 Kilometer fliegen nur so an mir vorbei. Bei Lacq sollte die Tour ein kurzes Stück über die Nationalstraße rollen. Danach wäre die Weiterfahrt wieder auf einer Landstraße möglich. Doch genau an dieser Stelle wird gebaut. Die Weiterfahrt für Radfahrer ist zu eng und daher gesperrt. Ausgerechnet an diesem Nadelöhr. Eine Lösung muss her. Dass diese Stelle kompliziert werden könnte, war abzusehen, aber dass es so dumm laufen würde, war nicht Teil meiner Planung. Nur eine Landstraße bietet sich laut Karte an, die führt aber durch Abidos weiter im Süden. Also, wieder ein Stück zurück. Der ganze Schwung des Morgens ist dahin. Aber es kommt noch schlimmer! Die Straße steigt an und windet sich stetig bergauf. Ich steige ab, schiebe, verfluche die Bauarbeiten an der Nationalstraße und denjenigen, der diese Landstraße geradewegs über einen Bergkamm gebaut hat. Der Ort Lagor liegt wirklich ziemlich weit oben. Von hier aus sind zwar wieder die schneebedeckten Gipfel der Pyrenäen zu sehen, was mir jetzt aber egal ist.

Ein paar Leckereien aus der Dorfbäckerei beruhigen die Nerven und eine Telefonzelle ruft zum Absetzen eines Lebenszeichens auf. Niemand meldet sich zuhause, also später noch mal versuchen. Und weiter geht's, immer noch bergan. Und dabei sollte es ab Pau für dieses Jahr keine Anstiege mehr geben. Die Straße zieht sich auf dem Bergrücken einige Kilometer nach Westen, bis sie dann endlich vor Maslacq wieder ins Tal abfällt.

Mitten im Nirgendwo, am Rande eines kleinen Dorfes, steht eine ziemlich ramponierte Telefonzelle. Ob die wohl funktioniert? Sie funktioniert.

Über Orthez führen kleine Nebenstraßen weiter in Richtung Bellocq. Hier macht Radfahren Spaß, wenig Verkehr, zum Glück bis jetzt keine Hunde und eine schöne Flusslandschaft. Langsam geht mein Wasservorrat wieder einmal zur Neige. Woher an einem Feiertag in Frankreich frisches Wasser bekommen? Dorfbrunnen mit Trinkwasser wie in den Alpen gibt es hier nicht, jedenfalls sind mir noch keine aufgefallen. Die kleinen Dorfläden sind geschlossen und Tankstellen sind auch keine zu sehen. Der nächste größere Ort ist Peyrehorade, bis dorthin sollten meine Vorräte noch reichen.

Peyrehorade ist erreicht, keine Tankstelle zeigt sich, nur ein paar kleine Restaurants und Kaffees. In einem der Restaurants möchte ich mir eine Flasche Mineralwasser kaufen. Der Durst ist groß und schon der Gedanke an kühles, prickelndes Mineralwasser macht mich halb wahnsinnig. Und wenn die Flasche drei bis viermal mehr kostet als im Supermarkt, das ist mir im Moment egal. Ich frage die Kellnerin, die ihre Chefin und die sagt „Non!" Wieso Non? Das Wasser wird auch bezahlt, obwohl ihr sicher viel zu viel verlangt. Getränke nur im Restaurant, nach draußen werden keine Flaschen Mineralwasser verkauft. Wasser aus der Leitung gibt's am Hahn in der Toilette. Kein weiteres Argument zieht, die Frau bleibt stur. Ich fülle also meine beiden Flaschen mit fadem Leitungswasser ab und träume weiter von prickelnd frischem Mineralwasser. Hätte nie gedacht, dass einfaches Mineralwasser so verlockend sein kann.

Wenn mir kein frisches Wasser verkauft wird, hält mich hier auch nichts. Ich steige auf, verlasse Peyrehorade über eine Brücke und fahre am Fluss entlang. Noch 40 Kilometer bis Bayonne. Die Sonne brennt und das lauwarme Wasser löscht nicht wirklich meinen Durst. Ich schwitze, verfluche die Feiertage an denen die Geschäfte geschlossen sind und trete vor lauter Wut noch kräftiger in die Pedale. Die schmale Uferstraße führt immer am Fluss entlang. Obstbäume säumen den Weg, die Wiesen sind voller Blumen, aber der Durst beginnt mich zu quälen und Bilder von eiskalten Getränken, die prickelnd durch die Kehle zischen spinnen in meinem Kopf herum. Wann werde ich wieder so etwas Herrliches trinken können? Alle 5 Kilometer folgen nun kurze Ruhepausen unter Bäumen, es ist wieder unerträglich heiß.

Endlich ist Urt erreicht, ich dachte schon dieser Ort würde niemals auftauchen. Hier ist die einzige Brücke über den Fluss im Umkreis von vielen Kilometern. Von hier aus sind es noch 20 Kilometer bis Bayonne. Gleich neben der Brücke mache ich eine Pause, lege mich in den Schatten eines Baumes und döse vor mich hin. Der Rucksack dient mir dabei als Kopfkissen. Schön, vor der Sonne geschützt im Schatten zu liegen, einfach nur so in die Krone eines Baumes zu blicken und vor sich hin zu träumen. Das Problem ist nur – man möchte gar nicht mehr aufstehen und weiterfahren. Aber von nichts kommt nichts und nur vom Herumliegen lässt sich Bayonne heute Abend nicht erreichen. Ich bleibe noch 5 Minuten liegen, weil es hier im Schatten so angenehm kühl ist, und dann weitere 5 Minuten, weil da draußen immer noch die heiße Luft steht, und nochmals 5 Minuten, weil ... Ausreden, nicht aufzustehen, sind reichlich zu finden. Irgendwann ist dann aber wirklich Schluss. Jetzt wird weitergefahren! Auf den Sattel und raus in die Sonne, über die Brücke und weiter in Richtung Bayonne.

Die Straße zieht sich am Ufer des Adour entlang, keine Anstiege aber leider auch wenig Schatten. Die Hitze treibt den Schweiß aus allen Poren und der Kampf um die letzten Kilometer wird gnadenlos. Endlich, nach einer gefühlten Ewigkeit, liegen diese letzten 20 Kilometer hinter mir und der Ortseingang von Bayonne ist erreicht.

Laut Karte liegt das Etap Hôtel an diesem Ende der Stadt, kann also nicht weit sein. Schöne Vorortviertel säumen den Weg, dann kommt ein Gewerbegebiet und dort liegt das Hotel. Hoffentlich verlässt mich das Glück auch heute nicht und erlaubt mir schon vor 17 Uhr ein Zimmer zu beziehen. Die Rezeption ist besetzt und eine freundliche Mitarbeiterin bucht mich umgehend ein. Aber das Beste kommt noch! Im Eingangsbereich des Hotels steht ein Getränkeautomat und darin strahlen mich kühle Dosen an. Widerstand zwecklos! Die Dosen sind nicht billig, aber das ist mir jetzt egal. Gleich drei von ihnen plumpsen aus der Maschine und die kühle prickelnde Flüssigkeit zischt meinen großen Durst einfach weg. Wahnsinn, wie gut das tut! Ein alter Werbespot kommt mir in den Sinn, in dem ein Mann in der Wüste eine Dose mit eiskaltem Getränk die Kehle hinunterlaufen lässt – und genau so fühlt sich das jetzt an, ich bin gerettet!

Duschen, ausruhen, dann muss der Hunger gestillt werden. Wo ist nur das große gelbe „M" in diesem Gewerbegebiet? Es ist schnell gefunden, doch leider gibt's hier kein „le Sandwich" wie gestern Abend in Pau. Dann speisen wir heute Abend eben anders. Zwei Hamburger und ein kleines Vanilleeis, natürlich wieder ohne Soße. Zum ersten Mal erscheint mir die spanische Grenze nicht mehr unerreichbar weit. Hendaye und Irun sind zu erreichen. Noch schnell die Beine in der Abendsonne vertreten, dann zurück ins Hotel, etwas Tennis im Fernsehen und anschließend Ruhe.

Gedanken des Tages:
Der Gedanke an kühles, prickelndes Mineralwasser kann richtig weh tun
An Sonn- und Feiertagen kann Wasser zum Problem werden

Tagesleistung: 116 Kilometer
Etap Hôtel Bayonne, 42 Euro

Dienstag, 02. Juni 2009
Bayonne - Ciboure

Der heutige Tag kann ganz ruhig angegangen werden, das nächste Etap Hôtel in Ciboure neben St-Jean-de-Luz ist wirklich nicht mehr weit entfernt. Im Stadtzentrum von Bayonne sind die Gassen rund um die Kathedrale noch leer. Im Bürgerbüro des Rathauses drückt mir eine Angestellte einen unleserlichen grünen Farbklecks in meinen Pilgerausweis. Ein zweiter Versuch in einer anderen Amtsstube bringt auch kein besseres Ergebnis. Zwei grüne Farbkleckse zieren nun das Dokument. Im zweiten ist zumindest der Name Bayonne fast noch zu erkennen. Ich trage es mit Fassung. Ein Pilger soll für alles dankbar sein. Vor allem aber soll er sich nicht aufregen, das ist sehr schlecht fürs Herz!

Im Bahnhof müssen jetzt die Zugtickets für die Heimreise gekauft werden. Das ist immer ein spannender Augenblick. Sind noch Plätze frei? Wird das Rad zum Problem? Die Entscheidung bezüglich der Rückreise sieht wie folgt aus: Statt von Hendaye über Arles nach Strasbourg zurückzufahren, werde ich den Nachtzug von Hendaye nach Paris nehmen, von dort aus nach Châteaudun weiterfahren (dem Heimatort meiner Frau), einen Tag bei der Familie verbringen, das Rad abstellen (wird im August mit dem Auto nach Schweinfurt zurückgeholt) und von Paris aus den ICE nach Frankfurt nehmen. Soweit der Plan, jetzt muss er nur noch realisiert werden.

Im Bahnhof herrscht noch keine Hektik. Das Personal ist nicht gestresst und kann mich ausführlich beraten. Die Reservierung für übermorgen Abend von Hendaye nach Paris im Liegewagen mit Radstellplatz ist kein Problem, Paris-Châteaudun auch nicht. Beim ICE von Paris nach Frankfurt wird das schon schwieriger. Dort existieren bereits viele Reservierungen, ein Sitzplatz lässt sich dann aber doch noch finden. Laut Auskunft der allerletzte Platz in der zweiten Klasse. Jetzt ist der ICE am Samstag von Paris nach Frankfurt in der zweiten Klasse komplett ausgebucht – Glück gehabt!

Geschafft, die Heimreise ist organisiert, nun kann eigentlich nichts mehr schief gehen. Am Fluss Adour entlang rollt mein Rad in Richtung Meer. Wann und wo wird der Atlantik zum ersten Mal zu sehen sein? Eine letzte Kurve, dann liegt er vor mir, unendlich weit, blau und ruhig. Ich setze mich auf eine Bank und schaue hinaus aufs Meer. Zeit ist heute kein Problem, das Ziel ist so nahe. Ein Radweg führt weiter ins Zentrum von Biarritz. Im Rathaus gibt's einen weiteren Tagesstempel, diesmal einen gut leserlichen. „Sie haben doch schon für heute zwei Stempel aus Bayonne", bemerkt der freundliche Mann vom Amt, als er sein Stadtwappen neben die Katastrophen von Bayonne setzt. „Das sind doch keine Stempel", erwidere ich, „das sind doch nur Farbkleckse!" Er lächelt.

Nach Biarritz steigt die Straße noch einmal an, Grund genug reichlich Wasser nachzukaufen. Zum Glück sind die Läden heute wieder geöffnet. Die letzten Kilometer nach St-Jean-de-Luz ziehen sich in die Länge. Das ist leider immer so, wenn man kurz vor dem Ziel steht und ankommen möchte. Endlich liegen die Gassen der Altstadt von St-Jean vor mir.

Das Etap Hôtel befindet sich in Ciboure, einem kleinen Ort, nur durch eine Brücke von St-Jean getrennt. Die Rezeption ist bereits besetzt und eine nette Mitarbeiterin bucht mich in ein schönes Zimmer im vierten Stock mit Blick aufs Meer. Das Rad kommt in die Tiefgarage, mit aufs Zimmer nehmen geht hier nicht. Das Hotel ist neu und man hat Angst, die Wände könnten verkratzt werden.

Am Abend ziehe ich in aller Ruhe durch die Gassen von St-Jean-de-Luz und sehe mir die Auslagen in den Schaufenstern an. Eine Bank an der Strandpromenade mit Blick aufs Meer bietet sich mir zum Verweilen an, um in Ruhe diesen schönen Tag ausklingen zu lassen. Am Strand sonnen sich einige Menschen, im Wasser sind nur ganz wenige.

Zeit um einmal bewusst in sich zu gehen. Auch in diesem Jahr verlief die Tour ohne Pannen und Krankheiten. Ein großes Dankeschön an meinen Körper, dass er so gut durchgehalten hat (in meinem Alter keine Selbstverständlichkeit), an meinen Rücken, dass er die Tour nicht vermasselt hat, an die Hunde, die sich nicht blicken ließen und an alle, die mir geholfen haben.

Gedanken des Tages:
Ich habe es wieder einmal geschafft

Tagesleistung: 41 Kilometer
Etap Hôtel Ciboure, 45 Euro

Mittwoch, 03. Juni 2009
Ciboure - Irun - Ciboure

Heute bleibt das Gepäck auf dem Zimmer, zwei Nächte sind gebucht. Die Tagesplanung sieht wie folgt aus: Nach Hendaye fahren, kurz die spanische Grenze überqueren, und wieder hierher zurückkehren.

Auf der Küstenstraße führt mein Weg die „Corniche Basque" entlang in Richtung Spanien. Ohne Satteltaschen und ohne den schweren Rucksack ist das um einiges leichter und angenehmer. Dann taucht Spanien am Horizont auf. Bis auf den Besuch einer Industriemesse in Madrid vor 17 Jahren ist mir dieses Land völlig unbekannt. Um sprachlich nicht völlig verloren zu sein besuche ich seit einem Jahr einen Spanisch Grundkurs an der Volkshochschule. Ob das nutzt, wird sich zeigen. Nach einer letzten Kurve liegt der erste Höhenzug Spaniens jenseits des Grenzflusses Bidassoa genau vor mir.

Im Rathaus von Hendaye wird mein Pilgerausweis zum letzten Mal in Frankreich abgestempelt. Danach will ich endlich spanischen Boden betreten und überquere die Grenzbrücke, ohne kontrolliert zu werden. Man fährt hier von Frankreich nach Spanien wie vom Landkreis Schweinfurt in den Landkreis Würzburg. So einfach ist das heute in Europa. Nur die Sprache, die wird jetzt zum Problem. Das hier ist nun eine Grenze, die meine Möglichkeiten der Kommunikation sehr stark einschränken wird. Und das bekomme ich auch schon sehr bald zu spüren.

Mein erster Eindruck auf der anderen Seite der Grenze ist äußerst positiv. Die Straßen in Irun sind gut, die Verkehrsschilder neu und alles ist sehr sauber. Die Häuser machen auf mich einen sehr spanischen Eindruck, das gesamte Erscheinungsbild der Stadt ist anders als noch vor wenigen Minuten in Frankreich. Auf der Suche nach dem Rathaus stellt sich mir dann die Frage: Wie heißt eigentlich Rathaus auf Spanisch? Da für dieses Jahr noch kein Grenzübertritt nach Spanien eingeplant war, befindet sich natürlich auch kein Wörterbuch in meinem Gepäck. Genau genommen ist für Spanien rein gar nichts vorhanden, nicht einmal eine Anschlusskarte nach San Sebastian. Ich spreche einen älteren, freundlich aussehenden Mann auf Französisch an. Frankreich ist von hier aus jenseits der Grenzbrücke noch zu sehen, da müssten die Menschen eigentlich etwas Französisch verstehen. Soweit die Theorie, die Praxis sieht natürlich völlig anders aus. Der Mann versteht mich nicht. Mir fällt das spanische Wort für Verwaltung ein. Das scheint anzukommen. Er antwortet nun aber in sehr schnellem Spanisch und außer „a la derecha" (rechts) verstehe ich nichts. Aber an seiner Handbewegung ist ganz deutlich die Richtung auszumachen, in der das Rathaus zu liegen scheint. Dort braucht es dann nicht vieler Worte, man kennt den Pilgerausweis (ist ja auch das Original) und der erhält nun seinen ersten spanischen Eintrag.

Jetzt wäre eine Anschlusskarte nicht schlecht, denn ohne eine solche ist Weiterfahren unmöglich und der Tag noch jung. Also, muss erst einmal ein Buchladen gefunden werden, der Landkarten verkauft. Wie heißt eigentlich Buchladen auf Spanisch? Ich habe mir die Verständigung vor allem an der französischen Grenze ganz anders vorgestellt, habe wirklich geglaubt, zumindest hier noch mit Französisch zu Recht zu kommen. Dem ist aber nicht so. Und versteht mich dann trotzdem jemand, kommt die Antwort auf Spanisch und man muss froh sein, dass sie nicht auf Baskisch kommt. An der Hauptstraße will kein Buchgeschäft auftauchen. In der Not spreche ich einen intelligent drein blickenden Mann auf Englisch an. Er spricht diese Sprache sehr gut und irgendwann im Gespräch bemerken wir, dass wir beide aus dem gleichen Land kommen und benutzen unsere eigene Sprache. Er wohnt drüben in Frankreich, seine Frau ist Spanierin. Die nimmt gleich die Befragung spanischer Passanten in die Hand und so ergibt sich zumindest die grobe Richtung zu einem Buchladen. Immerhin, die Vorgehensweise war erfolgreich. Ich finde das Geschäft und mit Händen und Füßen gelingt es mir tatsächlich, eine Straßenkarte des Baskenlandes zu kaufen.

Im Schatten der Bäume um den Zabaltza Plaza beginnt dann das Studium dieser neuen Karte. Hondarribia, ein kleiner Ort neben Irun bietet sich als Kurztrip für diesen Nachmittag an.

Dort angekommen empfängt mich ein mittelalterlicher Ortskern mit alten Steinhäusern in engen Gassen. In einem Lebensmittelgeschäft wird der erste Versuch gewagt spanisch einzukaufen. Hier versteht man etwas Französisch, der Rest geht mit Gestik und ergibt tatsächlich Mineralwasser, Tomaten und Brot. An der Küstenpromenade wird danach erst einmal eine wohlverdiente Pause eingelegt. Die Sprachprobleme frustrieren, meine Selbständigkeit ist eingeschränkt, ein Gefühl der Isolation macht sich breit. Die Moral sinkt und das darf nicht einreißen.

Ich trete den Rückweg an. Immerhin muss noch in Spanien bis Irun und in Frankreich auf der Küstenstraße nach Ciboure zurückgefahren werden. Das ist schon noch eine gute Distanz. Nach der Grenzbrücke fühle ich mich wieder zuhause. Wer seit 25 Jahren mit einer Französin verheiratet ist, der sollte so empfinden. Von der Küstenstraße aus bietet sich mir ein wunderbarer Blick auf den Atlantik. Kurz vor Ciboure wird noch einmal eingekauft und im Hotel setze ich mich ans Fenster, blicke hinaus auf den Hafen und esse zu Abend.

Am späten Nachmittag lockt der Strand von St-Jean. Die Abendsonne wärmt noch, ich lege mein Handtuch in den Sand und wage mich ins Wasser. Das ist aber richtig kalt, da bleibt keiner lange drinnen. Seit langer Zeit habe ich nicht mehr im Meer gebadet, schmecke das Salz, tauche und schwimme etwas herum. Dann aber nichts wie raus in die Sonne. Der Sand ist weich und warm, die letzten Sonnenstrahlen angenehm auf der Haut und die wenigen Menschen um mich herum sind ruhig und friedlich.

Anschließend Abendbummel durch die Altstadt von St-Jean. Ich lasse die Atmosphäre auf mich wirken, sehe mir die Speisekarten einiger Restaurants an und staune nicht schlecht über die gepfefferten Preise. Wer kann sich das eigentlich leisten? Aber die Straßenkaffees und Restaurants sind voll. Die Luxusautos am Hafen gehören bestimmt den Restaurantbesitzern, die sich bei den Preisen diese Autos leisten können. Die Abendsonne begleitet mich über die Brücke zwischen St-Jean und Ciboure. Ich kehre in mein Zimmer zurück, lege mich ins Bett, lasse das Fenster zum Meer weit offen und schlafe schon bald ein.

Gedanken des Tages:
Ohne Sprachkenntnisse ist man isoliert
Diese Grenze trennt nun meine Sprachen von denen der Anderen
Kann ich die letzten 800 Kilometer immer noch alleine fahren?

Tagesleistung: 50 Kilometer
Etap Hôtel Ciboure, 45 Euro

Donnerstag, 04. Juni 2009
Ciboure - Hendaye, Rückreise per Nachtzug nach Paris

Letzter Tag für dieses Jahr. Ursprünglich sollte das Gepäck im Hotel bleiben und ein ruhiger Vormittag am Strand von St-Jean folgen. Aber das Wetter spielt nicht mit. Am Himmel sind Wolken aufgezogen und es wäre sicher ratsam, langsam in Richtung Hendaye zu fahren. Bis der Nachtzug heute Abend um 22:15 Uhr abfährt ist genügend Zeit, das Ganze ohne Stress anzugehen. Diesmal ist das volle Gepäck auf der Küstenstraße mit dabei.

In Hendaye überquere ich die Grenzbrücke und bin wieder in Spanien. Im Gegensatz zu Gestern ist mir Irun heute nicht mehr so fremd und eine Anschlusskarte ist auch schon an Bord. Gerne würde ich ein Stück auf der Nationalstraße in Richtung San Sebastian fahren, um zu erkunden, wie man auf einer solchen Straße in Spanien mit dem Rad zurechtkommt, und, um eine bestimmte Stelle zu finden, an der laut Karte eine Landstraße in Richtung San Sebastian abzweigen soll. Gelingt mir das, wäre für nächstes Jahr bereits gute Vorarbeit geleistet. Die letzten Stunden sollten auf jeden Fall so gut wie möglich genutzt werden, um den Start 2010 von hier aus nach Westen vorzubereiten. Noch ist dies möglich, morgen hingegen bin ich schon wieder weit im Norden.

Wasser ist ausreichend im Rucksack und das Klima auch nicht mehr so drückend heiß. Wolken verdecken zum ersten Mal seit Tagen die Sonne. Eigentlich sehr angenehme Voraussetzungen zum Radfahren. Von Irun fahre ich wie gestern nach Hondarribia, biege dann aber nach links auf die Nationalstraße nach San Sebastian ab. Der Verkehr wird dichter, Lastwagen donnern an mir vorbei. Am rechten Straßenrand bietet jedoch ein ausreichend breiter Seitenstreifen etwas Sicherheit. Nach einigen Kilometern wird die Straße vierspurig, steigt an, ist aber immer noch eine Nationalstraße, auf der Radfahren nicht verboten ist. Das Gefühl, auf dem Seitenstreifen einer Autobahn zu fahren, ist trotzdem eigenartig. Die Anhöhe ist erreicht und vor mir liegt die gesuchte Abzweigung nach Lezo. Nur noch knapp 10 Kilometer trennen mich jetzt von San Sebastian. Die Straße fällt ab und da mein Zug heute Abend von Hendaye und nicht von San Sebastian abfährt, hält sich die Lust in Grenzen, den ganzen Berg von der anderen Seite wieder nach oben fahren zu müssen. Bei allem Ehrgeiz, diese erste spanische Großstadt noch in diesem Jahr zu erreichen, treffe ich hier und jetzt die Entscheidung, die Tour 2009 zu beenden und nach Irun zurückzukehren.

Der kleine Hunger macht sich bemerkbar und wird an einer Tankstelle mit einem Sandwich gestillt. Die Verständigung klappt, allzu viel reden muss man da nicht. Dann setze ich mich wie gestern auf eine Bank am Zabaltza Plaza mitten in Irun und schaue einfach nur dem Treiben auf diesem Platz zu. Mir fällt auf, dass viele alte Menschen von jüngeren liebevoll begleitet werden. Die Senioren scheinen glücklich und zufrieden zu sein, nehmen so gut es geht am täglichen Geschehen teil und werden nicht in Altersheime abgeschoben. In südlichen Ländern geht man vielleicht ganz anders mit alten Menschen um wie bei uns im Norden. Hier funktionieren Großfamilien noch und auch die ganz Alten sind dort gut integriert. Ich hoffe, auch einmal so liebevoll umsorgt alt werden zu können. Was ich hier sehe gefällt mir.

Danach schlendere ich kreuz und quer durch Irun und präge mir für nächstes Jahr die Umgebung ein. Ein relativ großer Buchladen springt mir dabei ins Auge und eine weitere Anschlusskarte über die spanische Nordküste wird gekauft. Meine sehr limitierten Spanischkenntnisse reichen dafür aus, das lässt Hoffnung aufkeimen.

Zurück nach Frankreich und Zeit vertreiben an der Strandpromenade von Hendaye. Über den Bergen im Osten braut sich Dunkles zusammen. Da sollte man sich lieber nicht allzu weit vom Bahnhof entfernen, um nicht am letzten Abend doch noch einmal geduscht zu werden. Noch hängen die Wolken an den Bergen und bedrohen mich in Strandnähe nicht. Irgendwann wird mir das Ganze dann aber doch zu mulmig und ich mache mich auf den Weg zum Bahnhof. Dort angekommen werden Rad und Gepäck in einer sicheren Ecke abgestellt und eine Bank zum Ausruhen angesteuert. In etwas über einer Stunde geht mein Zug.

Gegen 21:30 Uhr fährt der täglich verkehrende spanische Schnellzug von Santiago de Compostela in den Bahnhof von Hendaye ein. Ob er ein Fahrradabteil hat, ist von meiner Position aus nicht zu erkennen. Nur Fußpilger steigen aus, meist ältere Menschen mit Rucksäcken und Jakobsmuscheln. Ich muss herausbekommen, ob in diesem Zug Fahrräder mitgenommen werden dürfen.

Die Franzosen an der Auskunft wissen nichts Genaues, hätten aber gehört, dass die Spanier nur gut verpackte Fahrräder in ihren Schnellzügen mitnehmen. Draußen auf dem Bahnsteig steht ein Mitarbeiter der RENFE, der spanischen Eisenbahngesellschaft. Der müsste mir diese Frage doch am besten beantworten können. Die Konversation entpuppt sich aber als schwierig. Natürlich spreche ich ihn auf Französisch an, denn wir befinden uns ja hier auf französischem Boden. Er scheint aber nicht viel zu verstehen und antwortet in Spanisch, was mir nun wiederum Probleme bereitet. Grenzen trennen Sprachen. Irgendwie hilft dann doch Gestik und meine wenigen spanischen Brocken wie „Fahrrad" und „möglich" und „Zug." „No es posible!", sagt er, keine Fahrradmitnahme auf diesem Schnellzug. Das Problem für nächstes Jahr ist somit da. Dieser direkte Zug von Santiago nach Hendaye wäre genau das Richtige für die Rückreise in 2010 gewesen. Dass aber in diesem Zug keine Fahrräder mitgenommen werden dürfen ist ein gewaltiger Rückschlag. Eine andere Lösung muss gefunden werden. Zum Glück ist bis dahin noch ein Jahr Zeit und wofür haben wir denn das Internet. Da wird sich schon noch eine Lösung finden lassen.

Der Nachtzug Hendaye-Paris ist eingefahren und wir dürfen einsteigen. Und wieder steht mir ein ganzes Liegewagenabteil zur alleinigen Verfügung. Das bedeutet, kein Geschnarche heute Nacht, außer meinem eigenen, aber das wird mich nicht stören.

Ein leises Prasseln auf der Überdachung des Bahnsteigs verrät, dass Regen einsetzt. Was für ein Glück. Jetzt, da ich sicher im Zug sitze und die Rückreise antrete, gerade in diesem Moment beginnt sich draußen das Wetter zu ändern. Perfektes Timing! Wir fahren pünktlich ab und nach etwa 15 Minuten rauschen Sturzbäche vom Himmel und Blitze erhellen die Dunkelheit. Ich aber liege sicher in meinem Schlafsack, rolle durch die Nacht und fühle mich wie eine kleine Schnecke in ihrem Haus, gut geschützt vor den Naturgewalten dort draußen.

Gedanken des Tages:
Spanien erschien mir heute gar nicht mehr so fremd
wie gestern
Es gibt immer eine Möglichkeit durchzukommen

Tagesleistung: 58 Kilometer
Nachtzug Hendaye-Paris
Liegewagenabteil plus Radmitnahme, 100 Euro

Freitag, 05. Juni 2009
Rückreise mit dem Zug mit Zwischenstopp in Châteaudun

Der Morgen graut, wir sind bereits in Orleans-les-Aubrais. Châteaudun ist gar nicht weit von hier, aber eine direkte Zugverbindung fehlt. Es geht zuerst nach Paris und von dort aus wieder zurück nach Châteaudun. So ist das nun mal in einem zentralistisch ausgerichteten Land wie Frankreich, alle Wege führen in die Hauptstadt.

Kurz nach 7 Uhr am Morgen erreichen wir Paris-Austerlitz. Beim Aussteigen fallen mir drei Radfahrer mit Jakobsmuscheln an den Rucksäcken auf. Sie kommen aus Holland, waren in diesem Jahr aber auch noch nicht in Spanien. Auf das Radtransportproblem in spanischen Zügen angesprochen erfahre ich, dass das auch für sie im nächsten Jahr ein Problem werden könnte. Sie wollen sich jedoch privat ein Fahrzeug organisieren, mit dem sie dann von Santiago aus zurückfahren.

Eine gute Stunde ist jetzt Zeit, bevor mein Zug nach Châteaudun abgeht. Passend, um etwas zu frühstücken und sich die Beine zu vertreten. Dann noch einmal 1,5 Stunden auf Schienen und mein heutiges Ziel ist erreicht. Meine Schwiegermutter freut sich sehr über meinen Kurzbesuch, mein Schwiegervater ist leider diesen Januar verstorben. Nach einer ausführlichen Reiseberichterstattung macht sich eine große Müdigkeit bemerkbar, die nicht ignoriert werden kann. Einige Stunden Schlaf tun mir jetzt sehr gut. Am Abend trifft man sich im Hause meiner Schwägerin. Nach zwei Wochen alleine „on Tour" ist es schön, wieder im Kreise vertrauter Menschen zu sein. Wir essen, trinken Wein und haben uns viel zu erzählen.

Samstag, 06. Juni 2009
Rückreise mit dem Zug von Châteaudun nach Schweinfurt

Um 10:25 Uhr verlässt der Zug Châteaudun in Richtung Paris. Ab jetzt reise ich ohne Rad. Wie geplant bleibt das in Châteaudun zurück und wird erst im August mit dem Auto nach Schweinfurt zurückgeholt. Die Rückreise ohne Rad ist einfacher, angenehmer und schneller. Der ICE von Paris nach Frankfurt ist in der zweiten Klasse tatsächlich ausgebucht. Mein Platz ist fast ganz vorne, nur eine Reihe hinter dem Zugführer. Der Anschlusszug fährt in Frankfurt pünktlich ab, in Schweinfurt werde ich abgeholt und bin um 20:15 Uhr wieder Zuhause.

Ende der 3. Etappe
Etappenziel Hendaye/Irun nach 917 Kilometern und 12 Tagen erreicht. 6 Kilo abgenommen

22. Mai 2009, Arles, Arena (Amphitheater), Frankreich

23. Mai 2009, St-Guilhem-le-Désert, Ortsmitte, Frankreich

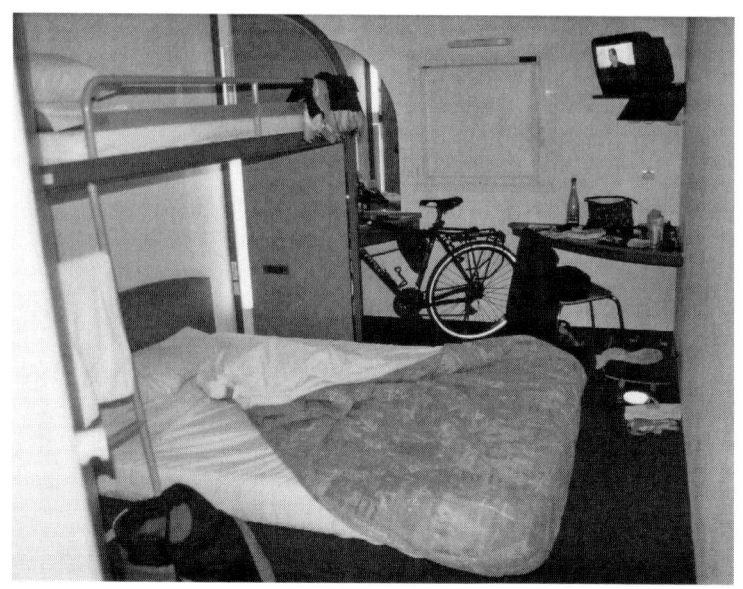

26. Mai 2009, Zimmer im Etap-Hotel, Carcassonne, Frankreich

31. Mai 2009, vor Maubourguet in Richtung Pau, Frankreich

02. Juni 2009, Atlantik bei La Barre vor Biarritz, Frankreich

02. Juni 2009, Biarritz, Frankreich

04. Juni 2009, Hendaye, Ziel der dritten Etappe

4. Etappe 2010 - 823 Kilometer

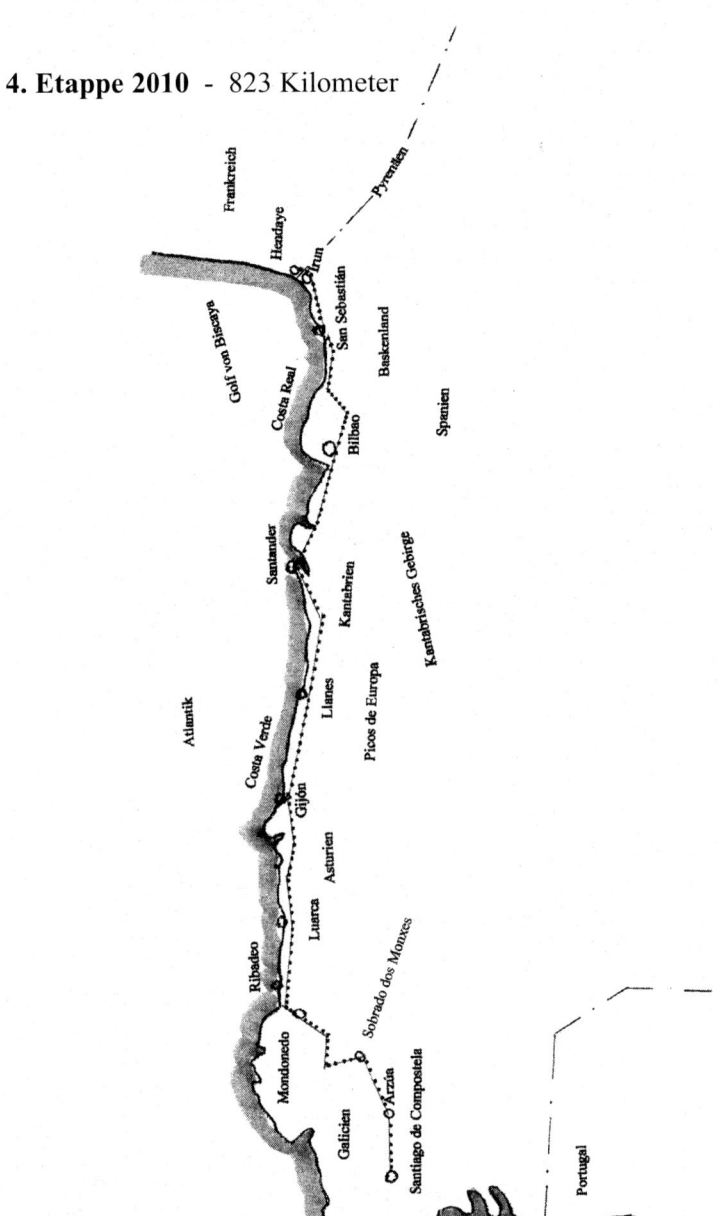

Mai 2010 - 4. Etappe

Hendaye – Santiago de Compostela
Samstag 01. Mai 2010 bis Freitag 14. Mai 2010
823 Kilometer in 12 Tagen
(ohne An- und Rückreise mit Bahn und Flugzeug)

Reisevorbereitungen

Meine Planungen für diese Etappe beginnen bereits im Februar. Die Bahnreise über Paris nach Hendaye sowie die Rückreise von Santiago per Flugzeug müssen zeitig gebucht werden. Der ICE Frankfurt-Paris nimmt leider keine Fahrräder mit, also war eine Alternative notwendig. Im TGV Stuttgart-Paris ist laut Internet die Mitnahme von vier Rädern pro Zug möglich. Der Platz ist knapp, daher die frühe Buchung. Die Reservierung klappt für Stuttgart-Paris und von dort aus weiter mit dem Nachtzug nach Hendaye. Für die Rückreise bietet sich ab Santiago ein Flug mit Air Berlin an. Für 25 Euro geht das Rad an Bord und die Reise ist wesentlich kürzer und kostengünstiger als mit der Bahn. Auch diese Reservierung gelingt und so habe ich bereits Ende Februar die Hin- und Rückfahrttickets in der Tasche. Jetzt nur nicht krank werden!

Eine Woche vor Abreise dann der Schreck! Mein linker Ellenbogen schmerzt, Diagnose: Schleimbeutelentzündung. Mir wird eine Schiene verpasst, um den Arm ruhig zu stellen. Alle, die mich jetzt sehen, zweifeln sehr daran, ob die Tour wirklich in einer Woche starten kann. Ganz ehrlich, auch mir kommen Zweifel. Das wäre eine mittlere Katastrophe, denn alle Tickets sind bereits gebucht und bezahlt. Dann Entwarnung durch den Hausarzt. Er nimmt die Schiene ab, verschreibt mir Antibiotika und gibt grünes Licht. Mir fällt ein Stein vom Herzen!

Freitag, 31. April 2010
Anreise mit dem Zug über Stuttgart und Paris nach Hendaye

Die vierte Etappe beginnt mit einer kurzen Fahrt zum Schweinfurter Hauptbahnhof. Von dort bringt mich ein Zug über Würzburg nach Stuttgart. Um 13 Uhr ist dann mein Rad im TGV verstaut und Paris um 17 Uhr erreicht. Nachdem das Rad wieder fahrbereit ist (Pedale ran, Lenker quer) verlasse ich den „Gare de l'Est" und radle durch die Straßen von Paris, um mich am Abend vor der Kathedrale „Notre-Dame de Paris" mit meiner ältesten Tochter zu treffen, die gerade für ein Jahr ein Praktikum in einem Pariser Hotel absolviert.

Wir setzen uns auf eine Bank an die Seine, die Abendsonne wärmt, Ausflugsboote fahren langsam vorbei und wir haben uns viel zu erzählen. Der Abend dämmert bereits, als wir uns auf den Weg zum „Gare d'Austerlitz" machen. Dort hätte sich der Vater mit der Tochter noch gerne gemütlich in ein Bistro gesetzt, daraus wird aber nichts. Sie wird per SMS von Freunden eingeladen und muss jetzt ganz schnell weg. Ob mich das sehr störe, will sie verlegen wissen. Na ja, eigentlich schon, aber was soll's. Lass die Jugend feiern und setze dich alleine ins Bahnhofsbistro, denke ich mir, laufe einmal um den Bahnhof, setze mich dann alleine ins Bistro und bestelle mir ein dunkles Bier. Am Nebentisch sitzen zwei Männer in Radlertrikots und zwei Tische weiter noch zwei Radfahrer. Immer mehr Menschen mit Rucksäcken tauchen auf und die ersten Jakobsmuscheln sind zu sehen. Wetten, die fahren alle mit dem Nachtzug nach Hendaye.

2010 ist wieder ein Heiliges Jahr (immer dann, wenn der 25. Juli auf einen Sonntag fällt) und da pilgern noch mehr Menschen nach Santiago als sonst. Als meine Reise 2007 begann, war mir das noch nicht bewusst. Nun fällt die vierte Etappe zufällig auf ein solches Jahr. Das ist mir aber egal, denn mein Weg führt auf der nördlichen Route entlang, dem Camino del

Norte, und der ist sicher nicht so überlaufen, wie der bekanntere Camino Francés.

Ich trinke mein Bier aus, blicke noch einen Augenblick verträumt in den Pariser Abendhimmel und begebe mich dann ins Bahnhofsgebäude. Der Nachtzug Paris-Irun wird bereits angezeigt und wir dürfen einsteigen. Um mich herum bewegen sich nun viele Rucksäcke mit Jakobsmuscheln. An meinem Gepäck findet sich dieses Pilgersymbol noch nicht. Die Muschel muss erst verdient werden und der Weg nach Santiago ist noch weit.

Im Liegewagenabteil treffe ich zwei der Radler aus dem Bahnhofsbistro wieder. Sie kommen aus Holland, wollen morgen weiter bis Burgos und erst dort ihre Radtour beginnen. Wir liegen schon in unseren Kojen, als der Zug langsam anfährt.

Samstag, 01. Mai 2010
Hendaye - Mutriku

Erholsamer Schlaf fühlt sich anders an, aber zumindest konnte sich mein Körper ein paar Stunden ausruhen. Als der Morgen graut und wir uns dem Zielbahnhof nähern, setzt Regen ein. Dunkle Wolken bedecken den Himmel und die Landschaft ist nass und kalt. So war das eigentlich nicht geplant. Von der Sonne und Wärme der letzten Wochen ist heute Morgen nichts mehr übrig und das Wetter einfach nur furchtbar. Aber daran ist nichts zu ändern, ich habe mich nun mal für einen Tour-Beginn Anfang Mai entschieden und muss jetzt das Beste daraus machen.

Der Zug fährt bis Irun, der ersten spanischen Stadt. Ich aber steige noch auf französischer Seite in Hendaye aus, um die Grenze mit dem Rad zu überqueren. Die Stille des Morgens umgibt mich und ein leises Rauschen auf dem Überdach des

Bahnhofs verrät schlechtes Wetter. Die Uhr zeigt halb acht, ich montiere die Pedale, richte den Lenker wieder gerade, schiebe Rad und Gepäck über die Straße und kaufe mir in der ersten Bäckerei ein paar süße Teilchen. Der Bäcker gibt eine ernüchternde Prognose über das Wetter für heute und die nächsten Tage ab, das kann ja heiter werden!

Ich bewege mich nur wenige Meter auf französischem Boden, dann taucht bereits die Grenzbrücke zu Spanien auf. Grau, nass und abweisend liegt dieses neue Land heute Morgen vor mir. Dunkle Wolken hängen an den Bergen, Regen nieselt leicht um mich herum, viel bewegt sich nicht. Über die Brücke „Puente de Santiago" betrete ich jetzt ein Land, dessen Sprache ich nicht beherrsche, das mir so gut wie unbekannt ist und das mich im Augenblick gar nicht freundlich empfängt. Gleich hinter der Grenze versperren zwei Geländewagen der Guardia Civil mit laufendem Blaulicht die Straße nach Frankreich. Später ist von Massenkundgebungen an diesem ersten Mai für ein unabhängiges Baskenland die Rede. Daher also die Grenzkontrollen. Für mich als einsamen Radfahrer im Regen interessiert sich aber keiner der Polizisten. Ungestört reise ich ein.

Die Örtlichkeiten von Irun sind mir dank der guten Vorarbeit aus dem letzten Jahr ziemlich bekannt. Der Zabaltza Plaza, dessen Bäume mir vor einem Jahr noch Schutz vor der grellen Sonne boten, präsentiert sich mir heute nass und menschenleer. Wird sich eine Möglichkeit finden, mir die Fortführung der Pilgerreise in Irun bestätigen zu lassen? Die Klosterschule, die ich letztes Jahr entdeckt habe, träumt in diesen frühen Morgenstunden noch verschlossen vor sich hin. Am Rathaus sieht es nicht besser aus. Meine letzte Hoffnung, das Tourist Office, öffnet erst um 10:30 Uhr. So lange kann ich nun wirklich nicht wegen eines Stempels warten. Wenn die Tour 2010 derart langsam beginnt, wird Santiago in zwei Monaten noch nicht erreicht sein und mir stehen nur 13 Tage zur Verfügung.

Also pfeife ich auf den Stempel und fahre los. Der Weg aus der Stadt ist bekannt, nur der Nieselregen stört. Die vierspurig ausgebaute Nationalstraße N-1 bringt mich direkt an die Abzweigung nach Lezo, die im letzten Jahr noch erreicht wurde. An dieser Stelle biege ich heute ab und fahre durch nasses, grünes Land nach Westen. Rechts von mir liegt der Gipfel des Monte Jaizkibel in dichten Nebel gehüllt. Über ihn führt der Camino Real. Mit dem Rad ist der aber nur schwer zu befahren und schon jetzt ein Anstieg auf über 400 Meter, Gott behüte! Ich bin doch nicht verrückt! Meine Kräfte werden noch für über 800 Kilometer gebraucht, die vor mir liegen, und auch vom Zeitplan her muss jetzt endlich Land gewonnen werden.

San Sebastian oder Donostia, wie die Stadt auf Baskisch heißt, rückt näher. Manchmal steht der spanische Name auf den Schildern, manchmal der baskische, manchmal beide. Hauptsache die Richtung stimmt. Ich erreiche den Hafen und die Häuser werden höher. Die Vororte sind vor allem bei diesem trostlosen Wetter nicht wirklich interessant. Dann ist das Stadtzentrum erreicht. In einem Park versuche ich mich an einem öffentlichen Stadtplan zu orientieren, spreche meine ersten spanischen Worte und bekomme den Weg zur Kathedrale erklärt. Das Verstehen der schnell gesprochenen Antworten ist schwierig, aber zumindest ist jetzt die grobe Richtung bekannt. Als nächstes wird an einem „estanco" (Tabakladen) nach einer „tarjeta telefónica" (Telefonkarte) gefragt. Mein Handy funktioniert im Ausland nämlich immer noch nicht, aber das ist mir egal. Man muss nicht alles haben, was alle haben. Das Telefonieren im Ausland von öffentlichen Telefonzellen hat bisher in jedem Land ganz gut funktioniert.

Noch mehr spanische Worte, ja fast schon ganze Sätze kommen jetzt über meine Lippen und der Erfolg bleibt nicht aus. Schon bald sind drei Telefonkarten á 5 Euro in meinem Besitz. Das sollte reichen bis Santiago. An der Kathedrale lasse ich das Rad vor dem Eingang stehen, gebe einem Bettler einen Euro, vor allem damit er auf Rad und Gepäck aufpasst, und gehe hinein. Wird sich hier jemand finden lassen, der endlich meinen Pilgerausweis abstempeln kann? Leider nicht. Enttäuscht sieht mich der Bettler wieder. Aber so leicht wird nicht aufgegeben. Wir haben erst 10 Uhr und irgendwo muss doch einer sein, der mir das Emblem der Kathedrale von San Sebastian in meinen Pilgerausweis drücken kann. Ich umrunde das Gebäude, schaue in die angrenzenden Straßen und Gassen und finde schließlich eine offene Tür an der Rückseite des Kirchenbaus. Auch dort steht eine Bettlerin, die mich freundlich grüßt. Ich trete ein, komme aber nicht weit, denn alle anderen Türen sind verschlossen, gehe wieder nach draußen, gebe auch dieser Bettlerin einen Euro und erwähne ganz nebenbei die Sache mit dem Pilgerausweis. „Natürlich ist jemand da!", erwidert sie und geht mit mir hinein. Und tatsächlich, hinter der letzten Tür sind Stimmen zu hören und schon nach kurzer Zeit wird sie geöffnet. Und dann erhält mein Pilgerausweis tatsächlich den ersten Stempel für dieses Jahr. Am Ausgang bedankt sich die Bettlerin nochmals für den Euro und ich mich bei ihr.

Ich stehe wieder im Nieselregen und begehe meinen ersten großen Fehler dieser Etappe. Anstatt auf die Karte zu schauen, um mich genau zu orientieren, glaube ich die Richtung zu kennen und folge nur den Straßenschildern. Das kann manchmal gut gehen, hier und heute tut es das aber nicht. Die Straße wird vierspurig, mündet in einen Tunnel und dahinter beginnt die Autobahn. Keine Möglichkeit mit dem Rad weiterzukommen. Dumm gelaufen, was nun? Wieder zurück, eine andere Möglichkeit bietet sich leider nicht an. Ich schiebe das Rad auf dem Seitenstreifen durch den Tunnel und laufe dann das letzte Stück ohne Seitenstreifen dicht neben der Fahrbahn zurück in die Stadt. Das ist nicht ganz ungefährlich. Zum Glück herrscht noch nicht allzu viel Verkehr. Wieder im Stadtzentrum schaue ich mir die Karte genauer an und erkenne den Fehler. Nach verschenkten Kilometern und verlorener Zeit wird der richtige Weg zum „Playa de la Concha", dem Stadtstrand von San Sebastian, in Angriff genommen. Dieser soll einer der schönsten Strände Europas sein. Ein Radweg führt direkt an der Promenade entlang.

Das erste Nadelöhr der Etappe rückt näher. Laut Karte führt eine vierspurige Straße aus der Stadt in Richtung Usurbil an der N-634. Ich bin mir aber nicht ganz sicher, ob Radfahren hier möglich ist und frage einen Passanten am Straßenrand. Die Konversation in Spanisch und Französisch klappt. Mir wird versichert, dass Radfahren auf dieser Straße kein Problem sei. Die Abzweigung auf die N-634 taucht tatsächlich schon bald auf und die erste Problemstrecke ist somit durchfahren. Ich bin erleichtert und trotz des schlechten Wetters richtig gut drauf.

Die N-634 schlängelt sich durch ein grünes Flusstal nach Orio. Der Autoverkehr hält sich in Grenzen und die Landschaft gleicht der zu Hause in der Rhön. Der Regen lässt nach, der Himmel bleibt aber bedeckt und grau. Nach Orio folgt ein Anstieg auf 90 Meter Höhe. Das klingt zwar nicht viel, aber der Höhenunterschied von NN 0 auf 90 will überwunden werden. Neben der Straße parken zwei Oldtimer mit französischen Kennzeichen, deren Besitzer auf einer der Kühlerhauben eine Decke ausgebreitet haben. Darauf liegen Brot, Wurst, Käse und auch Weinflaschen sind zu sehen. „Unterwegs nach Santiago?" wollen sie wissen und laden mich spontan ein, an ihrem Picknick teilzunehmen. Wein und eine längere Pause würden mich jetzt aber ganz schnell ermüden lassen. Der Fehler in San Sebastian hat mich schon genug Zeit gekostet. Daher winke ich höflich ab und ziehe an ihnen vorbei. Die Serpentinen wollen überwunden werden und das Gepäck zieht mein Rad gewaltig nach hinten. Ab Zarautz führt die Straße bis Zumaia direkt am Meer entlang und nach jeder Kurve bietet sich ein noch schönerer Ausblick.

Der Anstieg nach Zumaia geht diesmal bis auf 240 Meter hinauf. Das Wetter verändert sich, die Sonne bricht durch und wärmt, der Himmel wird blau und alles irgendwie viel schöner, fröhlicher und bunter. Die Moral wird besser und das ist gut so, vor allem am Anfang einer so langen Reise. Ein Wohnmobil mit Wiener Kennzeichen überholt mich und hält am nächsten Rastplatz an. Ich packe die Gelegenheit beim Schopf und frage den Österreicher in unserer gemeinsamen Sprache, ob er ein Bild von mir machen könne. Wir unterhalten uns, tauschen Informationen aus und ich erwähne, mir heute in Deba ein Zimmer suchen zu wollen. Wegen des schönen Wetters wird dieser Plan aber wieder verworfen. Später ruft mir plötzlich ein entgegenkommender Radfahrer in meiner Sprache zu: „Sie fahren ja doch weiter!" Der Wiener, schau an, diesmal auf einem Fahrrad, sein Wohnmobil hat er irgendwo abgestellt.

Weiter an der Küste bis Mutriku. Malerisch liegt dieser kleine Ort in einer Bucht. Genug gepilgert, Schluss für heute, entscheide ich, biege von der Straße in den Ort ab, sehe ein Hotel und frage nach einem Zimmer. „Tienen una habitación individual para mi para una noche?" Das klingt zwar gut, bringt mir aber kein Zimmer. „Alles ausgebucht!" Ob wahr oder unwahr, man verweist mich an ein anderes Hotel weiter unten am Hafen. Wäre schön gewesen, hier oben, mit Blick über die Bucht. Das kleine Hotel direkt am Wasser sieht aber auch nicht schlecht aus. Ich trete ein und frage erneut nach einer Übernachtungsmöglichkeit. „Claro que si!", lautet hier die Antwort. Das Zimmer ist nicht billig, aber schön, sauber und der Blick aus dem Fenster über den Hafen sehr romantisch. Mein erstes Zimmer in Spanien. Die Verständigung hat geklappt, obwohl ich nach einigen wenigen spanischen Standardsätzen immer wieder schnell ins Französische flüchte. Hauptsache man versteht mich.

An diesem sonnigen Abend wird der Ort erkundet. In den engen Gassen hängt überall Wäsche aus den Fenstern, in den

Kneipen laufen Fernseher und die Menschen essen und trinken. Kinder spielen auf den Plätzen und einige von ihnen flitzen auf ihren kleinen Fahrrädern mit Geschrei durch die engen Gassen. Kinder dürfen hier so ziemlich alles. Keine Touristen sind zu sehen, an diesem Abend sind hier nur Einheimische unterwegs - und ich. Zurück im Zimmer gehe ich früh ins Bett und habe von letzter Nacht noch eine ganze Menge Schlaf nachzuholen.

Gedanken des Tages:
Eine Abkürzung kann leicht zum Umweg werden
Die Verständigung klappt besser als gedacht,
man muss sich nur zu helfen wissen

Tagesleistung: 84 Kilometer
Pension Kofradi, Mutriku, 46 Euro

Sonntag, 02. Mai 2010
Mutriku - Bilbao

Der Blick aus dem Fenster verrät nichts Gutes. Die Sonne hat sich wieder verzogen, graue Wolken bedecken den Himmel und der Regen lässt sicher auch nicht mehr lange auf sich warten. Der Zimmerschlüssel bleibt wie verabredet auf dem Nachttisch liegen und der Tag kann beginnen. Noch ist niemand zu sehen, der den Schlüssel in Empfang nehmen könnte. Obwohl bereits 9 Uhr, regt sich nicht viel im Ort.

Der steile Anstieg vom Hafen hinauf zur Straße will überwunden werden. Ab Ondarroa war ursprünglich für heute Morgen die Route entlang der Küste geplant. Ein Blick auf die Karte lässt jedoch Zweifel aufkommen, ob das wirklich so eine gute Idee ist. Die Straße windet sich an der Küste entlang, da könnten Anstiege dabei sein und die sind bei diesem nasskalten Wetter sicher kein Vergnügen. Daher entscheide ich spontan, über die Passhöhe „Puerto de Trabakua" (440 m) zu fahren und dann weiter auf der N-634 nach Bilbao. Eigentlich sollte Bilbao weiträumig umfahren werden, doch das war gestern. Heute fällt die Entscheidung anders aus, ein Vorteil, wenn man alleine unterwegs ist.

Die Straße führt durch ein grünes Tal mit leichten Anstiegen. Das Land erinnert wieder mehr an ein heimisches Mittelgebirge als an Spanien. Die Glocken der Kühe bimmeln wie die ihrer Kollegen in den Alpen. Wäre es wärmer und sonniger, könnte das alles richtig schön sein. Dann kommt der Anstieg zum Pass. Eine Gruppe spanischer Radfahrer mit Gepäck und Isomatten überholt mich. Die fahren sicher auch nach Santiago. Eine Muschel tragen sie aber nicht. Muss ja auch nicht gleich jeder wissen wohin man unterwegs ist. Sie haben einen ganz schönen Zahn drauf und ziehen an mir vorbei. Je höher ich jetzt komme, desto windiger und kälter wird das Klima und zu allem Übel beginnt es jetzt auch noch leicht zu nieseln.

Endlich ist die Passhöhe erreicht und das Wartehäuschen einer Bushaltestelle bietet wenigstens etwas Schutz vor dem kalten Wind. Der Blick von hier oben geht weit über die Gipfel der umliegenden Berge. Dunkel wie das ganze Land liegen sie unter nassgrauen Regenwolken, die der Wind nach Süden treibt. Mir ist kalt, hoffentlich bleibt es trocken. Nach einer kurzen Rast wird weitergefahren. Nieselregen begleitet mich auf der Fahrt hinunter nach Durango. Vom Gefühl her wird es wärmer, je weiter ich nach unten komme. Aber das kann auch nur Einbildung sein.

In Durango treffe ich dann wieder auf die N-634. Die lässt sich gut fahren, denn sie verläuft in einem Tal ohne nennenswerte Anstiege. Heute ist Sonntag und nur wenige Lastwagen sind hier unterwegs. Vor Bilbao wird die Straße vierspurig, bleibt aber eine Nationalstraße auf der Radfahren nicht verboten zu sein scheint. Durch die Außenbezirke von Bilbao führt mein

Weg bis direkt hinein ins Stadtzentrum zum Guggenheim Museum. Die Architektur dieses Gebäudes ist äußerst beeindruckend. Als Beweis meiner Ankunft in Bilbao wird hier mein Pilgerausweis abgestempelt. Der anschließende Stadtbummel wird leider erneut von leichtem Nieselregen begleitet. Zum Weiterfahren fehlt mir jetzt wirklich der Mut, das Wetter ist einfach zu kalt und zu nass.

Ein ruhiges Zimmer mit Badewanne, das wäre jetzt ein Traum! Ich spreche einige Passanten an. Mein Spanisch ist zwar sehr limitiert, doch wichtige Sätze wie die Frage nach einem Hotel gelingen jetzt schon recht gut. „Wie viel möchten Sie denn anlegen", lautet die Gegenfrage. „Na, so 40 bis 50 Euro." Meine Gesprächspartner verziehen das Gesicht. „Da müssen Sie hier in der Innenstadt aber noch ganz schön was draufzulegen!" Das hätte ich mir denken können und eigentlich schon fast befürchtet. „Egal, gibt es hier in der Nähe überhaupt ein Hotel?" „Gleich um die Ecke finden Sie ein Vier Sterne Hotel." Gut, dann werden wir dort einfach mal fragen. Ich finde das Hotel, stelle mein Rad ab, putze mich etwas heraus, um nicht gleich wieder hinausgeworfen zu werden und schreite an die Rezeption. Gediegene Atmosphäre, leise Hintergrundmusik, hier fühlt sich der (wohlhabende) Gast gleich wohl und möchte gerne bleiben. Ich werde freundlich begrüßt und spreche Englisch. Die Weltsprache macht sich immer gut in teuren Hotels. Man könnte ja ein reicher Weltenbummler sein, der sportlich unterwegs ist und Geld hat. Ein freies Zimmer ist kein Problem, der Preis tut aber weh. Er liegt bei 100 Euro plus 7 Euro Steuer. Das ist viel und wird mein Budget ganz schön belasten. Aber dafür sind wir hier mitten in Bilbao und draußen wird der Himmel wieder undicht. Ich akzeptiere den Preis, wenn auch zähneknirschend, darf das Rad in die Tiefgarage stellen und bin dann endlich im Trockenen. Im Zimmer gibt es tatsächlich eine Badewanne. Ein schöneres Geschenk hätte man mir heute Abend nicht machen können. Schnell heißes Wasser in die Wanne gelassen und dann folgt Entspannung pur. Was für ein Gefühl, sich nach einem nasskalten Tag, an dem man mit dem Fahrrad einen windigen Pass bezwungen hat, am Abend in einer Wanne mit heißem Wasser aalen zu können. Die Lebensgeister kehren in Scharen zurück. Dreimal lasse ich heißes Wasser nachlaufen und möchte gar nicht mehr raus. Irgendwann ist aber wirklich Schluss, frische Kleider werden angezogen und dann geht's hinaus auf die Straßen und Plätze dieser schönen Stadt. Der Regen hat aufgehört, aber die Temperatur ist immer noch zu niedrig um sich wohlzufühlen.

Die zentrale Lage des Hotels im Stadtzentrum ist natürlich ein großer Vorteil. In der Altstadt ist in der Kathedrale die Abendmesse gerade zu Ende gegangen und Orgelmusik erklingt noch eine Weile. Ich setze mich auf eine Bank und lasse die Musik auf mich wirken. Leider liegt mein Pilgerausweis im Hotel und so bietet sich nur die Möglichkeit, morgen früh um 10 Uhr wiederzukommen, um ihn abstempeln zu lassen. Vielleicht ist das aber etwas zu spät, um mein Tagespensum zu schaffen, denke ich, werde das aber erst morgen früh entscheiden.

Die Kälte treibt mich ins Hotel zurück. Mit so einem Wetter habe ich in Spanien beim besten Willen nicht gerechnet. Jetzt schon krank zu werden wäre fatal. Auf dem Zimmer wird noch schnell die Route für morgen geplant, dann fallen mir die Augen zu. Mitten in der Nacht weckt mich ein Donner und ein riesiger Blitz zuckt über den Himmel. Wassermassen stürzen herab und ich krieche schleunigst in mein warmes Bett zurück. Hoffentlich hört der Regen bis morgen früh auf!

Gedanken des Tages:
Folgt jetzt wieder eine Regenprüfung?
Eine spontane Entscheidung kann tatsächlich die richtige sein

Tagesleistung: 69 Kilometer
Hotel Ercilla, Bilbao, 107 Euro

Montag, 03. Mai 2010
Bilbao - Laredo

Es regnet, ich habe keine Lust aufzustehen und lasse das Frühstück ausfallen. Lieber noch etwas im warmen Bett liegenge-
blieben, bevor dieses nasskalte Klima wieder in Angriff
genommen werden muss. Irgendwann ist es dann aber wirklich
Zeit aufzustehen, sich anzuziehen und das Zimmer zu verlassen. Draußen holt mich die Realität in Form von Nieselregen
wieder ein. Erster Anlaufpunkt heute Morgen ist die Kathedrale. In der Bäckerei davor kann ich den Croissants und Pains
au Chocolat nicht wiederstehen und kaufe ein. Die Sakristei
wird geöffnet, mein Pilgerausweis abgestempelt und die
Etappe kann beginnen.

An einem Montagmorgen aus Bilbao wieder herauszukommen
ist gar nicht so einfach. Ich kenne nur die grobe Richtung und
schwimme im morgendlichen Berufsverkehr mit. Eine dunkle
Regenfront zieht vom Meer direkt auf mich zu. Hängen dunkle Wolken seitlich von mir an den Bergen, ist nichts zu befürchten. Diese Schlechtwetterfront kommt aber vom Meer
frontal auf mich zu. Dieser Kelch wird sicher nicht an mir vo-
rübergehen, was sich einige Minuten später auch bewahrhei-
tet. Ich biege schnell nach rechts in eine Seitenstraße ab, in der
Hoffnung, dort einen Unterstand zu finden. Bushaltestellenhäuschen sind leider keine in der Nähe. Die Gebäude sind alt
und ziemlich heruntergekommen, aber eines hat einen Balkon
und der ist meine Rettung. Da stehe ich nun, das Rad an die
Hauswand gelehnt, sehe hinaus auf den strömenden Regen und
harre der Dinge, die da noch kommen werden. Nach 10 Minuten zeigen sich schon wieder blaue Streifen am Himmel und
nach weiteren 5 Minuten ist der Spuck vorbei.

Weiter auf der N-634 in Richtung Ortuella mit einem kurzen
Stopp an einem Supermarkt um Proviant nachzukaufen. Das
Wetter sieht nicht gut aus, schon bald sickert wieder Feuch-

tigkeit durch die Wolken und nur das schützende Dach einer Bushaltestelle bewahrt mich vor einer morgendlichen Dusche. Ein alter Mann setzt sich neben mich und möchte einfach nur reden. Ein Wortschwall bricht aus ihm heraus, der mir aber nicht viel sagt. Meine gelegentlichen Versuche einer Gesprächsteilnahme stören ihn in keinster Weise. Er ist glücklich, dass ihm jemand zuhört. Auf der Karte deute ich auf mein heutiges Ziel, Laredo. Er verzieht das Gesicht und gibt mir gestenreich zu verstehen, dass das Gelände bis dorthin ganz schön abwechslungsreich sein wird. An seiner Handbewegung sind die Höhenunterschiede, die es zu überwinden gilt, gut zu erkennen. Das bestätigt meine Befürchtungen, nach dieser Warnung bin ich jetzt auf alles gefasst. Und er soll recht behalten, es geht an diesem Tag bis Laredo ganz schön rauf und runter.

Die Reise führt durch grünes nasses Land, gelegentlich kommt die Küste in Sicht und man könnte tausend Fotos schießen, so schön ist der Ausblick nach jeder Straßenbiegung. Zerklüftete Steilküsten, schöne Buchten, weite menschenleere Sandstrände. Nach Castro Urdiales verläuft die Straße neben der Autobahn ziemlich eben an der Küste entlang, der Verkehr auf der N-634 hält sich in Grenzen. Ruhig und entspannt trete ich vor mich hin. Bei Orinon wird die Autobahn zuerst unterfahren, dann komme ich in einer Schleife zurück und klettere sogar noch etwas höher, um die Autobahn zu überfahren. Die Straße bleibt nun auf der Höhe und zieht sich durch eine schöne grüne Waldlandschaft. Ich dachte, hoffte vielmehr, dass die Richtung ab jetzt bis Laredo nur noch nach unten zeigen würde. Dem ist aber leider nicht so. Vor Liendo fällt die Straße zwar ab, aber nur, um gleich darauf wieder anzusteigen. Danach geht es aber wirklich nur noch bergab, bis Laredo in einer großartigen Bucht vor mir liegt.

Hier soll es zwei Herbergen geben. Die erste ist bereits komplett belegt, im Kloster San Francisco sind noch Betten frei.

Dort bin ich heute der erste Pilger und bekomme ein ganzes Zimmer mit Dusche und WC für mich alleine. Duschen, umziehen, Abendspaziergang. Draußen ist es aber sehr kalt und ich kehre bald zurück und besuche die Abendmesse in der Klosterkirche. Nur wenige Menschen sind anwesend. Während der Messe sind die Nonnen deutlich zu hören, zu sehen sind sie aber nicht. Sonderbar, denke ich und entdecke Lautsprecher an den Wänden. Ich habe gelesen, dass Nonnen in einigen spanischen Klöstern strikt von der Außenwelt getrennt sind. Ein kleines vergittertes Fenster, rechts neben dem Altar, erregt meine Aufmerksamkeit. Gespannt verfolge ich kurz vor der Kommunion das Geschehen. Und tatsächlich, der Pfarrer geht zu diesem vergitterten Fenster, öffnet es und reicht einen Kelch mit Hostien hinein. Dann schließt sich das Fenster wieder. Also doch, dahinter sind die Nonnen, eingesperrt! Wie kann man nur so leben wollen?

Gedanken des Tages:
Religiöser Übereifer macht Angst
Wenn man reden will ist Sprache zweitrangig

Tagesleistung: 61 Kilometer
La Trinidad im Kloster San Francisco, Laredo, 10 Euro

Dienstag, 04. Mai 2010
Laredo - Santillana del Mar

In dieser Nacht regnet es fast ununterbrochen und manchmal zerreißt ein Donner die Stille. Ich liege lange wach. Wieder einmal ist der Körper müde, aber der Geist kann einfach nicht loslassen. Erst im Morgengrauen gewinnt der Schlaf und als es Zeit zum Aufstehen ist, bin ich todmüde.

Um mir einen Umweg zu ersparen, würde sich die Überfahrt mit der Fähre von Laredo nach Santona anbieten. Aber fährt das Schiff heute, bei stürmischer See, auch wirklich, und von wo? Eine zufriedenstellende Antwort auf diese Fragen ist von den Einheimischen leider nicht zu bekommen. Umsonst bis vor an die Landzunge zu fahren sollte aber unbedingt vermieden werden. Neuer Regen setzt ein und zur Beruhigung der Nerven gibt's in einer Bäckerei erst einmal etwas Süßes. Dann pfeife ich auf das Schiff und entscheide, die Bucht mit dem Rad zu umfahren.

Der Weg führt auf der N-634 zuerst nach Colindres und dann gegen starke Nordwinde weiter in Richtung Santona. Kurz vor Montehano zweigt eine kleine Nebenstraße nach links ab und der Wind wird schwächer. Von Argonos zieht sich die CA-141 in Richtung Santander. Vom Schiffsanleger in Somo überqueren kleine Fähren die Bucht. Der Regen wird stärker, ich finde den Anleger und nur wenige Minuten nach meinem Eintreffen kommt das Boot und nimmt mich mit. Der erste deutsche Fußpilger läuft mir über den Weg. Er hat seine Reise zu Fuß in Irun begonnen, ist daher schon länger unterwegs, nimmt sich viel Zeit und besuchte in Bilbao das Guggenheim Museum. Der Mann macht auf mich einen ruhigen und ausgeglichenen Eindruck. In Santander verlassen wir das Boot, wünschen uns eine gute Weiterreise und werden uns sicher nie wiedersehen. Auch die fünf spanischen Radfahrer, die mich kurz vor der Passhöhe „Puerto de Trabakua" überholt hatten, sind an Bord. Obwohl sie mich damals überholt haben, waren sie hinter mir. Ich fahre zwar langsamer, aber anscheinend täglich länger als sie.

In Santander gelingt es mir nach einigem Fragen die Kathedrale zu finden. Das Dombüro ist jedoch verschlossen und öffnet leider erst wieder um 16:30 Uhr. Das ist aber viel zu spät für mich, denn wir haben jetzt erst kurz nach 14 Uhr. Mein Pilgerausweis wird also keinen Stempel der Kathedrale von Santander verkraften müssen. Beim Verlassen der Stadt auf der N-611 verfahre ich mich dann erst einmal. Ein Straßenschild weist nach rechts, meint jedoch gerade aus, wie sich später herausstellt. Die Straße wird immer schmaler, sieht gar nicht mehr wie eine Hauptstraße aus und endet plötzlich in einem Dorf. Mitten auf einer Kreuzung stehe ich ziemlich dumm herum. Ein Auto stoppt und die Fahrerin weiß schon Bescheid. „Die N-611 verläuft viel weiter oben, Sie sind hier völlig falsch!" Also, wieder zurück. „Das ist aber sehr schlecht ausgeschildert!", bemerke ich auf Französisch. „Ja, das stimmt, sehr schlecht ausgeschildert", erwidert sie auf Spanisch. Zumindest ist das Problem mit dem Schild bekannt.

Zum Glück sind keine größeren Steigungen zu überwinden und schon bald ist die richtige Straße wieder erreicht. Zügig geht es nun nach Santillana del Mar. Eigentlich wollte ich noch heute Abend das Kloster Cobreces erreichen, dort übernachten und am Abend dem Gesang der Mönche lauschen. Das Wetter spielt aber wieder einmal überhaupt nicht mit und die Zahl der Anstiege von hier bis Cobreces ist aus der Karte nicht genau ersichtlich. Da man nicht übertreiben soll werde ich mir in Santillana einen Schlafplatz suchen. Der ist auch schnell gefunden. Ein Hotel bietet günstige Zimmer im Gästehaus an. Ruhige Lage, sauberes, geräumiges Zimmer mit Badewanne, was will man mehr.

Die hiesige Pilgerherberge wird mir sicher meinen Ausweis abstempeln. Ich frage ein paar Passanten nach der Richtung, beginne das Gespräch wie immer in Spanisch und fahre dann einfach in Französisch fort. Ins Gespräch vertieft merke ich zu spät, dass eine Frau dieser Gruppe mein Französisch für die anderen übersetzt, und zwar nicht ins Spanische, sondern ins Deutsche. So etwas ist mir auch noch nicht passiert. Die Frau übersetzt gut und so bleibe ich im Französischen, muss aber aufpassen, nicht rein zufällig ein deutsches Wort in den Mund zu nehmen. Meine Landsleute können mir zwar auch nicht wirklich weiterhelfen, aber das mache nichts, erkläre ich ihnen, was sofort übersetzt wird. „Die Herberge wird sich schon irgendwie finden lassen." Auch das wird sofort übersetzt. Das war jetzt wirklich keine Absicht, aber lustig war es doch. Ja, ja, die Sprachen, sind schon nicht leicht.

Nach einigem Suchen lässt sich die Herberge dann doch noch finden und mein Pilgerausweis erhält den Nachweis des Tages. Wieder im Hotel, nehme ich ein Vollbad und sämtliche Lebensgeister kehren zurück. Was für ein Gefühl, im heißen Wasser zu sitzen und den nasskalten Tag Revue passieren zu lassen. Ich möchte gar nicht mehr aufstehen und lasse heißes Wasser nach.

Gedanken des Tages:
Manchmal kann man sich auch etwas in die eigene Sprache übersetzen lassen
Wann wird das Wetter endlich besser?

Tagesleistung: 74 Kilometer
Hotel Infantes, Santillana del Mar, 35 Euro

Mittwoch, 05. Mai 2010
Santillana del Mar - Llanes

Super geschlafen. Fit und ausgeruht findet sich heute Morgen Zeit für einen frühen Rundgang durch Santillana del Mar. Dieser mittelalterliche Ort hat ein ganz besonderes Flair, alte Steinhäuser, gepflasterte Straßen, Brunnen und eine interessante Kirche. Um diese Uhrzeit sind noch nicht viele Menschen unterwegs und die Sonne versucht sich durchzusetzen.

Dann rollt die Tour wieder an. Mal sehen, wie viele Anstiege es gestern Abend von hier aus bis zum Kloster Cobreces noch gewesen wären. Mehrere, wie sich jetzt feststellen lässt. Bei dem Regen gestern Abend wäre das sicher kein schöner Tagesabschluss geworden. Also war die Entscheidung, die gestrige Etappe in Santillana zu beenden und ein schönes warmes Vollbad zu nehmen, anstelle im Regen weitere Anstiege zu meistern, die richtige gewesen.

Vor mir liegt das Kloster Cobreces und über mir bricht die Sonne durch alle Wolken. Das offene Haupttor zum Klostergelände lädt zum Eintreten ein. Ich stelle das Rad ab und will mich gerade zu Fuß auf die Suche machen, als mir ein Mann rät, am Gebäude neben der Toreinfahrt zu läuten. Dort wird mir geöffnet und ein Mönch stempelt meinen Pilgerausweis. „Woher des Weges!", will er wissen, und ich erkläre ihm erst einmal, dass mein Spanisch leider nur sehr begrenzt brauchbar ist. Eine Unterhaltung wäre jedoch sowohl in Französisch, Englisch oder Deutsch möglich, und ob er eine dieser Sprachen auch spräche, und wenn ja, könne er sich eine heraussuchen. Er sagt „ja, ja!", und so nehme ich an, er sei des Deutschen mächtig. Dem ist aber nicht so, er wählt Französisch. Auch nicht schlecht, sprechen wir eben die Sprache der Gallier. Der Mann interessiert sich tatsächlich für meine Stempel und ich erkläre ihm erst einmal wo der Kreuzberg in der Rhön liegt. Er ist beeindruckt von meinem bisherigen Weg und ich ziemlich stolz.

Und weiter geht's. Das Wetter legt eine großartige Wandlung hin und die Sonne versucht sich immer erfolgreicher am Himmel zu behaupten. Was für ein Unterschied fürs Gemüt. Bei Comillas wird das Meer kurz gestreift, danach führt der Weg durch hügeliges Land. In San Vicente de la Barquera sind Wasser, einige Lebensmittel und diesmal auch Briefmarken zuzukaufen, denn die ersten Postkarten sollen auf die Reise gehen. Auf der anderen Straßenseite leert ein Mann in Postuniform gerade einen Briefkasten, ich spurte hinüber und vertraue ihm auch meine Karten an. Er lacht mir freundlich zu und meine Grüße verschwinden in seinem großen Postsack. Die sind jetzt also bereits unterwegs, schneller hätte das nicht gehen können. Am Ortsausgang von San Vicente begegnet mir der Postmann noch einmal, fröhlich pfeifend zieht er sein Wägelchen hinter sich her. Adiós Karten und gute Reise.

Ich erreiche jetzt die Stelle, an der die Autobahn A-8 wieder zur Nationalstraße N-634 wird und den Rio Deva überquert, den Grenzfluss zur Provinz Asturien. Beim Abbiegen auf die Autobahnauffahrt überkommt mich dann doch ein komisches Gefühl. Aber bereits nach wenigen Metern verengt sich die neue Autobahn wieder zur ursprünglich einspurigen Nationalstraße, überquert die Brücke und bringt mich nach Asturien. Schon bald steigt die Straße an, der Verkehr wird dichter und viele schwere LKWs ziehen an mir vorbei. Die Fahrer verhalten sich jedoch sehr rücksichtsvoll und reduzieren ihre Geschwindigkeit. Nicht alle, aber viele.

Die Straße hat einen breiten Seitenstreifen, der Radfahrern zumindest etwas Sicherheit bietet. An den Bergen zu meiner Linken hängen immer noch dunkle Regenwolken. Ich erreiche Llanes, mein heutiges Etappenziel, und frage an einem Kiosk nach der Richtung zum Tourist Office, um mir einen Stadtplan zu besorgen. Hier in Llanes soll es eine schöne Privatherberge geben, dort plane ich zu übernachten, um heute Abend wieder einmal Menschen zu treffen und Informationen auszutauschen.

Doch dann kommt alles ganz anders. In den Gassen der Altstadt findet mich heute Abend ein Zimmer, nicht umgekehrt. Eine alte Frau spricht mich an. „Pilger?", will sie wissen. „Richtig, kennen Sie den Weg zur Pilgerherberge?", antworte ich. „Ach, die Herberge!", sagt sie, „nur eine Dusche für so viele Menschen, das ist doch nicht gut. Hier", und sie deutet auf das Haus gleich neben uns, „in diesem Hotel bekommen Sie ein besseres Zimmer mit Pilgerrabatt!" „Für wie viel", will ich wissen. „Statt für 69 für nur 35 Euro!", erwidert sie, gefolgt von ihrem Lieblingswort „mira, mira!" (schau, schau!). Ich folge ihr ins Haus, bekomme erst einmal den Aufenthaltsraum im Erdgeschoss und danach eines der Gästezimmer im ersten Stock gezeigt. Und immer wieder „mira!" hier und „mira!" da und „mira, mira!" überall. Das Zimmer ist makellos, der Preis in Ordnung, die zentrale Lage perfekt, nur die aufdringliche Frau nervt gewaltig. Ich nehme das Zimmer, zahle und möchte dann einfach nur meine Ruhe. Aber Mira akzeptiert das nicht und zeigt mir erst einmal Bilder ihrer Familie, dann das Gästebuch mit Einträgen aus aller Welt und schließlich Bilder ehemaliger Gäste aus Australien und „mira, mira, mira!" Es reicht! Ich erkläre ihr unmissverständlich, dass ich jetzt auf mein Zimmer gehen und mich ausruhen werde. Sie sieht mich an, lacht und meint „Ach, ihr Deutschen, immer in Eile!" Wieso das denn? Immer in Eile! Ich habe mir ihr „mira, mira!" weiß Gott lange genug geduldig angehört, und zwar ohne Eile. Jetzt braucht aber auch der geduldigste Mensch nach einer anstrengenden Tagesetappe seine Ruhe. Endlich kann ich mich auf mein Zimmer zurückziehen.

Als ich nach einer erholsamen Pause das Hotel für einen Stadtbummel verlasse, hat Mira gerade ein englisches Paar am Haken. Ich höre die Frau noch sagen „Sie sind mir zu aufdringlich!", muss ihr recht geben, zwänge mich schnell an den beiden vorbei und mache mich schleunigst aus dem Staub, bevor Mira auf die Idee kommt, sich nach der Abfuhr aus England nun wieder den eiligen Deutschen zu widmen. Es gelingt und ich bin frei.

Eine Telefonzelle kommt jetzt genau richtig, um wieder einmal ein Lebenszeichen nach Hause abzusetzen. Spanische Telefonkarten haben aber ein Geheimnis, das ich endlich lüften konnte: Pin freirubbeln, Nummer auf der Karte wählen, warten bis eine Stimme sagt „Pin eingeben", dann die Pin und anschließend die gewünschte Telefonnummer eingeben. Ob das funktioniert? Bei aller Skepsis, es funktioniert tatsächlich. Endlich können meine drei Telefonkarten aus San Sebastian benutzt werden.

Von der Küstenpromenade aus lässt sich der raue Ozean, die wolkenverhangenen Berge und der überschaubare Ort in Ruhe betrachten, während einige wenige Sonnenstrahlen mein Gesicht streifen. Gute Tagesleistung, schönes Zimmer, hoffentlich lässt mich Mira nachher in Ruhe! Mir wird kalt und viele wärmende Kleidungsstücke stehen mir leider nicht zur Verfügung. Spanien war in meiner Vorstellung immer ein relativ heißes Land gewesen, in dem warme Kleidung nicht unbedingt notwendig ist. Und so habe ich auch nicht allzu viel eingepackt. Ohne Sonne fühlen sich aber auch im Norden Spaniens die Abende empfindlich kühl an. Um 19 Uhr beginnt in der alten Kirche im Ort eine Abendandacht. Da mir aber jetzt schon kalt ist und ich Mira nicht unbedingt mehr also notwendig über den Weg laufen will, setze ich mich schon um 18:30 Uhr in die Kirche, und genieße die wohltuende Stille, die mich hier umgibt.

Nach der Andacht stempelt der freundliche Pfarrer in der Sakristei meinen Pilgerausweis und wünscht mir eine gute Weiterreise. Im Hotel hoffe ich ungeschoren an Mira vorbeihuschen zu können, um nicht noch mehr Details aus ihrem Leben erfahren zu müssen. Es gelingt, sie sitzt müde auf einem Stuhl. Wer weiß, wie viele Menschen sie heute Nachmittag noch abgefangen hat. Jetzt ist sie jedenfalls müde, hält den Mund und das ist mir auch lieber so. Buenas Noches wünsche ich ihr und habe endlich meine Ruhe.

Gedanken des Tages:
Sind wir Deutschen wirklich immer in Eile?

Tagesleistung: 65 Kilometer
Hotel La Posada del Rey, Llanes, 35 Euro

Donnerstag, 06. Mai 2010
Llanes - Gijon

Heute Morgen, kurz vor 9 Uhr, ist niemand da. Ich öffne die Haustüre, lasse den Schlüssel an der Rezeption liegen und schiebe mein Rad nach draußen. Mira schläft sicher noch und sammelt wieder Kraft, um heute Nachmittag neue Gäste für ihr Hotel abzufangen. Das stört mich jetzt aber nicht mehr. Leichter Nieselregen begleitet mich aus der Stadt, ein Fußpilger wandert langsam die Straße entlang und wir grüßen uns mit einem freundlichen Hola.

In Ribadesella bietet sich mir in einer Apotheke die Gelegenheit, einen Fettstift für die Lippen zu kaufen. Seit ein paar Tagen plagen mich spröde Lippen, die aufplatzen. Ein Fettstift wirkt dem entgegen. Die Verständigung klappt, der Apotheker versteht mich und ich bekomme das richtige Produkt. In einer Bäckerei und einem Lebensmittelgeschäft werden noch schnell die Vorräte ergänzt, dann ist hier alles getan und weiter geht's. Die Straße steigt an, nicht zu steil, aber über eine längere Strecke, und die will gefahren werden. Weitere Anstiege folgen, dann passiere ich La Isla und erreiche Colunga. Eine Holzbank mitten im Ort kommt mir gerade recht für eine Rast. Plötzlich tauchen jede Menge Fußpilger auf. Ein französisches Ehepaar setzt sich zu mir. Wir kommen ins Gespräch, ganz zwanglos über das Wetter. Die beiden freuen sich, jemanden zu treffen, der ihre Sprache beherrscht. Sie suchen hier am Ort einen Platz zum Übernachten, wie die anderen Pilger sicher auch. Es ist aber erst kurz nach 14 Uhr und der Tag für mich noch lange nicht zu Ende. Ich suche mir hier noch keine Unterkunft und werde nachher weiterfahren. Ein Radfahrer biegt um die Ecke, steuert auf uns zu, hält an und beteiligt sich an unserem Gespräch. Nach einer erholsamen Pause mit informativem Gedankenaustausch unter Pilgern, beginnen die anderen mit der Zimmersuche, und ich setze meine Reise fort.

Gleich hinter Colunga führt die Straße direkt an einem Haus vorbei, an dessen Eingang ein riesiger Schäferhund steht, der das kleine, wackelige Holztürchen weit überragt. Der Zaun ist sicher kein Hindernis für ihn, denke ich noch, komme näher und muss an ihm vorbei. Der Hund beginnt zu bellen und fegt wie wild die Stufen zum Garten hinauf. Ich fahre weiter. Rechts von mir erhebt sich eine Steinwand und genau dort erscheint nun der Schäferhund zwischen zwei Büschen. Jetzt trennt uns kein Zaun mehr sondern nur noch die Höhe der Steinmauer. Das Tier bellt wie wild und versucht zu springen. Ich taste nach meinem Ultraschallgerät und peile den Hund damit an. Die gewünschte Wirkung bleibt aus, der Apparat scheint nicht zu funktionieren. Mir wird mulmig. Zum Glück fährt ein Auto dicht hinter mir und bleibt auch dort, bis wir an diesem Haus vorbei sind. Im Baskenland und in Kantabrien waren Hunde kein Problem. Jetzt tauchen sie aber vermehrt an Ketten, in Höfen und Gärten auf. Vor allem große Hunde sind mir nicht geheuer.

Ein letzter Anstieg, dann geht es hinunter nach Villaviciosa. Ich halte an, blicke über die Landschaft und überlege, was sich hier plötzlich verändert hat. Dann wird mir klar, dass der Himmel auf einmal strahlend blau ist, als hätte jemand gerade den Sommer eingeschaltet. Eben noch bedeckt und grau, ist er nicht wiederzuerkennen. Das Wetter wird besser, meine Moral auch.

Villaviciosa sollte laut Plan mein heutiges Ziel sein. Den Anstieg hinüber nach Gijon wollte ich erst morgen früh angehen. Die Uhr zeigt aber erst halb vier, das Wetter ist ein Traum, so ein Nachmittag darf einfach nicht in einem Hotelzimmer ausklingen. Kurz entschlossen lenke ich das Rad durch den Ort, auf der anderen Seite wieder hinaus und beginne den Anstieg auf der N-632 schon heute. Eine Flasche Wasser ist noch an Bord, also ein dreiviertel Liter, und das bereitet mir im Augenblick einiges Kopfzerbrechen, denn die Temperatur steigt schnell an und mir wird heiß. Wer hätte das vor einer Stunde gedacht! Eine Jacke muss weg, denn ich bin immer noch angezogen wie ein Eskimo.

Die Straße windet sich höher und höher, die Aussicht wird weiter und schöner. Im Osten lassen sich zum ersten Mal die Picos de Europa sehen. Mächtig und schneebedeckt liegen sie vor mir. So richtig zu sehen waren diese Berge bisher noch nicht, da sie immer eine dicke Nebelwand umgab. Allein dieser Anblick war die Weiterfahrt wert. Der Schweiß läuft mir jetzt in Strömen übers Gesicht und ich muss viel trinken. Hoffentlich bietet sich bald eine Gelegenheit, Wasser nachzukaufen. Bei El Pedroso ist der Anstieg dann endlich zu Ende, ab hier verläuft die Strecke auf einer Anhöhe fast nur noch gerade aus. In Vente de las Ranas, einem kleinen Nest im Nirgendwo, will ich mein Glück versuchen und Wasser kaufen. Doch weder ein Lebensmittelgeschäft noch eine Tankstelle lassen sich blicken. Passanten deuten auf ein unscheinbares Haus. Dort soll sich ein Lebensmittelgeschäft verstecken. Das wäre mir beim besten Willen nicht aufgefallen. Schnell sind zwei Flaschen Limonade gekauft, denn ich habe Lust auf Kohlensäure, die den Durst wegzischt, und „agua mineral con gas" haben die hier nicht. Mit reichlich Flüssigkeit an Bord (alle drei Flaschen sind bis an den Rand gefüllt) wird die Reise fortgesetzt.

Ich hoffte, dass die Straße ab hier bis Gijon nur noch bergab führen würde, und freute mich bereits insgeheim darauf. Doch es kommt eben oft anders als man denkt und so beginnt auch hier erst einmal wieder eine Berg- und Talfahrt. Die Zeit drängt, denn in Gijon wartet noch kein Hotelzimmer auf mich und Erinnerungen an Montpellier werden wach. Spanische Radfahrer überholen mich am Berg mit ihren schnellen Rennrädern und rufen mir ein aufmunterndes „Vamos, Vamos!" zu. Aber mit Gepäck geht es nun mal nicht schneller. Langsam aber sicher kämpfe ich mich den Berg hoch. Alles Leiden hat zum Glück irgendeinmal ein Ende und so kommt auch jetzt der Punkt, ab dem die Straße wirklich nur noch eine Richtung kennt, nämlich die nach unten. Vor mir liegt Gijon. Der erste Passant wird nach einem Hotel gefragt. „Welche Preisklasse?", will er wissen. „Egal!", lautet meine schnelle Antwort. „Drei Kilometer weiter, auf der linken Seite, ist ein Hotel", sagt er. Nach der genannten Distanz taucht tatsächlich ein Super Vier Sterne Hotel auf, alleine das Hinsehen macht schon arm. Viel zu teuer, denke ich und fahre weiter.

In den Häuserschluchten dieser großen Stadt kommt mir ein Paar entgegen. Die beiden sehen freundlich aus und so frage ich sie nach einem Hotel in der Nähe. „Hay un hotel aqui muy cerca?" „Ja, nicht weit, dort hinten ist ein Vier Sterne Hotel." Ich schüttle den Kopf, zu teuer. Die beiden überlegen kurz und nennen mir dann noch ein Hotel, das sei „bastante bueno!" An meinem Gesichtsausdruck müssen sie wohl erkennen, dass ich ihre Wegbeschreibung nicht wirklich verstanden habe. Kurz entschlossen laufen sie mit mir zusammen bis vor das besagte Hotel. Auf dem Weg dorthin erzählen sie mir, dass auch sie schon nach Santiago unterwegs waren. Jakobspilger sind eben eine große Familie und die hält zusammen. Ich gehöre jetzt auch dazu und bin dankbar für diese Hilfe. Das Hotel liegt mitten in der Stadt, der Empfang ist freundlich und ruhige Zimmer zu einem vernünftigen Preis sind auch noch zu haben. Was will man mehr. Ich danke meinen spanischen Helfern und nehme mir vor, diese Hilfe irgendwann einmal an andere weiterzugeben.

Am Abend wird die Stadt erkundet. Der Park vor dem Hotel inmitten hoher Häuser ist mit Rasen, Blumen, Bänken, Wasserbecken und Spielplätzen schön angelegt. Hier pulsiert das Leben, Familien sitzen zusammen und es wimmelt von Kindern. Die Strandpromenade zieht sich an der Häuserfront entlang bis hinüber zur Altstadt. Dort steht die Kirche St.Pedro. Mal sehen, ob die noch offen ist. Leider ist das um 20 Uhr nicht mehr der Fall. Morgenmesse 10 Uhr steht am Aushang. Die Gelegenheit, sich morgen früh den Pilgerausweis abstempeln zu lassen.

Gedanken des Tages:
Wo kam heute Nachmittag so plötzlich der Sommer her?
Erst zu kalt, dann zu heiß - geht es nicht etwas moderater?
Der Anstieg heute Nachmittag hat sich gelohnt

Tagesleistung: 97 Kilometer
Hotel Begona Playa, Gijon, 30 Euro

Freitag, 07. Mai 2010
Gijon - Soto del Barco

Der Sommer von gestern Nachmittag ist heute Morgen leider schon wieder vorbei. Ein bedeckter Himmel begleitet mich zur Kirche St.Pedro. Dort gehe ich direkt in die Sakristei und man holt den Pfarrer. Der ist nett, stempelt meinen Pilgerausweis und möchte wissen, ob ich schon einen Pilgersegen bekommen hätte. „Nein", lautet meine kurze aber wahre Antwort. „Dann müssen wir das aber schnell nachholen!", erklärt er, geht aus dem Zimmer, kehrt mit dem Text des Original Pilgersegens von Roncesvalles aus dem Jahr 1078 zurück, legt mir die Hand auf und liest laut den Text. Dies scheint wirklich etwas Besonderes zu sein. Der Pfarrer ist engagiert bei der Sache und schaden kann so ein Segen sicher auch nicht. Vielleicht hilft er sogar gegen wilde Hunde, denke ich, und bin plötzlich richtig zufrieden damit. Der Pfarrer verabschiedet mich und wünscht mir eine gute Weiterreise.

Frisch gesegnet beginnt eine neue Tagesetappe. Der Weg aus der Stadt bereitet anfangs einige Schwierigkeiten, dann führt mich die AS-19 in Richtung Aviles. Die Landschaft verändert sich, Industriekomplexe tauchen auf. Das trübe Wetter und die qualmenden Industrieanlagen lassen meine Stimmung nicht gerade in die Höhe schnellen. Hoffentlich setzt jetzt nicht auch noch Regen ein. Die ersten Häuser von Aviles tauchen auf. Diese Industriestadt kennt sicher kein Spanien Tourist, ich versuche schleunigst weiterzufahren. Doch diesmal ist der Regen schneller und zwingt mich unter ein Bushaltestellenhäuschen. Da sitze ich nun, betrachte den nassen Asphalt und sehe die Menschen mit ihren Schirmen umherlaufen. Als der Regen dann etwas nachlässt wage ich die Weiterfahrt mit dem Ergebnis, mich nach einer kurzen Strecke wieder unterstellen zu müssen. Ein Glück, dass hier so viele Bushaltestellen herumstehen. Und wieder klatschen dicke Tropfen auf die nasse Straße. Die Kälte, die Nässe, die stinkenden Industrieanlagen, die grauen Häuser, der dunkle Himmel, was für ein furchtbarer Tag! Warum ist das Wetter gerade jetzt so schlecht? Meine Stimmung sinkt und ich muss mich wirklich zusammenreißen, um sie nicht ins Bodenlose abstürzen zu lassen. Alles um mich herum unterstützt diesen Versuch jedoch überhaupt nicht. Irgendwann fahre ich dann einfach weiter, das ist jetzt die beste Ablenkung.

Bei Santiago del Monte ist die Straße wegen Bauarbeiten gesperrt und der Verkehr wird umgeleitet. Na, wenn das für Radfahrer mal gut geht. Natürlich geht es erst einmal nicht gut. In Gedanken versunken schiebe ich das Rad einen relativ langen Anstieg hinauf und schaue dabei leider weder nach rechts noch nach links. Das ist ein Fehler! Oben angekommen bieten sich mir nur zwei Möglichkeiten: Richtung Flughafen Aeropuerto de Asturias (aber dort ist die Straße zu Ende) oder auf der Schnellstraße in Richtung Autobahn (aber hier ist Radfahren verboten). Eine andere Möglichkeit gibt es nicht. Verdammt, ich muss da wohl etwas übersehen haben! Ob ich will oder nicht, ich muss wieder zurück. Zum Glück biegt die Landstraße, die mich als Radfahrer laut Karte über Banon und El Castillo nach Soto del Barco bringen soll, schon bald nach rechts ab.

Neben der Straße finden sich jetzt oft Steine mit Muschelzeichen, die die Fußpilger auf den Camino Real in Wiesen und
Wälder abzweigen lassen. Wenn ich mir den Weg aber so an-
sehe, kann ich mir beim besten Willen nicht vorstellen, wie
ein Fußpilger bei diesem Sauwetter freiwillig auf einen so
schmierigen Waldweg abbiegen möchte. Da sind mir geteerte
Straßen lieber. Die sind zwar auch nass aber nicht so schmutzig. Bei gutem Wetter mag das Wandern über diese Pfade ja
Spaß machen, aber an einem Tag wie heute sicher nicht.

In Soto del Barco erreicht meine Lust am Weiterfahren kurz
nach 16 Uhr ihren Nullpunkt. Ehrlich gesagt habe ich für heute
die Schnauze gestrichen voll. Wird sich hier ein gutes Hotel
finden lassen? Vielleicht mit einer Badewanne? Das wäre zumindest die perfekte Entschädigung für diesen grauenvollen
Tag. Wirkt eventuell der Pilgersegen? Erst einmal wirkt er
nicht. Am ersten Hotel sind die Türen und Fenster so ver-
schmutzt, dass es mich schon beim bloßen Hinsehen graust.
Etwas anderes lässt sich hier aber nicht finden. Falsch, da ist
doch noch etwas. Von einer Anhöhe grüßt ein Vier Sterne
Hotel in einem renovierten Herrenhaus. Das sieht schon von
weitem sehr prachtvoll aus und wird sicher wahnsinnig teuer
sein. Ich will es erst gar nicht versuchen, ändere dann aber
doch meine Meinung. Fragen kostet nichts, und sollte ein Zimmer hier wirklich viel zu teuer sein, kann immer noch weitergefahren werden. Also los mein Junge, hin und fragen, dann
sehen wir weiter.

Ich stelle das Rad vor dem Eingang ab und trete ein. Bereits
im Eingangsbereich herrscht eine tolle Atmosphäre. Luxus
wohin man sieht. Die junge Frau an der Rezeption ist äußerst
nett und behandelt mich trotz meines abgekämpften Äußeren
und der ziemlich nassen Kleidung sehr zuvorkommend. Wir
sprechen Englisch, das macht sich in teuren Hotels immer gut.
Ich frage nach den Zimmerpreisen und dann mehr aus Spaß,
ob hier eventuell ein Pilgerrabatt gewährt würde. Ein freund-

liches Lächeln, dann das Angebot: Zimmer mit Frühstücksbuffet und Wellnessbereichbenutzung für 60 Euro. Mir bleibt
die Spucke weg. Der Pilgersegen wirkt, und er wirkt verdammt
gut! Ich nehme das Zimmer, darf mein Rad in eine Abstell-
kammer stellen und frage ganz nebenbei nach den Wetteraus-
sichten für die nächsten Tage. Sofort wird im Internet
nachgeschaut und ein brandaktueller Wetterbericht präsentiert.
Leider ist der bei weitem nicht so berauschend wie der
Service hier.

Ich gehe in den ersten Stock, werfe einen bewundernden Blick
in den zentralen Innenbereich des Hauses, der mit wunderschönen alten Möbeln und feinen hellen Stoffsofas ausstaffiert
ist und biege in mein Zimmer ab. Dort trifft mich fast der
zweite Schlag. Purer Luxus! Ein so schönes Zimmer hatte ich
bisher noch nie im Leben gehabt. Alles nur vom feinsten.
Dunkler Holzboden, noble Tapete, schöne Bilder, gediegene
Einrichtung, zwei frische weiße Bademäntel am Bettende. Der
Blick aus dem Fenster geht weit übers Land und dann erst das
Badezimmer. Halleluja, ein Traum! Eine große Luxuswanne
wartet auf mich. Ich liebe Pilgersegen! Hätte nie gedacht, dass
so etwas so schnell so wahnsinnig wirkt. Ich lasse die Wanne
voll laufen und dann verzeihe ich dem schlechten Wetter, den
nassen Straßen, dem kalten Wind und den stinkenden Industrieanlagen, liege glückselig im heißen Wasser und beginne
das Leben wieder zu lieben.

Das heiße Bad tut mir gut und ich fühle mich danach so wohl,
dass mich der Wellnessbereich gar nicht mehr interessiert. Jetzt
ist der Zeitpunkt gekommen, in den Ort zu gehen und die Kirche zu suchen. Der Streifzug durch die Straßen ist erfolgreich,
wie erwartet beginnt um 19 Uhr auch hier eine Abendandacht.
Die kleinen Dorfkirchen gefallen mir, sie strahlen Ruhe aus
und heute bin ich vor allem unheimlich dankbar für ein so
schönes Zimmer. Nach der Andacht treffe ich den Pfarrer in
der Sakristei, werde freundlich begrüßt, bekomme den Tages-

stempel und muss von mir und meiner Reise erzählen. Das klappt wie immer ganz gut in etwas Spanisch mit viel Französisch. Hauptsache man versteht mich. Auf dem Rückweg zum Hotel fühle ich mich nicht mehr nur als Fremder auf der Durchreise. Ich habe den Stempel dieser Kirche bekommen, habe mit dem Dorfpfarrer geplaudert und mit Einheimischen eine Abendandacht besucht. Da ist man nicht mehr nur einfach fremd. In einem kleinen Laden wird noch schnell etwas eingekauft, dann kehre ich zurück in mein wunder-wunderschönes Zimmer.

Gedanken des Tages:
Wahnsinn, wie schnell so ein Pilgersegen wirkt
Diesen Weg kann man spüren

Tagesleistung: 53 Kilometer
Hotel Palacio de la Magdalena, Soto del Barco, 60 Euro

Samstag, 08. Mai 2010
Soto del Barco – Otur/Luarca

Nach einer Nacht, die Gott in Frankreich nicht besser hätte verbringen können, ist dann am Frühstücksbuffet alles da, was das Herz begehrt: Würstchen, Speck, Rühreier, Aufschnitt, Käse, Obst, Joghurt, Kuchen, Brötchen, Weiß- und Schwarzbrot. Da ich aber während der letzten Tage nur sehr wenig gegessen habe, sollte mein Magen jetzt lieber nicht überstrapaziert werden, sonst könnte er rebellieren. Das heißt im Klartext, viel Obst und Joghurt essen, da kann man nicht viel falsch machen.

Das Frühstücksfernsehen berichtet heute Morgen ausführlich über den isländischen Vulkan. Der ist erneut aktiv und wegen seiner Aschewolke werden an diesem Wochenende alle Flughäfen in Nordspanien geschlossen. Ein Glück, dass meine

Rückreise nicht schon für dieses Wochenende ansteht. Ein mulmiges Gefühl beschleicht mich aber doch. Hoffentlich bessert sich die Lage, so dass ich am nächsten Freitag von Santiago aus wie geplant nach Hause fliegen kann.

Aufbruch. Die Sonne versucht die Wolken zu durchbrechen, was ihr auch stellenweise gelingt. Bei trockenem Wetter lässt es sich auf der N-632 gut fahren, bis zu der Stelle, an der sie zur Autobahn A-8 wird. Insgeheim hatte ich gehofft, dass es sich ab hier nicht wirklich um eine Autobahn handeln würde, sondern um eine vierspurige Nationalstraße, auf der auch Fahrräder fahren dürfen. Diese neue Straße führt über Brücken und hat viel weniger Anstiege als die alte Küstenstraße. Doch an besagter Stelle steht ein Schild, das darauf hinweist, dass Fußgänger, Radfahrer und Pferde auf der neuen Autobahn nicht zugelassen sind. Wir müssen also draußen bleiben. Was nun? Wohin? Am Straßenrand wird erst einmal die Karte zur Hand genommen und nach einer Lösung gesucht. Schnell ist auch eine solche gefunden und die Fahrt geht weiter über Salamir nach Soto de Luina. Kurz nach Salamir kommen mir zwei spanische Mountainbiker entgegen. Wir setzen uns alle drei auf eine Bank und unterhalten uns in einem Mischmasch romanischer Sprachen. Wichtige Informationen werden ausgetauscht, und so erfahre ich, dass Radfahrer bei Ribadeo auf einem speziell abgetrennten Fußweg der Autobahnbrücke die Meeresbucht überqueren können. Das ist ein wertvoller Tipp. Noch etwas Smalltalk, dann trennen sich unsere Wege wieder. Sie fahren weiter nach links oben, mein Weg führt nach rechts unten.

Nach Soto de Luina steigt die Straße wieder an, um auf Autobahnhöhe zurückzukehren. Ab hier verläuft die Strecke nun über die alte Küstenstraße N- 634A. Sie ist in einem sehr guten Zustand, frisch geteert und heute nur ganz wenig befahren. Die vielen Anstiege und das bescheidene Wetter sind das einzig Negative. Dreimal ist die Autobahn zu unterfahren und danach wieder auf deren Höhenniveau zurückzuklettern. Führt die Straße nach unten, freut mich das überhaupt nicht, denn dann folgt ein neuer Anstieg. Doch mein inniges Bitten „nicht schon wieder nach unten!", ist der Straße egal, sie führt wohin sie will.

Leichter Nieselregen setzt ein, kalter Wind bläst mir ins Gesicht. Hoch über einer Bucht kommt mir ein älterer Mann auf einem klapprigen Fahrrad aus westlicher Richtung entgegen. Bunte Plastiktüten baumeln links und rechts an seinem Rad. Er bremst, dreht um und kehrt zu mir zurück. Die Lust, jetzt von einem Landstreicher angepumpt zu werden, hält sich bei mir in Grenzen. Warum fährt der nicht einfach weiter? Wir versuchen eine Unterhaltung auf Französisch. Da dies aber weder seine, noch meine Muttersprache ist, entwickelt sich auch kein längeres Gespräch.

Nach Cadavedo führt die Straße ein Stück an der Autobahn entlang, dann folgt eine Abfahrt hinunter nach Canero und danach eine Berg- und Talfahrt bis hinter Luarca. Langsam wird es Zeit, sich nach einem Zimmer umzusehen. Das Wetter will sich einfach nicht bessern und nass möchte ich heute nicht mehr werden, höchstens unter der Dusche.

In Otur, ziemlich genau in der Mitte zwischen Luarca und Navia taucht ein kleines Hotel neben der Straße auf. Das Haus sieht gut aus, der Himmel dafür umso schlechter. Sicher wird bald wieder Regen das Land überziehen. Ohne Probleme findet sich hier ein Zimmer für die Nacht und das Rad kommt in den Keller. Kaum angekommen, beginnt es draußen auch schon heftigst zu regnen. War doch eine gute Idee, die Fahrt hier für heute zu beenden. Ich nehme eine heiße Dusche, ziehe mir saubere Kleidung an, warte bis der Regen nachlässt und laufe zu der kleinen Kirche nicht weit vom Hotel. Hier findet jedoch an diesem Abend keine Andacht statt, niemand ist da.

Vor meinem Fenster regnet es sich ein. Das Klima ist einfach nur furchtbar, die Stimmung auch. Dann die Wettervorhersage im Fernsehen: Sonntag und Montag viel Regen an der Nordküste - so ein Mist!! Vor zwei Wochen soll hier das schönste Wetter gewesen sein. Das nutzt mir aber gar nichts, jetzt müsste es schöner werden, jetzt wo ich hier bin.

Gedanken des Tages:
Hoffentlich werde ich nicht krank

Tagesleistung: 68 Kilometer
Hotel Casa Consuelo, Otur - Luarca, 27 Euro

Sonntag, 09. Mai 2010
Otur/Luarca - Vilanova de Lourenzá

Die Nacht wird unruhig. Mir ist heiß und kalt, Anzeichen von Fieber. Das hat mir gerade noch gefehlt. Nicht jetzt, nicht so kurz vor dem Ziel! Verwunderlich ist das aber nicht, nach den nasskalten Etappen der letzten Tage. Ich nehme zur Vorbeugung etwas gegen Fieber und ziehe mich besonders warm an. Natürlich ist das Wetter wieder schlecht, der Himmel dunkelgrau, der Wind kalt und es nieselt. Hoffentlich stimmt der Wetterbericht von gestern Abend nicht ganz. Ich hole das Rad aus dem Keller, bezahle mein Zimmer, lade auf und fahre los.

Die Straße gehört mir fast alleine, nur ganz Verrückte sind heute Morgen so früh unterwegs. Ohne Frühstück im Bauch sollte schon der Gesundheit wegen (auf die jetzt ganz besonders zu achten ist) die nächste Bäckerei angesteuert werden. Eine solche findet sich dann in Navia und ein paar süße Teilchen tun jetzt richtig gut. Auf der Suche nach der Kirche streift mich ein Briefkasten und ich werfe noch schnell einige Karten ein. Zwei Wanderer stehen vor dem Eingang der Kirche und ordnen mich sofort unter der Rubrik Pilger ein. „Dort hinten ist das Pfarramt, da gibt's die Stempel!", lassen sie mich wissen. Das Haus sieht verlassen aus, aber die beiden versichern mir noch mal, dass es bewohnt ist. Auf mein Läuten hin passiert lange nichts, dann wird mir geöffnet. Allzu erfreut scheint der Pfarrer über den Besuch zu so früher Stunde jedoch nicht zu sein. Er lässt sich aber nichts anmerken, bittet mich in sein Büro und stempelt den Pilgerausweis. Seine Freundlichkeit ist nicht echt. Das war in den vorherigen Kirchen anders. Dort nahm ich aber auch an den Abendandachten teil und kam nicht nur kurz auf einen Stempel hereingeschneit. Das ist schon ein Unterschied und daher kann ich es dem Pfarrer hier in Navia nicht verübeln, dass er so reagiert.

Weiter geht die Reise über den Rio de Navia und wieder einen Anstieg hinauf. Radfahrer mit Gepäck überholen mich, sehen wie Radpilger aus und könnten Landsleute sein. Sie fahren zügig an mir vorbei, mein Tritt ist wesentlich langsamer, ein Gespräch entsteht nicht. Ist mir aber auch egal, ich fühle mich nicht gut und will meine Ruhe. Kurz vor Ribadeo wird das Wetter plötzlich besser, ja viel besser sogar. Der vorher noch so nassgraue Himmel reißt auf, wird zu einem blauen Wunder und die Sonne beginnt mich zu wärmen. Tut das gut! Die Sonne ist doch die beste Medizin gegen Fieber und schlechte Laune. Mein übles Befinden von heute Morgen ist fast wie weggeblasen.

Bei Barres unterfahre ich die Autobahn und müsste hier irgendwo nach rechts abbiegen, um den Fußweg über die Autobahnbrücke zu finden. Nur wo, das ist jetzt die Preisfrage. Ich halte an, sehe auf die Karte und blicke mich um. Drei Rennradfahrer sausen heran, einer stoppt, die anderen brausen weiter. Auf meine Frage wird mir grob der Weg erklärt. Leider kommt mir das Ganze ziemlich Spanisch vor, das heißt, ich verstehe so gut wie nichts von dem was er sagt und er scheint das auch zu merken. Als der Sportler weiterfährt, versuche ich an ihm dranzubleiben, was mir wegen des Gepäcks aber nicht gelingt. Rennradfahrer ohne Ballast sind nun mal viel schneller. Aber die drei warten an jeder Straßenbiegung auf mich und winken mir zu, bis wir an der besagten Brücke sind. Dort zeigen sie mir den Fußweg und ich bin ihnen sehr dankbar. Man hilft sich unter Radfahrern eben überall.

Die Landschaft ist wunderschön. Über mir ein strahlend blauer Himmel, unter mir klares, grünliches Wasser, dahinter ein tiefblauer Ozean und am anderen Ufer Galicien. Die letzte Provinz auf meiner langen Reise vom Main nach Santiago ist erreicht. Leuchtend grün empfängt mich das Land aber mitten auf der Brücke trifft mich ein starker Nordwind.

Ribadeo ist erreicht, weiter wollte ich heute Morgen nicht fahren. Aber jetzt, bei diesem Traumwetter, geht es mir schon wieder sehr viel besser, da müsste eigentlich mehr drin sein. In einem Park begegnen mir die Radfahrer wieder, die mich am Berg hinter Navia überholt haben. Sie kommen aus Deutschland. Wir unterhalten uns und tauschen aktuelle Informationen über die Situation an den nordspanischen Flughäfen aus. Die sollen ab Montag wieder offen sein. Bleibt nur zu hoffen, dass sich der isländische Vulkan beruhigt und der Flughafen von Santiago geöffnet bleibt. Nach dem kleinen Plausch in der eigenen Sprache gehen wir wieder getrennte Wege.

Das Wetter ist wie ausgewechselt, mein Gesundheitszustand ebenfalls und so entschließe ich mich auf der N-634 in Richtung Carretera weiterzufahren. Was noch heute geschafft wird, liegt morgen bereits hinter mir, und wer weiß, wie gut oder schlecht das Wetter dann ist. Wie schnell sich die Witterung hier an der Nordküste ändert, konnte ich ja bereits mehrere Male erfahren. Schönes Wetter muss man nutzen und genau das wird jetzt gemacht.

Der Wind bläst mir heftig ins Gesicht. Das wird keine leichte Fahrt bis Carretera. Nach ein paar Kilometern taucht gleich neben einer Autobahnausfahrt ein Hotel auf und macht keinen schlechten Eindruck auf mich. Aber das Wetter ist immer noch viel zu schön, um für heute aufzuhören. Sicher wird es noch mehr Hotels geben, denke ich und fahre weiter. Doch das ist ein Irrtum. Immer mehr unfertige, leer stehende Neubauten säumen die Straße, aber Hotels sind keine dabei. Wer soll denn all diese neuen Wohnungen kaufen? Dann taucht doch noch ein Hotel auf, das ist aber leider geschlossen und die Öffnungszeiten nicht bekannt. Die Hoffnung, weitere Hotels zu finden, erfüllt sich leider nicht. An einer Tankstelle gibt man mir den Tipp, nach Foz auf der anderen Seite der Bucht zu fahren, dort gäbe es Hotels. Dieser Ort liegt aber nicht auf meiner Route, denn die N-634 biegt fünf Kilometer davor nach Süden in Richtung Mondonedo ab. Vor dem Anstieg in die Berge wollte ich eigentlich übernachten und erst morgen früh weiterfahren. Soweit die Theorie, die Praxis sieht aber oft ganz anders aus. Prompt fällt die Entscheidung, die fünf Kilometer Umweg nach Foz in Kauf zu nehmen, um dort die Nacht zu verbringen.

Natürlich folgen erst einmal zwei Anstiege, die morgen auf dem Rückweg nochmals zu überwinden sind. Der Ort sieht nicht besonders einladend aus und Hotels sind auch keine zu sehen. Jede Menge unfertiger, leer stehender Wohnungen, aber keine Herbergen. Ein Passant erklärt mir den Weg zu einem Hotel, das mich dann aber überhaupt nicht begeistert und einfach nur schäbig aussieht. Nein, hier werde ich heute Nacht nicht bleiben. Mir reicht's! Nichts wie weg und das bedeutet, über fünf Kilometer und zwei Anstiege zurück zur N-634. Was für eine Fehlentscheidung! Zehn Kilometer, eine gute Stunde und viel Kraft sinnlos vergeudet, dumm gelaufen Johannes.

Wieder auf der N-634 ist erneut eine Entscheidung zu treffen. Zurück zum Hotel an der Autobahnausfahrt oder weiter in Richtung Berge? Der Weg zurück beträgt fast zehn Kilometer, die dann morgen früh noch einmal gefahren werden müssten. Das wären also insgesamt zwanzig Kilometer Umweg! Wird sich aber auf dem Weg in die Berge eine Übernachtungsmöglichkeit finden lassen? Viele Hotels stehen in dieser Gegen ja nun wirklich nicht herum. Vilanova de Lourenzá und Mondonedo haben zwar Pilgerherbergen, doch wie hoch oben in den Bergen liegen diese beiden Orte? Ein gewisses Risiko bleibt und dank des Umwegs über Foz macht sich Müdigkeit bemerkbar. Aber mir bleibt keine andere Wahl. Zwanzig weitere Kilometer Umweg sind zu viel, die zehn Kilometer reichen. Also weiter in die Berge, ein Zurück gibt es nicht.

Dunkle Wolken bedrängen die Berge. Hoffentlich bleiben sie dort und kommen nicht zu mir herunter. Auf diese Art von Überraschung kann ich gerne verzichten. Die Straße steigt an, nicht allzu steil, aber stetig. Dann tauchen die ersten Häuser von Vilanova auf. Hier ist für heute endgültig Schluss entscheide ich, fahre in den Ort und suche die Pilgerherberge. Sie liegt am Ortsrand, sieht gut aus und beherbergt an diesem Abend bereits einige Pilger. Betten sind aber noch jede Menge frei. Um 19:30 Uhr kommt der Verantwortliche für diese Herberge, stempelt unsere Pilgerausweise und kassiert die 5 Euro Übernachtungsgeld. Wir sind zu fünft im Zimmer, zwei Finnen, ein französisches Ehepaar und ich. Im Zimmer nebenan haben es sich einige Spanier und Südamerikaner gemütlich gemacht. Alle sind ziemlich müde und so herrscht schon bald Ruhe in der Bude. Mein Schlafsack wärmt wunderbar. Warum habe ich ihn nicht schon früher benutzt, anstatt unter den leichten spanischen Bettlacken zu frieren? Heute Abend findet im Ort eine Fiesta statt und Musik ertönt bis Mitternacht. So richtig einschlafen kann man da nicht. Aber um Mitternacht ist Schluss mit Fiesta und dann kehrt wirklich Ruhe ein.

Gedanken des Tages:
Bei Schwäche einfach mal Tempo herausnehmen
Manche Entschleunigung wirkt sogar beschleunigend
Sonne ist die beste Medizin

Tagesleistung: 84 Kilometer
Pilgerherberge Vilanova de Lourenzá, 5 Euro

Montag, 10. Mai 2010
Vilanova de Lourenzá - Baamonde

Die Fußpilger brechen um 8 Uhr auf, ich lasse mir Zeit bis 9 Uhr. Nach dem Fußvolk haben die Radfahrer die Toiletten und sanitären Einrichtungen für sich alleine und können in aller Ruhe zusammenpacken. Außer mir ist heute Morgen kein Radler mehr da und so gehört bereits kurz nach 8 Uhr die Herberge nur mir alleine. Das Wetter hat sich natürlich wieder verschlechtert, von der Sonne des gestrigen Nachmittags ist nicht mehr viel zu sehen. Der Himmel ist bedeckt und sieht gar nicht gut aus. Die Fußpilger haben heute Morgen bereits in weiser Voraussicht ihre Regenjacken übergezogen, ich sollte also auch auf alles gefasst sein.

Zurück auf der N-634 geht gleich hinter Vilanova der Anstieg bei leichtem Nieselregen weiter. An einer Baustelle vorbei, fällt die Straße dann bis Mondonedo wieder ab. Die bereits überwundenen Höhenmeter müssen danach erneut angegangen werden. Die Landschaft ist aber nun mal so wie sie ist und ich werde nicht gefragt. In Mondonedo wird der Regen stärker. Zwei Fußpilger am Ortseingang sind unter ihren weiten Regenumhängen nur schwer zu erkennen. Erst beim Vorbeifahren sehe ich ihre Gesichter, es sind die beiden Franzosen aus der Herberge. Wir winken uns zu, ein freundliches Hola, dann sind sie weg. Mein Rad ist nun mal schneller.

In der Kathedrale findet sich niemand, der meine Durchfahrt im Pilgerausweis hätte bestätigen können. Vielleicht ergibt sich im Gebäude nebenan eine Gelegenheit. Auf mein Läuten hin schaltet sich eine Kamera ein. Wahrscheinlich erscheint mein Gesicht nun irgendwo auf einem Bildschirm. Nichts passiert. Bin ich jetzt durch die Kontrolle gefallen? Das Ganze noch mal. Wieder schaltet sich die Kamera ein und wieder passiert nichts. Na gut, dann hier eben nicht. An einer weiteren Gebäudefront des Kirchenkomplexes steht eine Tür offen. Neugierig trete ich ein. Überall Regale mit Büchern, ein Schreibtisch, aber kein Mensch ist zu sehen. Dann bewegt sich doch etwas und ein alter Mann tritt aus einer Tür am hinteren Ende des Raumes. Ich erkläre ihm mein Anliegen, benutze dafür fast mein gesamtes spanisches Vokabular, bin mir aber nicht sicher, ob er mich richtig verstanden hat. Der Mann überreicht mir erst einmal einen neuen Pilgerausweis. Der wird eigentlich nicht gebraucht, aber so ein Dokument ist immer nützlich. „Brauchen Sie einen bestimmten Stempel, oder reicht der des Kirchenarchivs?", will er wissen. „Egal, Hauptsache ein Nachweis!", lautet die Antwort und er stempelt meinen Pilgerausweis ab. Dann verlassen wir beide das Zimmer, er schließt die Türe ab, erklärt mir noch schnell den Weg und verschwindet dann um die nächste Ecke. Glück gehabt, wieder einmal zum richtigen Zeitpunkt am richtigen Ort aufgetaucht. Etwas später und auch diese Tür wäre verschlossen gewesen.

Noch schnell ein kurzer Streifzug durch die Gassen von Mondonedo, dann beginnt auch für mich der lange Marsch über die Berge. Zurück auf der N-634 wird der Regen stärker. Bei Anstiegen sollte die Landkarte etwas genauer studiert werden, als ich das heute Morgen getan habe. Mir war das Ganze nur einen flüchtigen Blick wert und so gehe ich von einem kurzen, steilen Anstieg aus, gefolgt von einer langen Abfahrt in Richtung Vilalba. Dem ist aber nicht so. Die Straße steigt an, der Regen wird heftiger, die Landschaft um mich herum versinkt in einem diesigen, nebeligen Nass. LKWs donnern an mir vorbei und spritzen mich auch noch von der Seite voll, als wenn das Nass von oben nicht schon reichen würde. Nach jeder Straßenbiegung erwarte ich nun die Passhöhe. Doch die kommt nicht und es folgt ein 15 Kilometer langer stetiger Anstieg. Spärliche Sonnenstrahlen lassen etwas Hoffnung auf Wetterbesserung aufkeimen, die jedoch kurze Zeit später wieder absäuft. Kalt, nass, grau und immer weiter bergan. Ein Wetterhäuschen bietet etwas Schutz vor Regen und Kälte. Hier schaue ich mir die Karte genauer an, erkenne meinen Fehler und die Passhöhe viel weiter im Süden.

Irgendwann, die Uhrzeit ist mir schon lange egal, ist dann die Passhöhe überfahren. Aber auch in einem weiteren Punkt sind meine Annahmen falsch. Anstatt bergab, verläuft die Straße erst einmal relativ eben und dann geht's über eine längere Distanz auf und ab. Zum Glück bedrohen die dunklen Regenwolken die Berge hinter mir, das stört mich nicht. Es bleibt trocken und wird sogar wärmer, zumindest in meiner Einbildung. Einige Regenwolken treiben dann doch direkt auf mich zu und ich suche vorsichtshalber rechtzeitig Schutz unter Bäumen. Aber die Wolken ziehen über mich hinweg, ohne ihre nasse Fracht abzuladen.

Vilalba wird umfahren, um zügig die Herberge in Baamonde zu erreichen, ohne dass mir eine dieser Regenwolken heute Abend doch noch in den Rücken fällt. Ich passiere den Kilometerstein 634 der N-634, die kurz nach San Sebastian begann und mich bis auf wenige Ausnahmen bis hierher begleitet hat. Damals war mir gar nicht so richtig bewusst, dass diese Nationalstraße bis nach Santiago de Compostela führt.

Gegen 17 Uhr erreiche ich Baamonde und frage den ersten Bewohner, der mir über den Weg läuft, nach der Pilgerherberge. „Sie sind gerade daran vorbeigefahren!", lautet die Antwort. Also umdrehen und ein Stück zurück. In meinem Reiseführer wird diese Herberge als sehr schön beschrieben und soll genug Betten für müde Pilger haben. Da müsste doch auch eins für mich dabei sein. Dem ist auch so und die nach mir eintreffenden Personen bekommen auch noch welche. Bettenmangel herrscht hier und heute nicht. Nach mir erscheinen noch ein Spanier mit Rad und ein Österreicher zu Fuß. Insgesamt ist die Herberge heute Abend mit 16 Personen belegt, hält aber über 90 Betten vor. Muss ja gewaltig sein, wenn die alle belegt sind. Bin ich froh, das nicht erleben zu müssen. Gut, dass ich trotz des schlechten Wetters in diesem Jahr schon so früh aufgebrochen bin. Vielleicht sind die Unterkünfte entlang des Küstenwegs ja gerade wegen der schlechten Witterung nicht so überfüllt. Somit hätte das nasskalte Klima doch etwas Positives. Probleme, eine Übernachtungsmöglichkeit zu finden, gab es bisher keine, die Preise waren in Ordnung und auch die Pilgermassen hielten sich in Grenzen.

An diesem Abend ist mir kalt. Die Heizung in der Herberge ist zwar an, aber so richtig warm wird es nicht im Haus. Ich setze mich ins Kaminzimmer, bleibe dort aber nicht lange, denn das fröstelnde Gefühl wird stärker. Meine Hände sind eiskalt und das beginnt mir jetzt doch Sorgen zu machen. Die einzig richtige Entscheidung lautet daher: Ab in den Schlafsack zum Aufwärmen. Obwohl erst 19:30 Uhr schlüpfe ich ins Bett. Meine Leidensgenossen lassen auch nicht lange auf sich warten, denn auch sie sind müde und auch ihnen scheint kalt zu sein.

Ein Zimmergefährte schnarcht in dieser Nacht auf das furchtbarste. Die anderen drei (wir sind zu viert im Zimmer) sind erst einmal höflich und lassen ihn sägen. Und wie der sägt! Man hat den Eindruck ein ganzes Bataillon Forstarbeiter kämpft sich durch einen riesigen Wald. An Einschlafen ist nicht zu denken. Ein paar Zimmer weiter liegt noch eine Säge, und auch die ist voll im Einsatz. Nach zwei Stunden im warmen Schlafsack hat sich mein Gesundheitszustand wesentlich verbessert. Die Angst vor einer Erkältung weicht, das Schnarchen aber bleibt. Irgendwann reicht's auch dem Geduldigsten und ich trete kräftig gegen das Eisengestänge der Doppelbetten. Das zeigt Wirkung, was man am erschrockenen Aufschnaufen des Sägewerks deutlich vernehmen kann. Wohltuende Ruhe erfüllt den kleinen Schlafraum. Der Friede hält leider nicht lange an. Langsam aber unaufhaltsam, zu Beginn leiser, dann stärker, kehrt das Schnarchen zurück, um bald darauf die Wände sogar noch heftiger vibrieren zu lassen als vorher. Wir liegen wach und treten ab und zu gegen das Gestänge, um den Tyrannen zu erschrecken, was aber nur kurz gelingt.

Gedanken des Tages:
Ein paar Stunden im warmen Schlafsack und die innere Heizung funktioniert wieder
So viele Bäume, wie heute Nacht gesägt wurden, gibt es in ganz Spanien nicht

Tagesleistung: 64 Kilometer
Pilgerherberge de Baamonde, 5 Euro

Dienstag, 11. Mai 2010
Baamonde - Arzúa

Seit dieser Nacht weiß ich, wie laut und unangenehm Schnarchen sein kann. Die Fußpilger brechen am Morgen früh auf, um 8 Uhr sind fast alle weg. Nur der spanische Radfahrer, Herbert aus Österreich und ich lassen sich Zeit. Herbert ist zwar Fußpilger, scheint es heute Morgen aber gar nicht eilig zu haben. Beim Packen kommen wir ins Gespräch. Auch er hat von diesem nasskalten Wetter genug. Ursprünglich, erzählt er, sollte seine Frau nach Santiago kommen und gemeinsam wollten die beiden dort noch ein paar Tage verbringen. Das ist jetzt aber abgesagt, Herbert will nur noch nach Hause. Dann reden wir über unsere teuersten Hotelübernachtungen. „Eigentlich", sagt Herbert, „sollte man das vor anderen Pilgern gar nicht erwähnen, aber gerade bei einem solch furchtbaren Wetter braucht man ab und zu etwas Luxus." Ich erzähle ihm von Bilbao, dem tollen Zimmer in Soto del Barco und wie gut nach einem nasskalten Tag ein heißes Bad tut. Herbert kann das nur bestätigen, auch er hat auf dem Küstenweg so manch schlechtes Bett gegen ein gutes Hotelzimmer eingetauscht und sich dort ein kühles Bier in der Badewanne genehmigt. Wir schwelgen in Erinnerungen und lassen das natürlich keinen anderen Pilger wissen. Die haben uns beide ja bereits alle verlassen und auch wir werden langsam fertig mit Packen und können weiterziehen.

Das sind die Momente, in denen ein Radpilger bedauert, alleine und schneller als Fußpilger unterwegs zu sein. Wie gerne wäre ich heute mit Herbert ein Stück des Weges gewandert, um mich weiter mit ihm zu unterhalten. Seine lockere Art gefällt mir, aber hier trennen sich nun unsere Wege. Er wird Santiago zu Fuß sicher erst nach mir erreichen und so werden wir uns wohl nicht wiedersehen. Ich verlasse Baamonde auf der N-VI in Richtung Guitiriz. Der Himmel ist bewölkt, der Wind weht mir frisch um die Ohren und auf der Straße herrscht fast kein Verkehr. Ist heute ein Feiertag? An einem normalen Werktag müsste doch viel mehr los sein. Was arbeiten die Menschen hier eigentlich? Wo sind die nur? Alles um mich herum scheint wie ausgestorben zu sein.

An der Abzweigung auf die N-634 ist Santiago nur noch 66 Kilometer entfernt. Das große Ziel rückt immer näher, das motiviert. Der Verkehr nimmt zu, hält sich aber immer noch in Grenzen. Die LKWs fahren relativ vorsichtig an mir vorbei. Ein großes Lob an dieser Stelle an deren Lenker, fast alle nehmen Rücksicht auf Radfahrer. Bei Teixeiro ist dann wieder eine Entscheidung zu treffen. Weiter auf der N-634 nach Santiago, oder biege ich hier auf die kleine Nebenstraße AC-231 nach Sobrado dos Monxes ab. Dieses bekannte Kloster anzufahren reizt mich schon, aber auf Nebenstraßen begleitet mich immer noch die Angst vor Hunden. Dort sind die Tore zu Gärten und Höfen meist nicht verschlossen und die Tiere sind schnell mal auf die Straße gelaufen und wer weiß, was sie dort anstellen! Also, was jetzt Johannes? Die Abzweigung ist erreicht, die Entscheidung fällt. Trotz Angst biege ich auf die Nebenstraße ab. Diese verläuft erst einmal fast schnurgerade in leichten Wellen nach Süden. Hunde bellen in Höfen, sind aber an der Kette. Irgendwo im Nirgendwo ist ein junger Schäferhund an einen Holzmast neben einem Haus angebunden und hat nur ganz wenig Auslauf. Die bedauernswerte Kreatur bellt und rennt im Kreis herum, wobei ihn das Seil immer wieder zurückkreist. Da muss man ja wahnsinnig werden, wenn man seine Tage so kurz angebunden ohne Zuneigung und Wärme verbringen muss. Dieses Tier tut mir wirklich leid. Bleibt nur zu hoffen, dass alles schlimmer aussieht als es ist und die Menschen diesen jungen Hund doch gut behandeln.

Die hohen Steintürme mit Pflanzenbewuchs des Klosters Sobrado dos Monxes beeindrucken. Ein Mönch stempelt meinen Pilgerausweis und wir unterhalten uns diesmal nur auf Französisch. Der Vorplatz des Klosters bietet sich danach ideal für eine Rast an. Ich esse den Rest an Käse, Paprika und Brot von gestern Abend. Das ist zwar nur ein einfaches Mahl, aber wenn man richtig Hunger hat, dann schmeckt das Ganze wie Honigkuchen. Ein Blick in den Himmel lässt mich schnell wieder auf den Boden der Tatsachen zurückkehren. Dunkle Regenwolken ziehen auf und deren Verlässlichkeit nicht undicht zu werden muss heute nicht unbedingt getestet werden. Also, schnell zusammenpacken, aufsitzen und weiterfahren. Ziel für heute ist Arzúa, dort gibt es mehrere Pilgerherbergen und da wird sich sicher vor Santiago auch ein Bett für mich finden lassen.

Nach Sobrado führt die Straße durch ein bewaldetes Tal. Vor einem Haus liegt ein großer Hund, völlig frei, das heißt, nicht an der Kette und auch nicht hinter einem Zaun. Ich halte die Luft an und versuche so unsichtbar wie möglich an ihm vorbeizukommen. Er schaut mich an und zuckt nicht einmal. Das ist für mich neu bei spanischen Hunden. Ist das vielleicht gar kein spanischer Hund? Oder ist er vielleicht krank? Oder wirkt der Pilgersegen von Gijon? Egal, ich bin an ihm vorbei, er hat mir nichts getan und somit bleibt die Ladung Pfeffer in der Spraydose. Sonst lassen sich keine Hunde mehr blicken. Ab Corredoiras führt die AC-234 in Richtung Arzúa. Die Luft wird wärmer und die Sonne zeigt sich tatsächlich wieder einmal. Wir sind hier nun doch weiter im Süden und nicht mehr an der rauen Atlantikküste, das spürt man. Gegen 14:30 Uhr am Nachmittag ist Arzúa erreicht. Hier treffen zwei Pilgerwege aufeinander. Mein Camino del Norte und der Camino Francés. Ab Arzúa bilden diese beiden Wege auf den letzten 45 Kilometern bis Santiago de Compostela einen gemeinsamen Camino nach Westen.

In Arzúa lasse ich auf einer Bank im Park in aller Ruhe erst einmal meine Füße in der warmen Sonne baumeln. Vier Pilgerherbergen mit ausreichend vielen Betten stehen in diesem Ort zur Verfügung, da sollten keine Probleme auftreten, vor allem nicht so früh am Nachmittag. Doch das hier ist nun der Hauptweg, der Camino Francés, der Pfad der vielen tausend Pilger. Zwei weitere Radfahrer treffen ein. Sie kommen aus Holland, sprechen Deutsch und ich erzähle ihnen noch ziemlich gelassen, dass nicht weit von hier laut meinem Reiseführer eine große Herberge mit über 60 Betten läge. „Die ist aber total ausgebucht!", erklären mir die beiden. „Wir haben dort bereits angerufen und erfahren, dass alle Betten belegt sind." Ich bin sprachlos! Eine so große Herberge, bereits so früh am Nachmittag komplett ausgebucht, das ist mir auf dem ganzen Küstenweg noch nicht passiert. Ich sollte mich also auch etwas beeilen, um für heute Nacht noch etwas preisgünstiges zu ergattern. Wir machen uns also sofort zu dritt auf den Weg zu einer anderen Herberge. Unterwegs schließt sich uns dann noch Brigitte aus Parsberg an, auch sie sucht eine Bleibe. Wir haben Glück und bekommen vier Betten zugeteilt. Das Schicksal hat es wieder einmal gut mit mir gemeint, denn lange musste ich nicht suchen und habe dank dieser kleinen Gruppe sofort ein Bett bekommen.

Die Herberge ist groß aber viele Betten sind nicht mehr frei. Überall stehen oder sitzen Pilger, in den Regalen stapeln sich die Wanderschuhe, Wäsche hängt herum und viele Sprachen schwirren durch den Raum. Ich breite meinen Schlafsack aus, ordne mein Gepäck, unterhalte mich mit Brigitte in unserer gemeinsamen Sprache und später in Englisch mit einer Schwedin, die im Stockbett unter mir schlafen wird. Erstaunlich, wie einfach und ungezwungen man in Pilgerherbergen Kontakt bekommt. Wer Fremdsprachen spricht ist deutlich im Vorteil. Beim Essen läuft mir Achim aus Neuss über den Weg. Er isst Fisch aus der Dose, ich knabbere an einem Stück Käse von gestern. Es wird ein schöner Abend mit interessanten Gesprächen inmitten netter Menschen. Wir müssen jetzt um die 60 Pilger in der Herberge sein, die Stimmung ist ruhig und gelassen. Alle sind ziemlich müde und wollen sicher morgen wieder sehr früh aufbrechen, außer den Radfahrern, die bleiben immer etwas länger liegen.

Der Schlafraum besitzt einige große Fensterluken im Dach. Eine Pilgerin sitzt auf ihrem Bett und verkündet freudestrahlend: „Ich werde euch heute Nacht die Sterne vom Himmel holen!" Als wir bereits in den Betten liegen und es draußen langsam dunkel wird, fährt plötzlich eine Abdeckplane automatisch über die Dachfenster und verdeckt den Blick in den Himmel. Aus der Traum, Sterne vom Himmel zu holen. Aber es gibt schlimmeres, hoffentlich schnarcht heute Nacht nicht wieder einer so furchtbar wie gestern. „Sollte ich schnarchen", erkläre ich vor allem den weiblichen Pilgern um mich herum, „dann dürft ihr mir die Nase zuhalten!" Dieser Vorschlag wird mit einem Lächeln quittiert. Dann kehrt schnell Ruhe ein. Natürlich ertönt schon bald aus einigen Ecken leises Schnarchen, das aber zum Glück nicht so laut anschwillt wie gestern.

Gedanken des Tages:
Die Angst vor Hunden war auch heute unbegründet
Ich traf zum richtigen Zeitpunkt die richtigen Menschen
Morgen komme ich an und fühle mich schon jetzt unschlagbar

Tagesleistung: 59 Kilometer
Pilgerherberge Via Lactea, Arzúa, 10 Euro

Mittwoch, 12. Mai 2010
Arzúa - Santiago de Compostela

Kurz vor 6 Uhr klingelt irgendwo ein Wecker und dann wird
überall gepackt. Die Fußpilger brechen auf, die Radfahrer liegen noch in ihren Betten und schlafen. Kurz nach 8 Uhr bin
dann auch ich wieder unterwegs. So früh hat in diesem Jahr
noch keine meiner Tagesetappen begonnen. Die Landschaft
versteckt sich hinter einem dicken Schleier aus Frühnebel, die
Straße verläuft meist bergab und lässt sich gut fahren. Ich halte
an, um ein Bild zu machen und Achim, der nach mir mit dem
Rad gestartet ist, überholt mich. Auf dem Camino Real neben
der Straße wandert jetzt ein schier endloser Strom an Fußpilgern Santiago entgegen. Der Hinweis, der Camino Francés sei
sehr überlaufen, war nicht übertrieben. Wir haben erst Mai und
das Wetter ist alles andere als gut. Wie wird es wohl erst im
Sommer hier aussehen, im Juni, Juli oder August? Nein danke,
kein Interesse, mir war der ruhige Camino del Norte viel angenehmer, trotz des schlechten Wetters.

Die Landschaft hält sich weiter im Dunst verborgen. Nebel am
ersten Tag in der Rhön und nun auch wieder an meinem letzten Tag vor Santiago. Was das wohl zu bedeuten hat? Noch 22
Kilometer, das Ziel rückt immer näher. Dann kommt doch
noch ein Anstieg, begleitet von stärkerem Nieselregen. Ich erreiche den Flughafen Aeroporto de Santiago. Die Nationalstraße wird ab hier zur Autobahn, ein ausgeschilderter Weg

führt Rad- und Fußpilger aber am Flughafen vorbei auf die N-634A. Hier verläuft auch der Camino Real, und wieder zieht sich ein endloser Strom an Fußpilgern neben der Straße entlang. Achim taucht plötzlich hinter mir auf. Wie kann das sein? „Du hast mich doch überholt, wieso bist du jetzt hinter mir?" Er war frühstücken in einem Kaffee neben der Straße. Wir fahren zusammen weiter und erkundigen uns erst einmal im Flughafen am Air Berlin Schalter nach der aktuellen Lage. Alles im grünen Bereich erfahren wir, der Vulkan hat sich beruhigt und so werden für die nächsten Tage keine Verzögerungen erwartet. Es sieht also im Moment ziemlich gut aus für meinen Rückflug am Freitagabend.

Ein Zimmer in der Nähe des Flughafens wäre jetzt genau das Richtige. Erstens soll Santiago sehr überlaufen und teuer sein, und zweitens müssten dann am Freitagnachmittag die neun Kilometer von Santiago bis hier herauf nicht mehr mit Rad und Gepäck gefahren werden. Leider gibt es aber keine Hotels direkt am Flughafen und so fahren wir weiter in Richtung Santiago. Nach ungefähr 800 Metern liegt auf der linken Straßenseite ein Hotel. Auf meine Anfrage hin wird mir dort ein ordentliches Zimmer zu einem vernünftigen Preis angeboten. Ich überlege nicht lange und lasse mich hier für zwei Nächte einbuchen. Achim will weiter in die Stadt und so trennen sich hier unsere Wege. Wir werden uns sicher morgen in der Kathedrale zur Pilgermesse treffen. Das Einchecken braucht seine Zeit, dann bin auch ich bereit in Santiago einzulaufen. Ich will auf jeden Fall mit Gepäck dort ankommen, wenn schon, denn schon. Die Tour wird vor der Kathedrale mit Satteltaschen und Rucksack beendet, das verlangt mein Ehrgeiz.

Kurz vor der Stadtgrenze führt eine Straße nach links zum Monte do Gozo hinauf, dem Berg der Freuden. Von hier aus sahen die Pilger im Mittelalter zum ersten Mal ihr Ziel, übernachteten hier oben und gingen erst am nächsten Morgen in die Stadt. Das habe ich heute zwar nicht vor, möchte aber trotzdem zuerst auf diesen Berg. Die Straße steigt an und dann liegt ein großer Hotel- und Herbergskomplex vor mir. Ein Taxi überholt mich, der Fahrer steigt aus und trägt einen Rucksack an die Rezeption des Hotels. Als er wieder herauskommt kann ich mir eine spitze Bemerkung auf Französisch nicht verkneifen. „So so, lassen sich die Pilger nun auch schon ihre Rucksäcke mit dem Taxi nachfahren, ganz schön unfair!" Er schaut ziemlich verlegen drein, zuckt mit den Schultern, steigt wieder ein und fährt davon. Mein letzter Stempel im Pilgerausweis soll der vom Monte do Gozo sein. Das ist aber gar nicht so einfach. Die öffentliche Herberge am oberen Ende der Gebäude öffnet erst wieder in einer Stunde. Zu diesem Gebäude strömen nun immer mehr Menschen, um hier zu übernachten. Ich treffe die erste Pilgerin aus England. „Warum sind eigentlich so wenige Engländer unterwegs?" „Man hat uns vor dem großen Pilgeransturm im Heiligen Jahr gewarnt", erklärt sie. Und viele ihrer Landsleute scheinen das zu beherzigen.

Endlich öffnet die Herberge und dann sind alle Felder in meinem Pilgerausweis ausgefüllt. Bevor aber die Fahrt hinunter in die Stadt beginnt, genieße auch ich von hier oben den ersten Blick auf das Ziel meiner langen Reise. Und dann unterläuft mir ein Fehler, der mir am Abend auf der Rückfahrt zum Hotel noch einige Nerven kosten wird. Ich kehre nicht an die Stelle zurück, an der ich von der Hauptstraße zum Monte do Gozo abgebogen bin, sondern fahre auf einer anderen Straße in die Stadt. Um aber aus einer fremden Stadt wieder herauszufinden, sollte man so hineinfahren, wie man auch wieder herauskommen möchte. Und genau das mache ich jetzt nicht.

Ohne Stadtplan ist es das Beste, man fragt sich durch. Immer mehr Fußpilger laufen jetzt neben, vor und hinter mir. Die laufen sicher alle zur Kathedrale, ich muss also nur dem Strom folgen. Aber der Weg zieht sich in die Länge und gerade wenn man ankommen will, steigt die Ungeduld. Wie weit denn noch? Dann ist es endlich vollbracht und ich stehe vor der riesigen Kathedrale von Santiago de Compostela. Jetzt bin auch ich hier angekommen.

Der Himmel ist trüb und manchmal setzt auch wieder leichter Nieselregen ein. Viele Pilger kommen an, machen Bilder, lachen und umarmen sich. Alle freuen sich, gemeinsam angekommen zu sein. Muss das schön sein, nach einer so langen Reise durch Hitze, Kälte, Wind und Regen gemeinsam anzukommen. Ich aber stehe hier alleine herum und hätte gerade jetzt die Freude des Ankommens gerne mit anderen geteilt. Dieser Weg kann sicher über Tausende von Kilometern alleine zurückgelegt werden, die letzten Kilometer sollten aber zusammen mit Anderen gegangen werden, um gemeinsam ankommen zu können. Etwas neidisch verfolge ich die fast überschwängliche Freude um mich herum. Dann wird auch mein Weg von Schweinfurt nach Santiago de Compostela offiziell beendet, indem ich den Tacho abnehme und in die Tasche stecke. Ab hier werden keine Kilometer mehr gezählt. Die Distanz ist durchfahren, die Kilometer sind festgehalten, insgesamt 3.369.

Im Pilgerbüro um die Ecke bekomme dann auch ich eine Compostela. Großer Andrang herrscht nicht und so hält sich das Warten in ertragbaren Grenzen. Alle meine Stempel werden eingehend begutachtet und eine Compostela mit dem Vermerk „Annus Sanctus" (Heiliges Jahr) ausgestellt.

Jetzt laden mich die alten Gassen mit ihren Läden und bunten Schaufenstern zu einem Bummel ein. Das Wetter wird leider nicht besser und so wird gegen 17 Uhr der Rückweg zum Hotel angetreten. Aber welche Richtung ist einzuschlagen? Mein neuer Stadtplan zeigt leider nicht die Außenbezirke. Nun rächt sich der Fehler von heute Morgen. Die grobe Richtung glaube ich zu kennen, orientiere mich an den Schildern zum Flughafen, muss aber aufpassen, nicht auf die Autobahn zu geraten, die ebenfalls dorthin führt. Die N-634A ist natürlich nirgends ausgeschildert. Irgendwann weist dann ein Schild zum Monte do Gozo. Diese Richtung schlage ich ein, komme wieder in bekanntes Gelände und endlich auch an die Stelle, an der heute Morgen abgebogen wurde. Jetzt nur noch ein kurzer Anstieg und einige Kilometer bis zum Hotel. Dort angekommen findet mein Rad in einem kleinen Steinhäuschen neben dem Hauptgebäude einen sicheren Platz für die Nacht. Dann gehe ich auf mein Zimmer, dusche, esse, schreibe meine Tagesnotizen und sehe noch etwas Lokalfernsehen, vor allem den Wetterbericht. Danach schlüpfe ich in meinen Schlafsack, denn seitdem ich weiß, wie warm und bequem der ist, interessieren mich die leichten Bettdecken der Hotels nicht mehr.

Gedanken des Tages:
Wie kommerziell ist der Camino schon?
Wie ehrlich und echt ist er noch?
Hier muss man gemeinsam ankommen, diese Freude muss man teilen können

Tagesleistung: 45 Kilometer
Hotel Garcas, Lavacolla - Noval, 29 Euro

Donnerstag, 13. Mai 2010
Santiago de Compostela

Der erste Ruhetag seit Beginn meiner Reise in Irun. Heute Morgen muss ich nicht aufs Rad und auch nicht hinaus in den Nieselregen, denn das Wetter ist zur Abwechslung mal richtig gut. Der Himmel strahlt in blau, die Sonne wärmt und alles ist einfach nur schön. Ich laufe die 800 Meter vom Hotel zum Flughafen und nehme den Bus in die Stadt. Auf dem Weg vom Busbahnhof in die Altstadt bleibe ich an einer Bäckerei hängen, man spricht Französisch. Die Croissants sind noch warm, knackig und schmecken wahnsinnig gut.

Das Wetter wird immer besser. Heute ist Christi Himmelfahrt, und auch in Spanien ein Feiertag. Viele Menschen sind in der Altstadt unterwegs. Auf dem Platz vor der Kathedrale treffe ich Achim und wir vereinbaren, uns nach der Pilgermesse genau hier wieder zu treffen, um gemeinsam zum Essen zu gehen. Dann wartet eine lange Schlange, in die auch ich mich einreihen muss, um in den Kirchenbau hineinzukommen. Kurz vor dem Eingang verwehrt mir das Sicherheitspersonal den Zutritt. Der Rucksack wird beanstandet. Darin sind zwar nur etwas Proviant und meine Kamera, aber Rucksäcke dürfen heute nicht mit in die Kathedrale genommen werden. Also, zurück zur zentralen Gepäckaufbewahrungsstelle. Dort läuft mir rein zufällig Herbert aus Österreich wieder über den Weg. Das ist aber eine Überraschung, denn ihn als Fußpilger hatte ich so schnell nicht in Santiago erwartet. Auch er möchte gerne an unserem Pilgeressen teilnehmen, trifft aber während des erneuten Anstehens einen anderen Weggenossen und wir verlieren uns aus den Augen. Es war aber trotzdem schön, ihn noch einmal getroffen zu haben.

In der Kathedrale beeindruckt mich deren Größe. Viele Menschen sind bereits anwesend, immer mehr kommen dazu. Plötzlich steht Brigitte vor mir. Auch sie ist heute angekommen und will sich unserem Pilgeressen anschließen. Zufall, oder nicht. Die Menschen, die ich in den letzten Tagen in den Herbergen getroffen habe, und mit denen ich gerne eine Zeitlang gewandert wäre, tauchen hier und heute wieder vor mir auf. Die Pilgermesse beginnt und jeder, der schon einmal daran teilgenommen hat, wird bestätigen, dass man spüren kann, hier etwas ganz Besonderes zu erleben. Es sind die Menschen und ihr gemeinsames Ziel. Hier stehen keine gut gekleideten, wohlriechenden Personen herum, sondern abgekämpfte Radfahrer in Trikots und Wanderer mit Stöcken aus aller Herren Länder. Alle haben etwas gemein, nämlich hier in Santiago angekommen zu sein, nach langer entbehrungsreicher Reise zu Fuß oder mit dem Rad (von den Taxipilgern einmal abgesehen). Und das verbindet. Ich fühle mich als Teil dieser Menschen. Auch mein Ziel ist erreicht, ein Ziel, für das ich drei Jahre lang geplant und trainiert habe. Am Ende der Messe wird das große Weihrauchfass, der Botafumeiro, geschwenkt. Dies geschieht nur bei besonderen Anlässen, Glück gehabt! Beeindruckend, wie dieses große Fass bis hoch hinauf ins Kirchenschiff fliegt.

Ich verlasse die Kathedrale über die große Haupttreppe. Achim und Brigitte warten schon am vereinbarten Ort. Viele Menschen haben sich vor dem Treppenaufgang versammelt und scheinen auf etwas zu warten. Wir fragen und erfahren, dass der Thronfolger Prinz Felipe und seine Frau Prinzessin Letizia von Spanien heute in Santiago sind und gleich die Treppe herunterkommen werden. Kann nicht sein, denken wir, und fragen andere Passanten. Doch alle bestätigen uns das gleiche, in ein paar Minuten werden sie kommen. Wir sind gespannt und warten. Aus ein paar spanischen Minuten werden mal schnell 1,5 Stunden, aber dann kommen sie wirklich und wir sind ganz nah dabei und bekommen sogar ein paar schöne Bilder. Ist es nicht immer wieder erstaunlich, welch große Anziehungskraft bekannte Persönlichkeiten ausüben. Zugegeben, auch ich konnte mich dieser Anziehungskraft nicht entziehen.

Jetzt haben wir aber richtig Hunger und gehen essen. Etwas abseits des Trubels finden wir ein ruhiges Restaurant, setzen uns an einen Tisch in die wärmende Sonne, bestellen Fisch, Gemüse, Omelette und stoßen mit Wein auf unser erfolgreiches Ankommen in Santiago an. Jetzt kann auch ich die Freude des Ankommens mit Anderen teilen. Was ich noch gestern vermisst hatte, wird mir heute geschenkt. Zufall oder nicht, ich bin dafür sehr dankbar. Das Essen schmeckt herrlich (für mich die erste warme Mahlzeit seit Irun) und wir reden, lachen und freuen uns. Dazu scheint die Sonne, was will man eigentlich mehr.

Wir tauschen Adressen aus, dann trennen sich unsere Wege. Ich möchte noch etwas durch die Gassen bummeln und ein paar Geschenke kaufen. Das Wetter bleibt bis in die Abendstunden sonnig und warm. Ich laufe ein letztes Mal über den Platz vor der Kathedrale und lasse alles auf mich wirken, das Bauwerk, die Menschen, die Atmosphäre, das schöne Wetter und vor allem das Gefühl, es wirklich geschafft zu haben. Dann mache ich mich langsam auf den Weg zum Busbahnhof, kehre zum Flughafen zurück und laufe das kurze Stück zum Hotel. Keine neuen Vulkanausbrüche werden gemeldet, somit steht meinem Rückflug für morgen nichts mehr im Weg. Glücklich und zufrieden über das Essen mit meinen Pilgerfreunden lege ich mich heute Abend ins Bett, lasse die gesamte Reise noch mal vor meinem inneren Auge Revue passieren und schlafe dann zufrieden ein. Meine letzte Nacht in Spanien.

Gedanken des Tages:
Das Besondere an der Pilgermesse ist das gemeinsame Ziel
Heute bin auch ich gemeinsam angekommen

Hotel Garcas, Lavacolla - Noval, 29 Euro

Freitag, 14. Mai 2010
Rückreise mit dem Flugzeug von Santiago über Palma nach Frankfurt/Main

Der Morgen präsentiert sich wieder grau, windig und nass. Ich packe, räume mein Zimmer, lasse das Gepäck an der Rezeption und laufe ein Stück auf dem Camino Real um den Flughafen herum nach Osten. Auch an diesem nasskalten Morgen sind wieder viele Fußpilger unterwegs. Gegen 14 Uhr ist es Zeit im Flughafen zu erscheinen, um in aller Ruhe das Rad zerlegen und verpacken zu können. Einige Personen sind bereits da und machen ihr Material transportfertig. Ich geselle mich zu ihnen, beginne mit der Arbeit und kaufe mir für 20

Euro bei Iberia einen speziellen Transportkarton für Räder. Der ist zwar nicht billig, schützt aber besser vor Stößen und sonstigen Beschädigungen. Zuerst will das Rad nicht in den relativ kleinen Karton hineingehen, aber mit ein paar zusätzlichen Schnitten klappt es doch noch. Dann gebe ich Rad, Rucksack und Satteltaschen auf, checke ein und genieße das Gefühl startklar zu sein.

Der Air Berlin Airbus 320 landet pünktlich, wird beladen und wir können an Bord. Dann hebt die Maschine ab und Santiago verschwindet schnell im Dunst der Wolken. Manchmal, wenn das Wetter unterwegs ekelhaft kalt und nass war, habe ich von diesem Augenblick geträumt und mir ausgemalt, wie schön es sein wird, warm und trocken im Flugzeug zu sitzen, und in Richtung Heimat abzuheben. Jetzt ist dieser Augenblick gekommen und ich genieße ihn. Der Flug nach Palma verläuft ruhig. Das Wetter auf Mallorca ist nicht besser als das in Santiago. Wolken hängen an den Bergen und es ist nass und kalt. Ich bleibe im Flughafen, lese etwas und warte auf meinen Anschlussflug. Um 21:30 Uhr fliegen wir weiter. Auch dieser Flug verläuft ruhig und wir landen kurz vor Mitternacht pünktlich in Frankfurt am Main. Dort geht's zuerst in die Gepäckausgabe, dann zum Sondergepäckschalter. Dank des dicken Kartons ist mein Rad überhaupt nicht beschädigt. Gegen 1 Uhr ist der Drahtesel wieder zusammengebaut, der leere Karton bleibt an der Ausgabe zurück und ich verlasse den Gepäckbereich als letzter Passagier. In dieser riesigen Halle, in der sich tagsüber so viele Menschen um die Fließbänder drängen, sind jetzt alle Bildschirme dunkel und nur meine Schritte zu hören.

Samstag, 15. Mai 2010
Rückreise mit dem Zug von Frankfurt/Main nach Schweinfurt

Im Terminal 2 ist um diese Uhrzeit nicht viel los, die wenigen Menschen um mich herum sind ruhig und sympathisch. Gegen halb drei Uhr fahre ich zum Terminal 1, die Liegesitze dort sind aber leider alle schon belegt. In einer der Wartehallen hat es sich eine Gruppe Soldaten auf Bänken gemütlich gemacht, sie benutzen ihre Rucksäcke als Kopfkissen und dösen vor sich hin. Eine Bank in ihrer Mitte ist noch frei, aber nicht mehr lange. Auch ich benutze meinen Rucksack als Kopfkissen und versuche etwas zu ruhen. Hier stört mich keiner, die Soldaten verhalten sich ruhig, werden in Ruhe gelassen und so fühle ich mich in dieser kleinen Gruppe relativ sicher. Einige Minuten nach 5 Uhr fährt die S-Bahn zum Frankfurter Hauptbahnhof und um 6 Uhr geht mein Zug über Würzburg zurück nach Schweinfurt. Kurz vor 10 Uhr am Morgen bin ich wieder Zu-hause.

Abschlussgedanken

Geschafft, das Ziel ist erreicht. Stolz, Erleichterung und Weh-mut halten sich die Waage. Drei Jahre wurde geplant, nach Lö-sungen gesucht, Karten studiert und Routen festgelegt. Ich habe bekanntes Gelände durchfahren, bin in Frankreich in neue Gegenden vorgedrungen und habe mit Spanien ein neues Land und eine neue Sprache kennengelernt. Das alles hat mein Leben in den letzten Jahren reich und interessant gemacht. Manches hat mich verändert. Manche Etappe war leichter, an-dere schwerer, einige waren sonnig und warm, andere windig, nass und kalt. Interessant waren sie aber alle. Ich konnte die ei-genen Grenzen spüren, musste ab und zu Geschwindigkeit he-rausnehmen, habe gelernt, meine Kräfte nicht zu überschätzen und in der Nacht auf dem Bischenberg die Angst vor dem Krankenhaus verloren. Ich durchfuhr einige Paradiese, von denen der Genfer See und der Lac d'Annecy die schönsten waren, bin nicht fromm geworden, aber ausgeglichener, stär-ker und ruhiger. Ich bin dankbar für diese Reise, für die Si-cherheit, die ich erfahren durfte, und für das Gelingen ohne Pannen und Krankheit. Eine Besonderheit des Weges, das Ge-fühl der Sicherheit, wird mir fehlen. Da ist so viel Schönes, das nicht viel kostet und so viel Freundlichkeit und Hilfsbereitschaft, die gar nichts kostet. Sprachbarrieren lassen sich elegant umschiffen, wenn man nur den richtigen Ton trifft. Ich habe Regen und Kälte ertragen, habe gelernt mit Hitze und Wassermangel umzugehen, mich immer wieder zu motivieren, durchzuhalten und kleine Schritte zu machen, die genau ins Ziel führten. Diesen Weg muss man spüren, er ist das Ziel. Auch ich war eine Zeitlang auf ihm unterwegs.

Ende der 4. Etappe
Etappenziel Santiago de Compostela nach 823 Kilometern und 12 Tagen erreicht. 5 Kilo abgenommen

PARA ESTAR CONTIGO, SEÑOR...

BENDICIÓN DE LOS PEREGRINOS
(del año 1.078, Roncesvalles)

- Que el Señor dirija vuestros pasos con su beneplácito y sea vuestro compañero inseparable a lo largo del CAMINO.
- Que la Virgen Santa María os dispense su maternal protección, os defienda en los peligros de alma y cuerpo, y bajo su manto merezcáis llegar incólumes al final de vuestra peregrinación.
- Que el arcángel San Rafael os acompañe a lo largo del CAMINO como acompañó a Tobías y aparte de vosotros toda incomodidad y contrariedad.

Bendición

Oh Dios, que sacaste a tu siervo Abrahán de la ciudad de Ur de los caldeos, guardándolo en todas sus peregrinaciones, y que fuiste el guía del pueblo hebreo a través del desierto, te pedimos que te dignes guardar a estos siervos tuyos que, por amor a tu nombre, peregrinan a Santiago de Compostela.

Sé para ellos compañero en la marcha, guía en las encrucijadas, aliento en el cansancio, defensa en los peligros, albergue en el camino, sombra en el calor, luz en la oscuridad, consuelo en sus desalientos y firmeza en sus propósitos para que, por tu guía, lleguen incólumes al término de su CAMINO y, enriquecidos de gracias y virtudes, vuelvan ilesos a sus casas que ahora se duelen de su ausencia, llenos de saludable y perenne alegría.

Por Jesucristo, Nuestro Señor.

7. MAI 2010

Text des Original Pilgersegens von Roncesvalles aus dem Jahr 1078

01. Mai 2010, San Sebastián, Kathedrale, Spanien

01. Mai 2010, Atlantikküste vor Deba, Baskenland, Spanien

02. Mai 2010, Bilbao, Guggenheim Museum, Spanien

03. Mai 2010, Bucht von Miono vor Castro-Urdiales, Kantabrien, Spanien

07. Mai 2010, Hotel Palacio de la Magdalena, Soto del Barco, Spanien

08. Mai 2010, N-634 nach Canero, Asturien, Spanien

11. Mai 2010, Das Ziel kommt immer näher, Galicien, Spanien

13. Mai 2010, Santiago de Compostela, Kathedrale, Ziel der vierten Etappe

Johannes Reichert
geboren 1956 in Schweinfurt am Main
Studium der BWL und VWL in Saarbrücken
Mitarbeiter der SKF GmbH, Schweinfurt
verheiratet, zwei Töchter

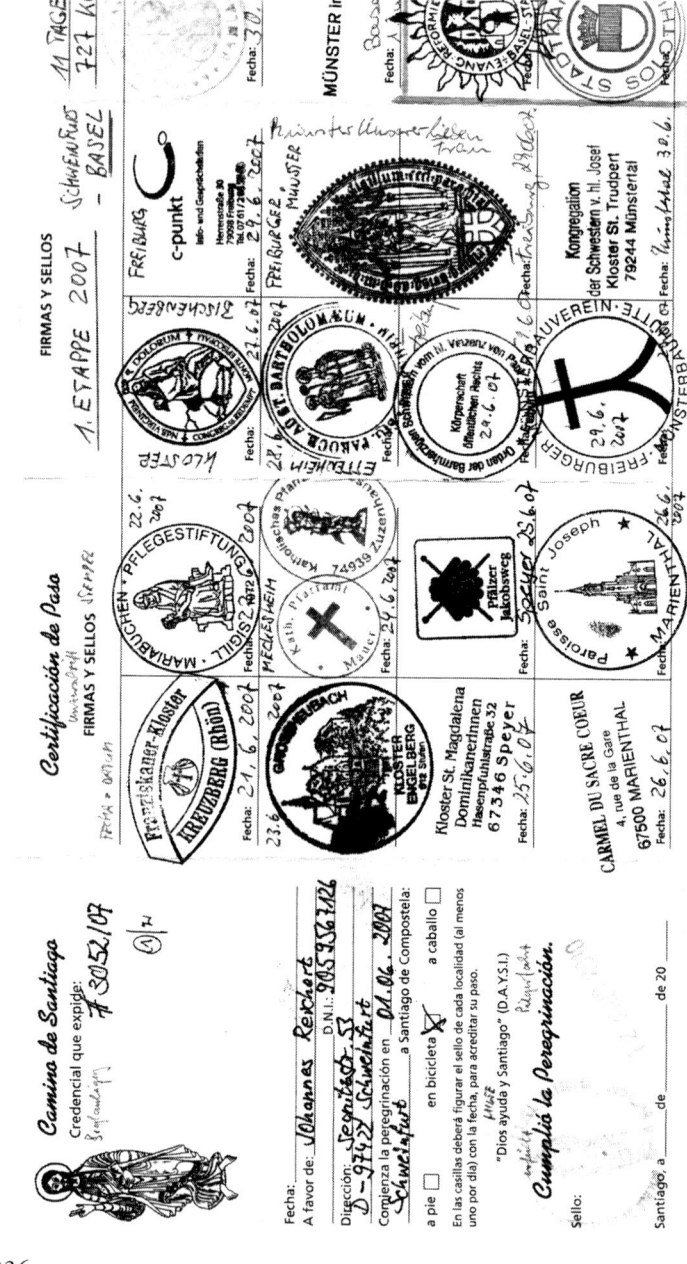

Camino de Santiago
Credencial que expide: F 3052/07

FIRMAS Y SELLOS

Certificación de Paso

1. ETAPPE 2007 SCHWEINFURT – BASEL

11 TAGE 727 K...

Fecha:
A favor de: Johannes Reichert
D.N.I.: 9057352126
Dirección: Seonitzed 53
D-9422 Schweinfurt
Schweinfurt

Comienza la peregrinación en 01.06. 2007 a Santiago de Compostela:

a pie ☐   en bicicleta ☒   a caballo ☐

En las casillas deberá figurar el sello de cada localidad (al menos uno por día) con la fecha, para acreditar su paso.

"Dios ayuda y Santiago" (D.A.Y.S.I.)

Cumplió la Peregrinación.

Sello:

Santiago, a _____ de _____ de 20 _____

236

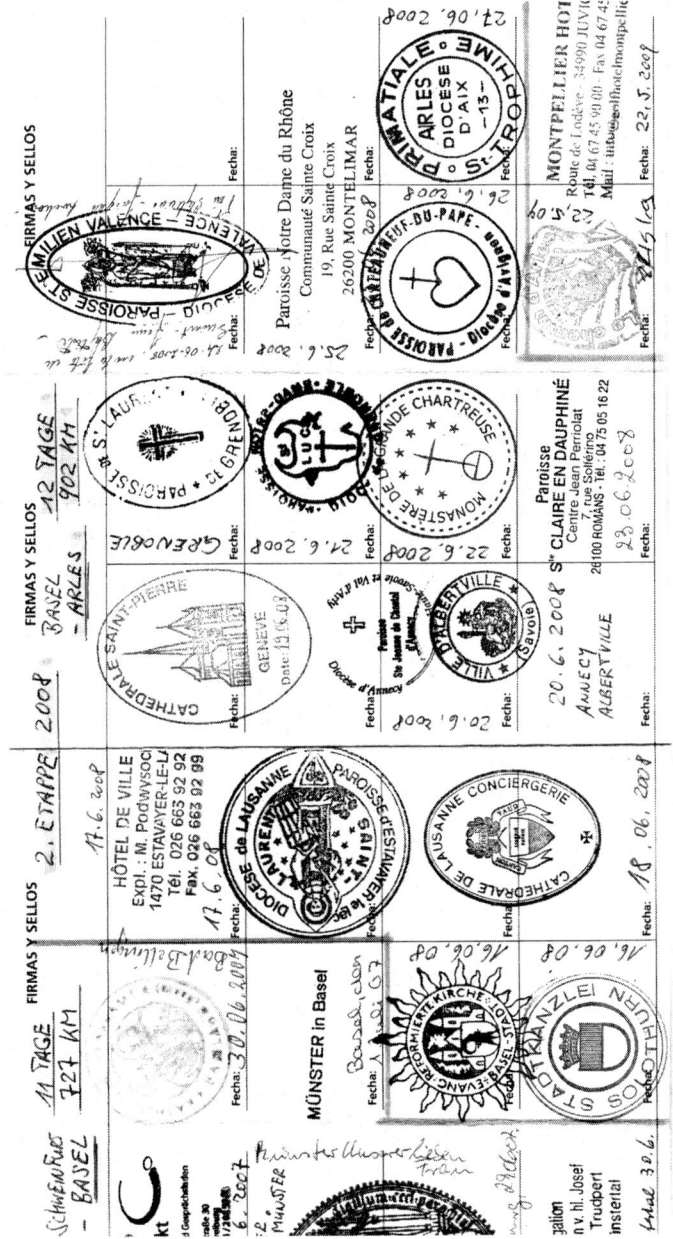

237

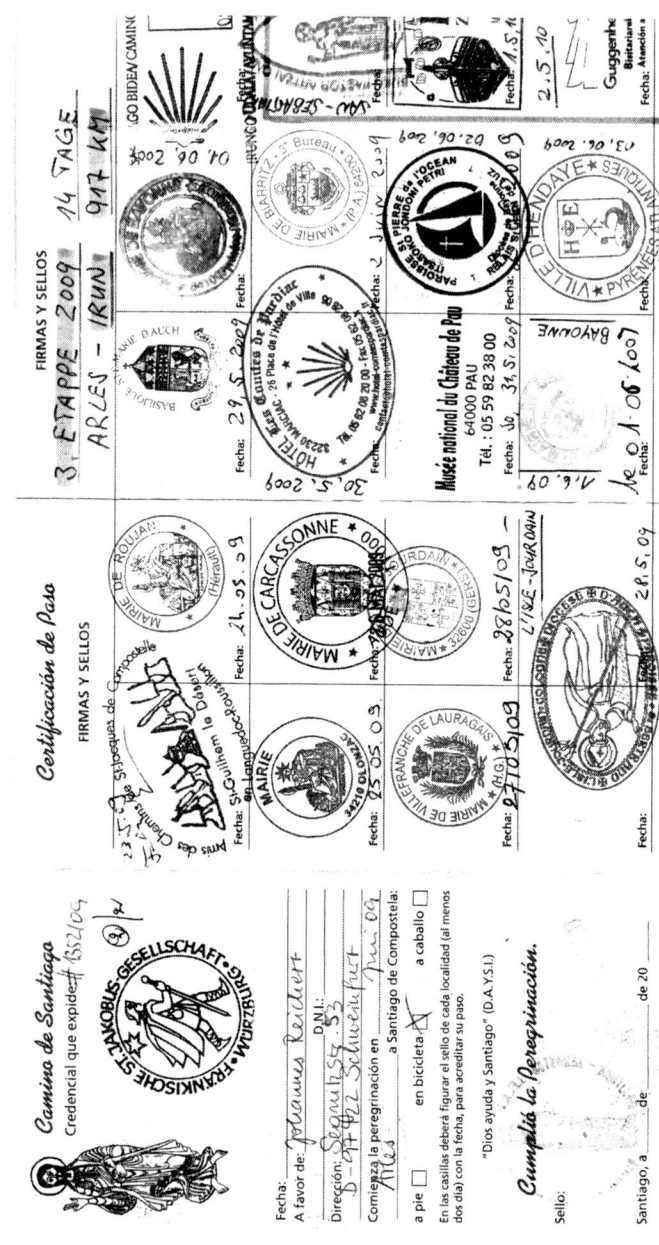

Certificación de Paso
FIRMAS Y SELLOS

3. ETAPPE 2009 14 TAGE
ARLES - IRUN 917 KM

FIRMAS Y SELLOS

Camino de Santiago
Credencial que expide

Fecha:
A favor de:
D.N.I.:
Dirección:
Comienza la peregrinación en _____
a Santiago de Compostela:
a pie ☐ en bicicleta ☐ a caballo ☐
En las casillas deberá figurar el sello de cada localidad (al menos
dos día) con la fecha, para acreditar su paso.

"Dios ayuda y Santiago" (D.A.Y.S.I.)

Cumplió la Peregrinación.

Sello:

Santiago, a _____ de _____ de 20 ____

238

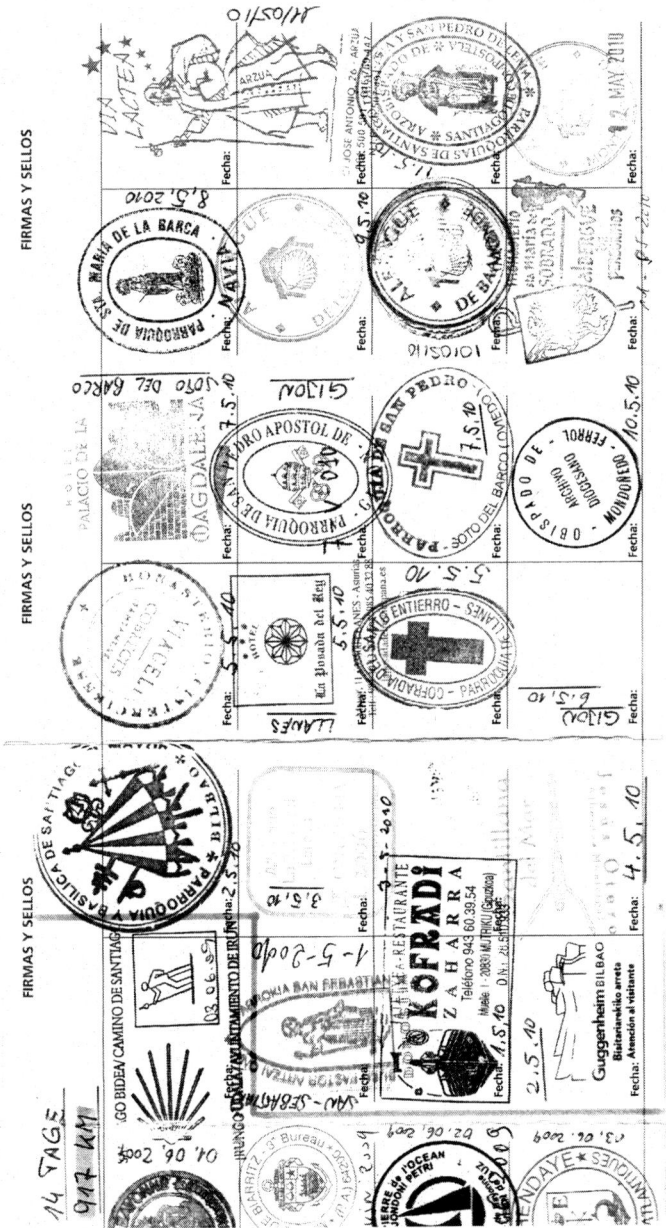

239

CAPITULUM *hujus Almae Apostolicae et Metropolitanae Ecclesiae Compostellanae sigilli Altaris Beati Jacobi Apostoli custos, ut omnibus Fidelibus et Peregrinis ex toto terrarum Orbe, devotionis affectu vel voti causa, ad limina Apostoli Nostri Hispaniarum Patroni ac Tutelaris* **SANCTI JACOBI** *convenientibus, authenticas visitationis litteras expediat, omnibus et singulis praesentes inspecturis, notum facit:* Dnum
Ioannem Reichert
hoc sacratissimum Templum pietatis causa devote visitasse. In quorum fidem praesentes litteras, sigillo ejusdem Sanctae Ecclesiae munitas, ei confero.

Datum Compostellae die 12 *mensis* Maii *anno Dni* 2010 .

Annus Sanctus

Canonicus Deputatus pro Peregrinis

Meine Compostela